新时代国际传播理论与实践研究丛书

当代中国与世界

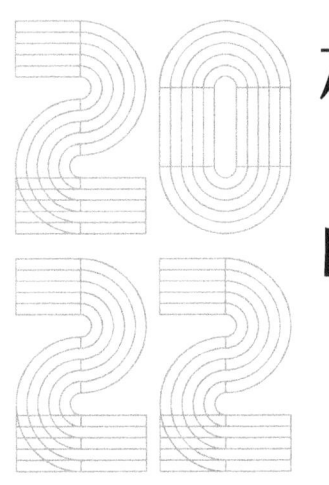

构建中国特色战略传播体系

2022战略传播论坛论文集

当代中国与世界研究院 ◎ 选编

于运全　孙　明 ◎ 主编

外文出版社
FOREIGN LANGUAGES PRESS

朝华出版社
BLOSSOM PRESS

图书在版编目（CIP）数据

构建中国特色战略传播体系：2022战略传播论坛论文集/于运全，孙明主编. -- 北京：朝华出版社，2023.11

（新时代国际传播理论与实践研究丛书）

ISBN 978-7-5054-4755-4

Ⅰ.①构… Ⅱ.①于… ②孙… Ⅲ.①传播学—中国—文集 Ⅳ.①G206-53

中国国家版本馆CIP数据核字（2023）第192522号

构建中国特色战略传播体系：2022战略传播论坛论文集
当代中国与世界研究院　选编

主　　编	于运全　孙　明
副 主 编	张久安　侯晓素　张　昱
责任编辑	韩丽群
责任印制	陆竞赢　崔　航
装帧设计	杜　帅
排版设计	愚人码字
出版发行	朝华出版社
社　　址	北京市西城区百万庄大街24号　　邮政编码　100037
订购电话	（010）68996522
传　　真	（010）88415258
联系版权	zhbq@cicg.org.cn
网　　址	http://zhcb.cicg.org.cn
印　　刷	北京虎彩文化传播有限公司
经　　销	全国新华书店
开　　本	710mm×1000mm　1/16　　字　数　343千字
印　　张	22.5
版　　次	2023年11月第1版　2023年11月第1次印刷
装　　别	平
书　　号	ISBN 978-7-5054-4755-4
定　　价	98.00元

版权所有　翻印必究·印装有误　负责调换

"新时代国际传播理论与实践研究"丛书编委会

主　任　杜占元

副主任　陆彩荣　高岸明　刘大为　于　涛

委　员　（按姓氏笔画为序）

于运全　王晓辉　史安斌　宁曙光　刘双燕

李雅芳　杨建平　辛　峰　闵　艺　汪　涛

陈　实　陈文戈　范奎耀　呼宝民　赵丽君

胡开敏　胡正荣　姜　飞　姜永钢　徐和建

黄　卫　董　青　程曼丽

总　序

深化新时代国际传播理论与实践研究
向世界展示真实立体全面的中国

中国外文局局长　杜占元

　　国际传播能力是综合国力的重要体现，加强国际传播能力建设是事关大国全球话语权和影响力提升的重大战略任务。党的十八大以来，以习近平同志为核心的党中央高度重视国际传播工作，习近平总书记就加强我国国际传播能力建设发表一系列重要讲话、作出一系列重要论述，将我们党对国际传播工作的规律性认识提升到新的高度。2021年5月31日，中共中央政治局就加强我国国际传播能力建设进行第三十次集体学习，习近平总书记在主持学习时发表重要讲话，进一步明确了新时代国际传播工作的时代使命和目标任务，对全面加强和改进国际传播工作、构建具有鲜明中国特色战略传播体系作出战略部署，并专门强调要加强国际传播的理论研究，掌握国际传播的规律，构建对外话语体系，提高传播艺术，为新时代国际传播工作提供了根本遵循。

　　当前，受多重因素影响，世界百年未有之大变局加速演进，中国与世界的关系正在发生根本性变化，信息技术革命引发的全球传播格局和舆论生态变革加速推进，我国国际传播工作正处于新的关键时期。一方面，我国国际传播领域面临一系列新的时代议题和具有基础性、战略性、前瞻性的重大问题，需要我们从理论层面持续深化研究，予以科学解答；另一方面，近年来我们围绕增强国际传播能力开展了许多有益探索和实践，需要通过系统总结形成新的规律性认识，以紧跟时代步伐、引领实践创新。同时，国际传播作为具有很强实践性的专业学科，需要进一步增强理论与实践相结合的应用研究，汇聚各方面的新观点、新思维，在国际传播理论研究上取得重大创新、重要突破。

在这一背景下，中国外文局所属当代中国与世界研究院、外文出版社、朝华出版社等精心策划编辑的"新时代国际传播理论与实践研究"丛书，现在与广大读者见面了。作为中国外文局重点出版项目，这套丛书以习近平新时代中国特色社会主义思想为指导，扎根于新时代各战线开展国际传播的创新探索、丰富实践，聚焦国内外国际传播领域理论前沿，紧扣当前国际传播工作重点难点，汇聚权威专家学者、资深业界人士等高质量成果，旨在为国际传播领域科研、教学、培训、实务等各界提供参考借鉴。

丛书内容丰富，涵盖了国际传播理论与实践研究的各重要领域，从习近平新时代中国特色社会主义思想对外宣介、对外话语体系创新、国际传播理论、国际传播人才培养、传播策略和传播效能、国际传播领域新技术、地方国际传播能力建设等方面，总结实践经验，持续深化对国际传播系统性的学理研究。第一辑首批推出了《新时代治国理政对外传播研究》《新时代对外话语体系建设实证研究》《从形象到战略：中国国际传播观察新视角》《新形势下国际传播的理论探索与实践思考》4种著作。接下来，我们将持续汇聚更多知名学者和研究力量，共同开展这项具有重大意义和深远影响的理论研究工作，推出更多高质量成果。

中国外文局是承担党和国家对外宣介任务的国际传播机构，70多年来，用几十种语言向国际社会讲述中国故事、传播中国声音、促进中外人文交流和文明互鉴。新阶段新征程上，我们正在以习近平总书记致中国外文局成立70周年贺信精神为指引，奋力建设世界一流、具有强大综合实力的国际传播机构。我们衷心期待，在社会各界关心关注、共同努力下，进一步发挥国际传播研究优势和智库特色，将"新时代国际传播理论与实践研究"丛书打造成为汇聚各方智慧、交流借鉴提高的平台，持续推出服务理论研究、实际工作、人才培养的经典好书、精品力作，为引领国际传播创新发展发挥积极作用，为展示真实立体全面的中国提供学理支撑和实践指引，为中国走向世界、世界读懂中国作出新的更大贡献。

前言

党的十八大以来，习近平总书记就加强国际传播能力建设提出一系列新理念、新思想、新战略。2021年5月31日，中共中央政治局就加强我国国际传播能力建设进行了第三十次集体学习。习近平总书记指出，必须加强顶层设计和研究布局，构建具有鲜明中国特色的战略传播体系，着力提高国际传播影响力、中华文化感召力、中国形象亲和力、中国话语说服力、国际舆论引导力。

为贯彻落实习近平总书记重要讲话精神，当代中国与世界研究院立足国际传播智库优势，积极作为，谋划以举办学术论坛的方式，为构建中国特色战略传播体系交流思想、汇聚力量、搭建平台。在江西省委宣传部的大力支持下，2022年9月5日，在习近平总书记重要讲话发表一周年之际，由中国外文局与江西省委宣传部共同主办，当代中国与世界研究院、南昌市委宣传部与中国互联网新闻中心联合承办的2022战略传播论坛在江西南昌举行。论坛以"构建中国特色战略传播体系"为主题，深入探讨国际传播全局性、战略性、前瞻性议题。来自中央国家机关、智库高校、媒体机构、商界企业等领域的200多位业界代表和专家学者参加交流研讨。

中国外文局局长、中国翻译协会会长杜占元，江西省委常委、省委宣传部部长庄兆林出席论坛并致辞。全国政协委员、中国公共关系协会会长、国务院新闻办公室原副主任郭卫民，全国政协常委、外事委员会委员周树春发表主旨演讲。新华社研究院院长刘刚、上海外国语大学党委书记姜锋、北京大学国家战略传播研究院院长程曼丽作大会发言。论坛举行中国外文局对外话语创新合作基地专题会议、治国理政国际传播与国家形象建设、元宇宙与国际传播变革、地方国际传播能力建设与江西实践四场平行分论坛，与会人员围绕论坛主题，深入研讨交流，分享案例成果。

论坛的成功举办，受到各界的关注和好评。与会专家纷纷表示，举办2022战略传播论坛，从理论和实践层面充分交流研讨学界、业界的多方经验，对于以战略传播之道回应加强和改进国际传播能力建设的时代之问，以战略传播的新格局、新路径，为我国改革发展稳定营造有利的外部舆论环境，具有重要意义。与会代表热切期待，以战略传播论坛为平台，汇聚各方资源，推出更多思考和观点频出、思想和灵感碰撞的交流活动，为构建中国特色战略传播体系贡献智慧力量。

为呈现论坛成果，当代中国与世界研究院组织力量，将本次论坛的大会致辞、主旨演讲、发言文稿及会议征文汇集整理，按照"坚定战略目标推进国际传播能力建设""构建具有鲜明中国特色的战略传播体系""从战略层面加强对外话语体系建设""新时代国家形象塑造与城市国际传播"四个主题集结成册。囿于篇幅限制，仅收录了代表性征文。

编者

2023年8月

序一

着力构建战略传播体系
全面提升国际传播效能

中国外文局局长、中国翻译协会会长　杜占元

2021年5月31日，习近平总书记在主持中央政治局第三十次集体学习时发表重要讲话，明确提出构建具有鲜明中国特色战略传播体系的重要要求，这是我们党在国际传播领域的重大理论和实践创新。习近平总书记在给我局所属外文出版社的外国专家的回信中指出，要"用融通中外的语言、优秀的翻译作品讲好中国故事，引导更多外国读者读懂中国，为促进中国和世界各国交流沟通、推动构建人类命运共同体作出新贡献"。进一步为我们开展国际传播工作指明了方法路径。近年来，在中宣部的指导支持下，在各方面的共同努力下，国际传播能力建设的顶层设计和战略布局进一步优化，向国际社会讲述了统筹疫情防控和经济社会发展、减贫与乡村振兴、生态文明建设、北京冬奥会等浓墨重彩的中国故事，全景式展现了中国式现代化道路和人类文明新形态，在提高国际传播影响力、中华文化感召力、中国形象亲和力、中国话语说服力、国际舆论引导力上取得了积极进展。

当前，百年变局与世纪疫情、地区冲突交织叠加，国际局势中不确定性不稳定性因素增多，我国发展面临的国际舆论环境异常复杂，加强和改进国际传播工作面临的机遇之大、压力之大、责任之大都前所未有，在战略高度推进国际传播能力建设的任务更加艰巨。我们以"**构建中国特色战略传播体系**"为主

题举办2022战略传播论坛，就是为了进一步总结经验，交流思想，为构建具有鲜明中国特色的战略传播体系贡献智慧力量。

借此机会，我谈几点思考，与大家交流。

一是坚定战略目标，推动国际传播服务中华民族伟大复兴历史进程。 中国作为一个文明大国、东方大国、负责任大国、社会主义大国，国际传播工作应始终立足"两个大局"，致力于为我国改革发展稳定营造有利外部舆论环境，为推动构建人类命运共同体作出积极贡献。从这一目标出发，需要将对外宣介习近平新时代中国特色社会主义思想作为首要任务，讲清楚新时代中国变革背后的道路制度因素和思想理论支撑，以真实生动的事实、事例和数据，塑造可信、可爱、可敬的国家形象。同时，应主动参与全球治理等领域的议题设置，敢于"说东道西"，努力破除西方媒体长期形成的"话语霸权"，逐步形成同我国综合国力和国际地位相匹配的国际话语权。

二是构建战略体系，从宏观上把握国际传播发展方向。 做好国际传播工作事关全局、事关长远，需要心怀国之大者，在完善体系建设、增强系统效能方面着力，构建战略传播的"四梁八柱"。把握好思想传播与信息传播的关系，在不断扩大信息传播广度的同时，充分发掘思想的精神力量，既体现"由表及里"的理论深度和文化境界，也注重寓理于事、以事说理的情感和温度，讲好每一个故事。把握好文化传播与媒体传播的关系，善用文化柔力，润物无声地实现战略突围，突出文化传播的独特功能。把握好官方传播与民间传播的关系，调动各方面积极性，拓宽各领域、各层次的交流渠道，深耕细植国际人脉，提升民间传播的战略价值。把握好"以我为主"与"借嘴说话"的关系，在加强自主发声的平台和能力建设的同时，充分发挥"外国人讲中国故事"的"他述"潜力。通过综合施策，加快把制度优势、组织优势、人力优势转化为传播优势，提升国际传播效能和精准传播效果。

三是创新战略战术，在实践中以大战略应对大变局。新发展阶段的国际传播工作，既面对新形势、新要求，也面临新矛盾、新挑战。这需要我们坚持观大势、谋大事，将国际传播作为一项系统工程、智慧工程、创新工程，在战略上坚定不移，战术上灵活多样，策略上与时俱进，推动国际传播的理念、主体、渠道、内容、形式等方面全面创新。信息技术是国际传播创新的重要推动力，要注重技术赋能，推动信息采集、生产、分发、接收、反馈等传播链条更新迭代，加快融合发展，提升全媒呈现、全程传播水平。青少年是国际传播的重点群体之一，要落实习近平总书记给"国际青年领袖对话"项目外籍青年代表回信精神，加强面向国际青少年的新媒体、图书、动漫等文化产品生产，加强青年交流，推动中外青年在互学互鉴中增进了解，为国际传播长远发展打下基础。

四是强化战略协作，充分凝聚各领域各方面国际传播力量。在多主体、立体式的大外宣格局下，国际传播不仅需要政府部门、专业传播机构的努力，更需要在多元主体规划、渠道资源整合、人才队伍建设等方面下功夫，调动国内国外的各种资源开展工作，实现多元主体下国际传播的协同联动。近年来，中国外文局启动实施了"精准传播联合行动"，广泛开展与中央部委、地方、行业、高等院校和研究机构、企业等的国际传播协作，共同打造了国际青年领袖对话、洱海论坛、和合文化论坛、中国企业全球形象高峰论坛、讲好中国故事创意传播大赛等一批有影响力的国际传播活动，与有关方面联合推动国家语言服务出口基地、对外话语创新基地、高校联合研究基地等创新型项目建设，并与近10个省市、部委等签署战略合作协议，与中央党校、社会主义学院、故宫博物院等专业机构和"走出去"的中国企业就深化合作取得共识，在构建规划有序、布局合理、具有中国特色的战略传播体系中发挥更大作用。

中国外文局作为承担党和国家对外宣介任务的国际传播机构，在构建中国特色战略传播体系中肩负重要使命，也在不断探索国际传播的新路径。进入新时代以来，中国外文局进一步强化了在对外宣介习近平新时代中国特色社会主义思想、全媒体国际传播、对外话语创新、高端智库研究、人文交流合作、翻译事业发展等国际传播领域的重要职能。我们落实"5·31"重要讲话精神，组建了面向美洲、西欧与非洲、中东欧与中南亚、亚太地区的4个区域传播中心，以及对外书刊出版发行中心（国际传播发展中心）、翻译院、文化传播中心等机构，提高国际传播专业化水平，推进中国故事和中国声音的全球化表达、区域化表达、分众化表达。2022年又提出打造"1+3"国际传播品牌体系的战略路径，以对外宣介习近平新时代中国特色社会主义思想这个"一号工程"为统领，加强"外国人讲中国故事""国际对话交流平台""精准传播联合行动"三大品牌建设，更好服务国际传播大局。

中国外文局与江西省委宣传部签署战略合作协议，在联合开展对外宣介、打造文化品牌、国际传播研究、外宣培训合作等领域开展多项合作；还将举行首批对外话语创新合作基地授牌仪式和国际青年研究中心成立仪式，这些都是我局与各方面联合开展战略传播合作的重要举措。我们将以贯彻落实习近平总书记致中国外文局成立70周年贺信和致外文出版社外国专家的回信精神为指引，以论坛举办为契机，与国内外机构加强协同合作，进一步推动国际传播高质量发展，以奋发有为的精神状态和扎实的工作成效，迎接党的二十大胜利召开！

序二

建强国际传播能力　讲好江西精彩故事

江西省委常委、省委宣传部部长　庄兆林

党的十八大以来，以习近平同志为核心的党中央高度重视国际传播能力建设，大力推动国际传播守正创新，理顺内宣外宣体制，着力打造具有国际影响力的媒体集群，积极推动中华文化走出去，初步构建起多主体、立体式的大外宣格局，使得我国国际话语权和影响力显著提升。举办2022战略传播论坛，是深入贯彻落实习近平新时代中国特色社会主义思想的重要举措，对于汇聚各方资源力量、共商国际传播之计，更好助力构建具有鲜明中国特色的战略传播体系，具有十分重要的现实意义。

江西物华天宝、人杰地灵，历史厚重、风景独好，传承千年的文脉、革命圣火的燎原、山清水秀的生态、日新月异的发展，形成了璀璨夺目、独具特色的赣风鄱韵、江西华章。近年来，江西省委、省政府深入贯彻习近平总书记关于加强和改进国际传播工作的重要论述，大力推进具有国际影响、中国风格、江西特色的国际传播体系建设，尤其是举办"中国共产党的故事——习近平新时代中国特色社会主义思想在江西的实践"专题宣介会、"中国这十年·江西"主题新闻发布会等重要会议，组织"美丽江西秀天下"全球推介、鄱阳湖国际观鸟周、庐山国际爱情电影周等对外传播活动，打造"丝路瓷行""大渊艺站""Z世代瓷缘""汤显祖戏剧节暨国际戏剧交流月"等文化交流品牌，其中《用china讲China——江西景德镇用陶瓷名片讲述中国故事》入选全国

"对外传播十大优秀案例",向世界充分展示在以习近平同志为核心的党中央坚强领导下江西各项事业取得的成就变革,为加强我国国际传播能力建设贡献江西力量。

习近平总书记强调,讲好中国故事,传播好中国声音,展示真实、立体、全面的中国,是加强我国国际传播能力建设的重要任务。我们将深入贯彻落实习近平新时代中国特色社会主义思想特别是习近平总书记视察江西重要讲话精神,聚焦"作示范、勇争先"的目标要求,坚持国家站位、全球视野、地方特色,用江西故事传播中国声音,用江西实践阐释中国理念,努力为提高国际传播影响力、中华文化感召力、中国形象亲和力、中国话语说服力和国际舆论引导力作出江西探索,贡献江西智慧。

一是坚持思想引领,着力以党的创新理论指引国际传播工作。 习近平新时代中国特色社会主义思想是新时代中国共产党的思想旗帜,是引领中国、影响世界的当代中国马克思主义、二十一世纪马克思主义,为世界了解中国、读懂中国提供了金钥匙。坚持用习近平新时代中国特色社会主义思想指引国际传播,中国故事就有了精神内核,中国声音就有了主题旋律,中国形象就有了鲜亮底色。我们将坚持把对外宣介习近平新时代中国特色社会主义思想作为首要任务,紧密结合江西改革发展实际,着力在议题设置、话语转换、译制编辑、视觉呈现、生产制作等方面一体强化、同步提升,用心用情讲好中国共产党治国理政的故事,更加充分、更加鲜明地体现蕴含其中的思想力量和精神力量,全方位展现习近平总书记大国领袖的思想、风范和魅力,着力引导国际社会形成正确的"中共观""中国观"。

二是坚持扬优成势,着力以新时代赣鄱大地精彩华章讲好中国故事。 讲故事是国际传播的最佳方式。党的十八大以来,江西坚持以习近平新时代中国特色社会主义思想为指导,深入贯彻落实习近平总书记视察江西重要讲话精神,全省地区生产总值年均增长8.4%,总量由全国第19位上升到第15位,主要经济指标增幅持续保持在全国前列；深入推进营商环境优化升级"一号改革工程"，"江西办事不用求人、江西办事依法依规、江西办事便捷高效、江西办事暖心爽心"的营商环境品牌全面打响；大力推进国家生态文明试验区建设，全省森林覆盖率达63.1%，国家森林城市、园林城市实现设区市全覆盖，生态环境质量保持全国前列，等等。如今的赣鄱大地，到处都是活跃跃的创造，到处都是日新月异的变化，展现出欣欣向荣、蓬勃向上的新气象，为我们讲好中国故事、传播好中国声音提供了丰富资源。我们将聚焦新时代江西改革发展生动实践，精心策划主题，加强对外传播，举办"江西这十年"等系列新闻发布会，讲好习近平新时代中国特色社会主义思想在江西的伟大实践，让世界更好地了解中国、了解江西。要持续加强江西文化符号对外推广，用好用活江西丰富的红色、绿色、古色文化资源，聚焦陶瓷、戏曲、中医药、赣菜、白鹤等特色资源，深入推进景德镇国家陶瓷文化传承创新试验区建设，推动葡萄牙里斯本中国文化中心等平台建设，不断在海内外唱响"江西风景独好"品牌。

三是坚持守正创新，着力以构建立体传播体系提升国际传播效能。国际传播是常做常新的工作。要适应国际传播领域移动化、社交化、可视化的趋势，运用5G、人工智能、大数据、区块链等新技术，着力构建多渠道、立体化的对外传播体系，形成统筹网上网下、省内省外，以我为主和善借外力相结合的国际传播工作格局，持续扩大国际"朋友圈"。我们将加强与人民日报、新华社、中央广播电视总台等中央媒体的交流合作，深入实施江西国际传播合作计划，大力推进《江豚归来》《白鹤之约》等外宣项目，不断推出一批移动化、可视化、社交化的国际传播产品。要积极推进海外社交平台账号建设，大力推动网络文学、网络音乐、短视频、动漫、网游等数字文化走出去，进一步讲好中国故事、江西故事。

传播力决定影响力，话语权决定主动权。我们相信，战略传播论坛必将成为高端思想交流、智慧火花碰撞、真知灼见汇聚的盛会！

目 录

第一章 坚定战略目标推进国际传播能力建设 ·············· 1

 肩负使命　不断提升新时代国际传播能力 ················ 3
 构建与新时代中国发展相适应的战略传播体系 ·············· 9
 媒体型智库纳入中国特色战略传播体系的思考与实践 ·········· 15
 发挥高校特色优势　为国际传播事业作贡献 ··············· 19
 从美国国家战略传播看构建我国战略传播体系的必要性 ········· 23

第二章 构建具有鲜明中国特色的战略传播体系 ·············· 31

 新时代中国共产党的价值叙事建构与国际传播 ·············· 33
 丝路发展叙事构建与国际舆论传播引导 ·················· 46
 创新与实践：习近平生态文明思想的国际传播效果与路径探析 ····· 59
 国际传播新态势下构建中国战略传播体系的挑战与路径 ········· 71
 浅论中华文化传播语境下
   构建中国对外话语体系提高国际舆论影响力 ············ 79
 电竞体育：构建面向新时代的国际传播新战略阵地 ············ 89
 构建面向东盟国际传播战略体系的路径分析
   ——以印尼为例 ························· 104
 RCEP视角下再论针对东南亚地区的国际传播 ·············· 115
 ChatGPT与中国国际传播系统性创新 ·················· 130

第三章　从战略层面加强对外话语体系建设 …………………………… 139

打造数字中国的国际传播新功能区：视野、现况与建构路径 ……… 141

中国特色大国外交视域下建设对外话语体系的原则和路径 ………… 153

全球发展倡议国际传播的共同建构研究……………………………… 165

在讲好中国红色故事中构建中国红色文化国际话语体系…………… 177

从减贫纪录片看中国主流媒体的对外传播话语策略………………… 191

中国国际话语权建构探析……………………………………………… 202

从"公共外交人员配备计划"看美国对外传播战略的动向与实施…… 213

"9·11"之后美国历届政府战略传播体系的构建及其对我启示……… 223

第四章　新时代国家形象塑造与城市国际传播 …………………………… 237

系统性、复杂性与实践性：全媒体时代国际传播规律探析………… 239

从北京冬奥会看中华民族共同体形象构建…………………………… 257

中国主旋律纪录片的国际传播创新…………………………………… 269

党的十九大以来俄共《真理报》中国共产党形象建构研究………… 285

上海城市形象力传播效果与路径研究………………………………… 300

澳门城市国际传播能力建设

　　——以澳门"美食之都"形象为例…………………………… 321

中国特色战略传播体系建设中对台传播的实践与探索

　　——以北京市台办官方新媒体"京彩台湾"为例…………… 331

第一章

坚定战略目标推进国际传播能力建设

肩负使命　不断提升新时代国际传播能力

全国政协委员、中国公共关系协会会长、国务院新闻办公室原副主任　郭卫民

党的二十大是全党全国各族人民迈上全面建设社会主义现代化国家新征程、向第二个百年奋斗目标进军的关键时刻召开的一次十分重要的大会，将科学谋划和制定未来5年乃至更长时期党和国家事业发展的行动纲领和大政方针。新的征程赋予国际传播新的使命。

2021年5月31日，习近平总书记就全面加强和改进国际传播工作发表重要讲话，从战略高度和全球视野深刻阐述了国际传播的重大理论和实践问题，为推进新时代国际传播能力建设提供了根本遵循。

2022战略传播论坛探讨新形势下我国国际传播面临的战略环境、战略机遇、战略任务，共同研究进一步加强我国国际传播能力建设的方法举措，这对于我国深化改革、加速发展，努力实现建设社会主义现代化国家目标具有重要意义。

一、把握新时代国际传播工作面临的新形势

伴随着我国综合国力和国际地位的显著提升，中国同世界的关系正在发生前所未有的历史性变化，国际社会更加关注中国、聚焦中国，各国民众期待了解中国、倾听中国。

当前，百年变局与世纪疫情交织叠加，不稳定不确定因素更加突出，美

西方等外部势力对华焦虑感明显上升，不断强化所谓"意识形态联盟"，在涉疆、涉藏、涉港、涉台等问题上对我围堵打压、抹黑攻击，西强我弱的国际舆论格局尚未改变。特别是乌克兰危机暴发以来，国际形势波诡云谲、大国关系深刻调整，世界经济前景和国际格局走向更加扑朔迷离，外宣工作面临多重挑战和考验。

面对复杂严峻的国际环境，在以习近平同志为核心的党中央坚强领导下，中国坚定不移贯彻新发展理念，统筹推进"五位一体"总体布局，积极构建高水平对外开放格局，有力开展全方位外交，广泛参与全球治理，我国的国际影响力显著增强，国际传播能力建设迈上新台阶，国际社会听不到中国声音的时代已经过去，我们做好国际传播工作更有信心、更有底气。

需要关注的是，新媒体、新技术的迅猛发展，加速了国际传播格局的深刻演变。大数据、云计算、5G、人工智能及一系列现代传播方式的出现，推动了不同文化间的交流碰撞，给国际传播带来了新课题、新挑战，也为我们抢抓机遇、弯道超车提供了可能。

二、明确新时代国际传播工作的目标任务

新形势、新环境对国际传播工作提出了新要求。我们要紧紧围绕党和国家中心工作，结合我国发展的阶段性特征，进一步明确国际传播各项目标任务，更好服务党和国家事业发展大局。

（一）精心阐释中国政策理念，营造有利舆论环境

全面客观向世界介绍中国，有助于促进中国同各国的相互理解与友谊，增进中国与世界的良性互动。

要阐释好习近平新时代中国特色社会主义思想的时代价值、丰富内涵与全球意义，展示好习近平总书记大党大国领袖的风范魅力。要介绍好中国推动高质量发展、扩大高水平开放的政策举措，讲好中国共产党治国理政的故事，展

示中国人民的奋发努力和不断增强的获得感、幸福感,帮助国际社会更好地读懂中国。

要广泛宣介中国坚持和平发展、合作共赢的理念,深入阐释推动构建人类命运共同体、建设新型国际关系、共建"一带一路"、全球发展倡议等中国主张、中国方案,增强我国国际道义优势,为我国经济社会发展营造良好的国际舆论氛围。

(二)着力掌握国际话语权,有效维护国家利益

日益走向世界舞台中央的中国正以越来越开放、自信和积极的姿态参与国际事务、发挥中国作用。但我们也要看到,全球治理话语权仍然由西方主导,全球治理改革仍面临巨大挑战。

要努力提升我国治理议程设置和国际规则制定能力,加大国际公共产品供给,形成同我国综合国力和国际地位相匹配的国际话语权,在推进全球治理体系变革中发挥引领作用。

针对美西方对我妖魔化、污名化,要敢于斗争,针锋相对开展批驳反制,阐释立场、澄清事实,以正视听。要研究提升斗争策略和艺术,加强主动引导,以"中国贡献论"对冲"中国威胁论",有效维护我国主权、安全和发展利益。

(三)深化拓展对外交流合作,广泛凝聚国际共识

当今时代,各国发展你中有我、我中有你。面对地区争端、恐怖主义、气候变化、公共卫生、网络安全等全球性问题,面对振兴经济、改善民生的繁重任务,团结协作是最有效的应对手段。要把握全球和平、发展、合作大势,推动各国加强宏观政策协调,携手构建全球发展伙伴关系,引导国际社会共同塑造更加公正合理的国际新秩序。

要重点加强人文、教育、社会等领域对外交流合作,寻求更多利益契合点,积极促进民心相通,在凝聚国际舆论共识上形成"最大公约数"、画出

"最大同心圆",展现中国负责任大国的形象与担当。

三、创新完善新时代国际传播工作的手段方法

（一）切实增强对外新闻舆论引导力

中央媒体是开展国际传播的主力军。要发挥特色优势，打造国际一流、有影响力的媒体。着力提升议题设置能力，增强国际传播穿透力、影响力。

要积极发挥地方媒体、行业媒体互补优势，合力发出中国声音。

要深刻把握国际传播规律，善用新媒体和社交媒体开展传播，深入国际舆论腹地开展交流与斗争，努力打破西方信息渠道垄断。

要用好新闻发布机制，特别是在面对重大国际舆论斗争时，及时发出权威声音、有效回应国际关切，坚定维护国家形象与利益。

（二）努力提升中华文化感召力

文化传播润物无声，是更基本、更持久的传播。要做优做强"感知中国""欢乐春节"等对外文化交流品牌，既展现中华传统文化的博大精深，又传播新时代中国生机勃勃的现代文化。

要充分利用民族传统文艺演出、经典图书出版、影视广告展映、非遗和文物展览、汉语言交流、中华饮食展示、体育赛事、中医药推广、名胜古迹推介等各类平台与渠道，全方位、多色彩展现中华文明的独特魅力。

要加强对中华优秀传统文化理念精髓的研究、阐释与传播，增进国际社会对中华民族精神特征和中国发展理念、道路的理解、认同。

（三）不断扩大中国国际朋友圈影响力

国际传播归根到底是做"人"的工作，借助外力、广交朋友、广结善缘，是新形势下国际传播的重要战略任务，借嘴说话、借筒传声往往起到事半功倍的效果。

外国媒体既是我们回避不了的挑战，也是我们可利用的资源。要加大做国

外主流媒体、社交媒体、互联网公司工作力度，了解掌握海外社交平台运行规则，推动关键时刻发出理性声音。

要持续做好国外政界人士、专家学者、企业高管、文化名人等有影响力人士工作，构筑起最广泛的国际舆论统一战线。

要积极邀请在华外籍人士参加各类文化体验活动，鼓励他们"深入基层"感受中国发展变化，培育其对中华文化的好感度、认同度。

要重点做好年轻群体特别是各国"Z世代"工作，结合其关注点、兴趣点，设置共鸣议题、开展共情传播，增加其对华感性了解与正确认知。

四、全面提升新时代国际传播工作效能

（一）用好多元主体，发挥各方优势

中国与世界关系的演进，催生了国际传播主体的日益多元，"全民传播"已经成为当前国际传播的新特点。

政府部门要加强顶层设计与统筹协调，明确目标任务、做好效果评估，为国际传播营造良好政策环境。

要加强同各国政党、议会的交流往来，分享治国理政经验、开展文明交流互鉴，增进中国之治的国际认同。

要重视发挥企事业单位、社团组织等社会力量的生力军作用，促进协同高效、立体传播。

要充分释放网红、大V、UP主、草根人士的传播势能，挖掘更多有温度、可触摸的中国故事，加强可视化、互动性传播，增添国际传播亲和力。

（二）细分受众对象，做好精准传播

了解掌握国外受众信息需求，是开展国际传播的基本前提。

要把全球视野与分众化意识有机结合，在深化国别研究、加强舆情分析的基础上，整体把握传播区域、传播群体、传播渠道的差异化，区分细化不同国

家的历史背景、政治制度、语言文化、社情民意、宗教习俗等，有针对性地设计和推广适宜对路的外宣方式和产品。

要持续推进"一域一策""一国一策""一人一策"的研究谋划和组织实施，坚持以受众需求为导向、以接受效果为标准，切实提升国际传播精准性、实效性。

（三）建设话语体系，注意贴近受众

加强话语体系建设是新时代国际传播的一项重要任务。要完善和创新对外话语表达方式，研究国外不同受众的习惯和特点，打造融通中外的新概念、新范畴、新表述，用中国理论阐释中国实践。

要采用国际通行的叙事方式进行传播，着力提升讲故事的技巧和能力，善于以小见大、由点到面，逐步展开，注重寓道于事、揭示真理、启迪受众，真正做到"中国故事、国际表达"。

要触摸受众情绪、善于换位思考、把握交流基调，在开放自信、谦逊谦和中赢得国际社会的理解和尊重。

做好新时代的国际传播工作，使命光荣、任务艰巨，需要各方共同努力。中国公共关系协会长期以来致力于开展中外人文交流和国际传播。协会愿以此次论坛为契机，加强与各界人士的沟通交流与经验分享，共同助力中国国际传播能力建设，让中国声音赢得更广泛的共鸣，为展现可信、可爱、可敬的中国形象，推动构建人类命运共同体贡献智慧和力量。

构建与新时代中国发展相适应的战略传播体系

全国政协常委、外事委员会委员　周树春

以"构建中国特色战略传播体系"为主题举办2022战略传播论坛，迎接党的二十大胜利召开，体现了本次论坛的视野和站位。站在"二十大"的历史方位和时代高度，要求我们进一步深入学习领会习近平总书记"5·31"重要讲话精神，围绕为什么以及怎样"构建具有鲜明中国特色的战略传播体系"，增强认识自觉和实践自觉，加快构建与新时代中国发展相适应的战略传播体系，谈几点认识：

一、构建中国特色战略传播体系，是实现"伟大梦想"、进行"伟大斗争"的必然选择和重要内容

环顾世界，中国是迄今为止为数不多——应该说是唯一的，由国家领导人在国家治理层面提出构建"战略传播体系"的国家。一定意义上，这是由中国发展的历史进程决定的。习近平总书记强调要"胸怀两个大局，一个是中华民族伟大复兴的战略全局，一个是世界百年未有之大变局"，将此作为"谋划工作的基本出发点"。对外宣传从来都是党和国家一项全局性战略性工作，但随着中国特色社会主义进入新时代，"中国大发展"与"世界大变局"形成历史性交会，中国与世界的关系以及基于其上的中国的外部舆论环境，进一步发生广泛而深刻的重大变化。

在全球变局中，中国是"因变量"，更是"自变量"，是第一变量、最大变量。没有中国的跨越式发展，就没有"东升西降"的世界大势。因此，中国不可避免成为了变局的焦点。今天，我们比历史上任何时期都更接近实现民族复兴的伟大梦想，但"中华民族伟大复兴不是轻轻松松、敲锣打鼓就能实现的，必须勇于进行具有许多新的历史特点的伟大斗争"。10年来我们"遭遇的风险挑战风高浪急，有时甚至是惊涛骇浪，各种风险挑战接踵而至，其复杂性严峻性前所未有"。正是在这样的背景下，构建"战略传播体系"被提上了国家最高议程，作为一种特殊的制度建设，纳入到国家战略体系之中。

二、增强服务于"全面建设社会主义现代化强国"和"日益走近世界舞台中央"双重目标任务的战略自觉与行动自觉

任何一种"战略传播"或"战略传播体系"，都必然是特定时代的产物，并服务于特定的历史任务。如果说，美国的"战略传播"是服务于"后冷战时代"美国维持世界霸权地位的战略需要；那么，中国的"战略传播体系"则是服务于"为民族谋复兴""为人民谋幸福""为人类谋进步"的历史使命。如果说，美国的战略传播要"创造、强化或维持有利于美国利益、政策和目标的环境"，那么，我们的"战略传播体系"是要为国家改革发展稳定营造有利外部舆论环境，让中国人民不断创造美好生活，让中华民族为人类发展作出更大贡献。

"全面建设社会主义现代化强国"是中华民族伟大复兴的必由之路，"日益走近世界舞台中央"是实现"从站起来、富起来到强起来"伟大飞跃的必然体现。在世界之变、时代之变、历史之变的特征更加明显，国家发展面临新的战略机遇、新的战略任务、新的战略阶段、新的战略要求、新的战略环境，需要应对的风险和挑战、需要解决的矛盾和问题比以往更加错综复杂的背景下，我们更要不断增强以"营造有利外部环境"服务国家发展大局的自

觉性和主动性。

三、在展示"真实、立体、全面"的中国过程中塑造"可信、可爱、可敬"的中国形象

"国家形象塑造"在"战略传播体系"中居于中心位置。成功的"战略传播"必然以塑造良好的"国家形象"为基本要求。在"百年变局"和"世纪疫情"复杂交织的特殊背景下举办的北京冬奥会、冬残奥会，不仅以"超出所有预期的巨大成功"，不容置疑地作为一次"真正无与伦比"的冰雪盛会被载入史册，而且特别重要的是，通过成功的国际传播，向世界展现了"阳光、富强、开放、充满希望"的中国形象。"北京冬奥的样子，就是新时代中国的样子"；北京冬奥是"新时代中国的'全息全彩'剪影"。

国家形象体现在战略传播中，是一个认识与反映的过程。可以这样理解，这个过程是把两组分别都是"三个维度"的目标要求叠加起来。一个可以称为"总体要求"或"方式方法"，就是"真实、立体、全面"；一个可以说是"目标取向"或"本质体现"，就是"可信、可爱、可敬"。"真实、立体、全面"，透着一种内在的深沉的自信，就是客观地去呈现；"可信、可爱、可敬"是一种抽象的具象，是价值、品格、秉性的外化。

关于美国的"战略传播"，一种说法是，起于对"为什么世界上那么多人恨美国"的反思。在国际事务中始终坚持公平正义的中国，始终是"得道多助"。但作为"战略传播"，我们还是要把不利因素估计充分。据皮尤调查，67%的美国受访者视中国为"主要威胁"。美国的数据并不具有全球代表性，但从底线思维出发，我们还是要通过最大限度减少"对抗式解读"、最大限度增进"肯定性解读"，让整个世界真切感知"坚定从容自信、文明发展进步"的中国形象。

四、把构建新时代中国的"叙事体系""话语体系"作为核心目标

"战略传播"是对"叙事"和"话语"的争夺,进而形成掌握战略主动的舆论态势,实现服务于国家利益和国家战略的目标。不同于称霸世界、全球插手的某些大国,当下中国"最根本的是要把我们自己的事情做好"。战略传播框架下的"叙事体系"和"话语体系"构建,最根本的就是"用中国理论阐释中国实践,用中国实践升华中国理论"。

在落实层面,就是以习近平新时代中国特色社会主义思想为指引,引导国际社会树立正确的"中国观"和"中共观",讲清楚新时代中国要"干什么""怎么干";中国共产党"是什么"、要"干什么","更加充分、更加鲜明地展现中国故事及其背后的思想力量和精神力量"。既要宣示新时代中国"在新征程上举什么旗,走什么路,以什么样的精神状态、朝着什么样的目标继续前进",又要在深层次上,以融通中外的概念范畴表述,阐明"中国式现代化"作为"人类文明新形态"的历史意义和世界意义,形成能够走向世界的中国叙事、中国话语,确立新时代中国在人类文明进步中的地位。

五、以保持斗争精神、提升斗争策略展开常态化战略博弈

近几年的经历经验表明,舆论斗争"一仗接着一仗"的趋势越来越突出,舆论场作为"没有硝烟的战场"的特征越来越突出,国际传播的"工具化""武器化"倾向越来越突出。这样的形势并不是我们所乐见的,也是不以人的意志为转移的。国际舆论形势是世界政治经济深层次结构性变化的一种必然。在现实主义国际关系理论主导、"零和博弈"思维仍然盛行的美西方,"此长彼消""中升西降"是难以适应和无法接受的。

国际传播是国际政治的延伸,针对中国崛起的"极限施压""极限打

压",不仅体现在经济科技上的遏制、封锁,也反映在舆论战场上"脏弹"横飞。可以预期,矛盾将长期存在。中国发展不止、崛起不止,针对中国的围堵、封堵就不会消停。这也决定了我们必须"以战略博弈应对战略博弈"。不管我们愿意与否,都只能从"舆论战""信息战""心理战"的现实要求出发,既保持和增强战略战术意识,又讲究斗争策略艺术,以争取目标受众特别是关键受众为突破重点,以压制敌方火力为重要基础,以削弱对方阵地阵容为基本要求,以占领道义制高点为预期目标,确保仗仗"取胜"、仗仗"获胜"。

六、打造"全政府全社会"+"全媒体全场景"的体系格局

"全政府全社会",就是覆盖所有传播主体;"全媒体全场景",就是充分利用一切传播平台、渠道、形式、手段。关于传播效能,有两个用数字"5"来表达的经典概念,一个说"在宣传上投入1美元",等于"军事上投入5美元";另一个说,"在品牌声誉形象塑造上,传播的贡献率仅为5%"。这两个看似矛盾的说法,都是对传播规律的总结。这里想说的是,既要高度重视传播工作本身,又要高度重视"非传播行为"的"传播效应"、"非语言符号"的"语言功能"。

在2021年发生的"一路'象'北"的全球围观中,西双版纳的野象成为代言中国形象,本来可以说是"最不可能"的传播介质和传播主体。其中一个启示就是,"一切皆可传播""一切皆为传播"。唯物主义传播观认为,"行为"是传播的"重要"甚至是"首要"介质,其次才是"语言"或体现为特殊语言的"影像"。作为专业新闻机构的报纸、通讯社、电视台、网站,当然每天都在做"传播";但在新的传播时代,无论是履行职责过程中的政府官员,还是论坛上研讨交流的专家学者;无论是开拓海外市场的中国企业,还是正在领略异国风情的中国游客,都时时刻刻、自觉不自觉地"释放"着关于中国的

碎片化的但却是不可忽略的重要讯息。关于中国的"解码",很多发生在"语言之外";关于中国的"认知",很多产生在"语外环境"之中。这便要求全民增强"现代传播意识""国际传播意识"。这应该也正是习近平总书记要求"形成自觉维护党和国家尊严形象的良好氛围"的针对性所在。

七、增强"软实力"、打赢"软战争"

构建中国特色战略传播体系,归根结底,是要解决继"挨打""挨饿"之后的"挨骂"问题,实现有理说得出、说了传得开、传了叫得响。有关国家的《国家安全战略》将"战略传播"作为"八大国力之一",作为进行"叙事战""思想战""政治战"的"舆论工具"。从社会主义中国、东方文明大国的国家定位出发,我们是要提高"国际传播影响力、中华文化感召力、中国形象亲和力、中国话语说服力、国际舆论引导力"。"五力"并发,都属于"软力量"范畴,都聚焦于增强世界对中国制度、中国价值、中国理念、中国主张的认知和认同。

在这个过程中,一方面,需要正视"西强东弱"尚未根本扭转的客观现实,深入持久地展开新时代中国特色社会主义不断取得成功的战略叙事;另一方面,高举"人类命运共同体"伟大旗帜,弘扬"和平、发展、公平、正义、民主、自由"的全人类共同价值,始终走在历史正确的一边,以"久久为功"打赢必将贯穿民族复兴全过程的"软战争"。

媒体型智库纳入中国特色战略传播体系的思考与实践

新华社研究院院长　刘刚

构建具有鲜明中国特色战略传播体系需要各方共同努力，久久为功，建设媒体型智库，加强智库外宣也是题中应有之义。

服务国家战略，是建设国家高端智库的初心使命，职责所在。2015年，根据中央要求，新华社启动国家高端智库建设，经过7年的努力，依靠新华社遍布国内外的采访调研力量和强大的传播能力，新华社国家高端智库形成了资政建言和智库外宣等基本功能和相应的产品形态。2021年年初，经中央批准，"智库"职能成为继"耳目""喉舌"之后，新华社的第三项基本职能。2021年11月6日，在新华社迎来建社90周年之际，习近平总书记发来贺信，强调要在党的领导下赓续红色血脉，坚持守正创新，加快融合发展，加强对外传播，努力建成国际一流新型全媒体机构。

建设好国家高端智库，是努力建成国际一流新型全媒体机构的重要组成部分。从2021年开始，特别是在学习贯彻"5·31"重要讲话精神过程中，我们探索通过创新对外话语，将媒体型智库纳入中国特色传播体系，以"学术报告+全球发布+全媒报道"的智库外宣新路径，陆续推出《中国减贫学——政治经济学视野下的中国减贫理论与实践》《人民标尺——从百年奋斗看中国共产党政治立场》《全人类共同价值的追求与探索——民主自由人权的中国实践》等智库外宣报告，取得良好传播效果。这些报告及其发布、传播形成了如下几个特点。

一是坚持鲜明政治立场，胸怀"国之大者"，围绕重大主题，积极构建新的学理阐释。 围绕习近平新时代中国特色社会主义思想的核心要义，我们努力寻找中外利益交会点、话语共同点、情感共鸣点，致力于打造国际舆论场既有"力量"又有"流量"的"新概念"。

在发布时间上，紧扣重大事件节点。比如，在我国宣布"消除绝对贫困"之际，推出《中国减贫学》报告；围绕建党百年这一契机，推出阐释中国共产党政治立场的报告《人民标尺》；《全人类共同价值的追求与探索——民主自由人权的中国实践》则是在美西方2021年年底举行所谓的"民主峰会"前夕对外推出，在国际外交斗争激烈的舆论场——日内瓦向全球发布，践行了中国国家高端智库的思想自觉和历史主动。

二是坚持理论创新和学术自洽，在思想深度、逻辑演绎、学术表达上力求新突破。 着眼于塑造可信、可爱、可敬的中国形象，加快构建中国话语和中国叙事体系，用中国理论阐释中国实践。我们在形成重大主题外宣智库报告时，摸索出有别于单纯新闻传播的方式，又不同于传统学术论文、白皮书的风格，力求创造一种新的话语体系——这就是综合运用学术话语、新闻表达，使报告具备较强的传播性。报告引入不少国际流行的展示方式，穿插了生动的故事叙述，使"高冷严肃"的智库报告变得富有亲和力，从而使一份主题严肃的长篇报告能吸引人"一口气"读完，为增强国际传播的亲和力和实效性做出了一些探索。

三是坚持全媒策划、采集、制作和呈现，以智库全媒体产品，推动中国道理全球传播。 我们推出的这些智库报告，是深入贯彻落实"重塑外宣业务、重整外宣流程、重构外宣格局"要求取得的初步成果。报告从立项、调研、写作到发布，充分发挥了新华社作为媒体型国家高端智库的优势，全流程强化多语种、全媒体特色，以专题集束式报道和融媒体产品传播为主，推动智库成果进入互联网传播的主阵地、主战场。报告相关配合报道全面覆盖海内外网络终端和主要载体，力求实现以政治性、学理性强的智库报告影响"关键少数"，以生动感人的可视化产品影响大众，即让学者看到学理、让百姓看到故事，从而推进中国道理的全球传播。

2022年以来，新华社国家高端智库继续探索"讲好中国故事、讲清中国道理"的路径和方向，我们启动了《"一带一路"发展学》《当代中国人权观的实践和理论探索》《铸牢中华民族共同体意识》等多语种智库外宣报告的研究和撰写工作，课题组配合智库报告同步拍摄了纪录片并制作融媒体产品，计划陆续以全媒体方式向全球发布。

在采写、传播重大主题外宣报告的实践中，我们深切感受到，战略传播是顶层设计，强调传播过程的系统性、整体性和协同性。党的十八大以来，中央从战略高度不断强调国际传播协同发力的重大意义，要求把加强国际传播能力建设纳入党委（党组）意识形态工作责任制。围绕党和国家的战略部署，国际传播能力建设正在不断得到加强。

当然，我们也看到，目前在中国特色战略传播体系建设上，还存在薄弱之处。**一是话语体系有效供给跟不上。**我们在一些重要问题、热点问题上的对外话语供给还远远不够，对实际问题的研究也不够深入，往往在国际关注的重点方向、舆论斗争的焦点方向上存在盲区、缺位和失语现象。比如，2022年2月底俄乌危机暴发之际，我们统计在此前一年间，仅兰德公司围绕俄乌议题发布的专题报告和研究材料就有220多份，从而持续影响美国政府及社会各界的态度，在国际上也构成了美国话语体系的重要组成部分。**二是话语创新传播不够。**美国全球战略传播一直将智库作为重要推手，不断制造一些影响全球的所谓"名词"或概念，同其遍布世界的媒体网络联动，潜移默化地影响政府决策和社会舆论。我国专家学者、研究单位围绕国际国内热点问题、重大问题日常生产大量优质研究成果，但往往缺乏必要的话语转换或是传播渠道，不善于向国际推介研究成果，翻译、改编、推介等工作相对滞后。**三是话语体系协调机制有待完善**。目前实际工作部门、学术研究机构、新闻宣传单位的外宣合力还有待加强，我们的对外传播平台大多"各自为政"，高质量内容零散分布于各家平台，难以产生集聚效应，也难以精准把握国际传播的时度效。

为深入贯彻落实"5·31"重要讲话精神，我们正积极与包括当代中国与世界研究院在内的有关部门和单位协作，充分发挥中央主要新闻媒体和国家高端智库的双重优势，充分运用各地区各部门的话语资源，形成合力，高效运行，共同构建新时代对外话语创新力量布局。我们希望通过强化内容体系建设，完善丰富传播方式，强化话语创新功能，激发更大话语产能，提高话语生产的反应速度和学理深度，持续产出兼具学理性和传播性的话语创新示范成果。

当前，国内外形势纷繁复杂，在困难和挑战面前，切实发挥战略传播作用，凝聚更广泛的国际思想共识，服务国家外交大局，比以往任何时候都迫切和重要。同时，传播生态也正在发生深刻的变化，国际传播的主体和要素已经超出传统媒体和传统认知的范畴，呈现出多样化的态势。在这种情况下，国际传播效果的优劣就不再由单一主体决定，而是由多元主体形成的合力决定。如果缺乏这种合力，媒体即使拥有再好的软硬件条件和再完备的宣传策划方案，效果也会大打折扣。我们愿意和大家一起，携手努力、并肩前行，在全国范围内推动形成"对外话语创新共同体"，推动实际工作部门、研究单位与新闻媒体之间的工作结合、资源融合，构建对内可整合资源、促进创新，对外可多域覆盖、聚合传播的对外话语创新生态圈，为更好地传播中国、说明中国、参与世界、融入世界作出自己的贡献。

发挥高校特色优势　为国际传播事业作贡献

上海外国语大学党委书记、上海全球治理与区域国别研究院理事长　姜锋

近年来，以美国为首的一些西方国家从战略上妖魔化中国，竭尽全力建构"中国系统威胁论"，不再是像以往那样限于局部的媒体炒作和个别政客的反华言论，而是由国家和国家集团主导，全方位地把涉华负面认知战略化、系统化、社会化和大众化。这一轮对中国的战略妖魔化比以往各版本的"中国威胁论"更具有战略危害性。仅从应对这场斗争的角度看，国际传播工作已事关国家安全利益。因此，有针对性地做好国际传播具有特别重要的战略意义，是一项具有全局性、长期性、整体性和战略性的重要工作。

一、做好国际传播需要有效发挥政府、学界、媒体、社会和个人等多方智慧与力量

从国际传播接受效果研究看，受众对不同传播主体有不同的期待：政府发声时重在表述，要表明立场；学界和智库主要是论述，说明道理，提供学理；媒体作为平台能够讲述生动有趣的故事，提供信息和观点。

受众期待学界学者对传播的议题有学理上的贡献，不要仅仅在政府话语框架内做修辞和句法反复。诸如，一场学界有关国际传播议题的讨论会，除了邀请相关主管部门代表讲话指导外，学界人士要有基于学科研究的学理和话语贡献。常看到有些学界研讨活动的总结简报，主要内容是说请了哪些重要嘉宾讲

了话，但很少介绍学理、学术收获和内容。实际上，各界非常期待学界在国际传播方面多作出理论和方法贡献。

媒体的功能则很综合，它既要传播政府宣示的立场，也要传播学者讲述的道理。无论什么内容，作为"信息和观点消费产品"去直接面对受众时，媒体要对产品进行"故事化"处理。在英文中"新闻"一词"news"与故事"story"密不可分，二者组成"新闻故事"news story；在德语中"公众观点"一词"öffentliche Meinung"被认为是"发布出来的观点"（veröffentlichte Meinung），这些均表明，新闻和观点的产生与接受有个媒体建构的过程。研究结果还表明，人们通过大众传媒建立起自己关于世界和历史的认知。从这个角度看，传播塑造着世界观、人生观和价值观，媒体和教育一样，都是讲故事的第一人，持续影响着人和社会。古希腊的柏拉图把讲故事看作是培养国家人才的最重要的课程之一。因此讲故事的人应该是有权力的人。如今的世界已是人人互联的时代，很难再分"主流媒体"和"自媒体"、国内媒体和国外媒体，人人都是话筒，处处都有讲故事的人，时时都产生国际传播，而且，常常是被塑造的国际传播。

二、高校是国际传播"共同体"中的重要成员，能够在国际传播实践和理论建设中发挥重要作用

（一）"多语种""跨学科"的国际传播人才培养模式

国际传播需要专业人才，培养国际传播专业人才是高校的职责，尤其是新闻传播和语言类学科更是如此。语言是传播最核心、最基础的媒介，基于语言能力和学科能力的话语能力事关国际传播的效果。但目前我国高校外语专业，特别是公共外语教学，其主要内容还比较传统，注重听说读写译等语言形态本身的教学，还没有有意识地将语言的功能和传播的目标结合在一起；语言还没有从一般的交际工具上升到传播工具；外语的供给量还不足。研究结果表明，

国际信息流中，英语占60%左右，高居首位，非英语的比重呈上升趋势。在加强英语作为载体的国际传播的同时，还要重视通过英语以外的语言开展国际传播，要从课程体系上将外语、翻译和国际传播融合起来，加强多语种国际传播能力。

（二）实践与理论密切结合的学术研究

学科要为国际传播实践提供理论积累，对传播实践当中的经验教训进行观察、分析、总结、归纳，形成规律性认识之后成为理论指导。习近平总书记多次提到理论的重要性，强调"学、思、用贯通，知、信、行统一"。国际传播既有实践又有理论，有着丰富学科资源的高校在理论结合实践双向创新方面大有可为。研究国际传播的过程也应是实践的过程。

（1）国际传播需要加强底层传播供给。国际传播主体应是多元立体的，目前政府层面传播量很大，但基层供给显得不足，造成上下之间的落差。基于此，上海外国语大学与上海市松江区合作创办运营了上海松江英文多融媒体应用平台，成为全国首个区县级融媒体英文频道，是全国地方党媒融合创新发展项目。

（2）国际传播需要增加专业传播供给。政府信息是多元、分众的，传播也应丰富多元，但实际传播中，宣传部门供给丰富，而专业部门相对薄弱。2017年上海外国语大学主动请缨承担中国教育对外传播工作，在教育部领导支持下，协助教育部编辑运营教育部政府门户网站多语种网站，特别是英文网站，受到国际教育政策界、教育研究界和计划来华留学人员等机构和人士的广泛关注。

（3）国际传播需要国别区域全球知识体系支撑。国际传播很难千篇一律，需要分众化、区域化、国别化，为此需要系统了解对象国或对象区域的历史、民族性格和发展前景，需要有国别、族别、群别、语别、区域和全球的知识体系支撑。2019年，上海外国语大学在教育部和上海市支持下，成立了上海全球治理与区域国别研究院，作为一个跨学校、跨学科、跨语种的平台，深入推进区域国别研究和国际田野调查，着力构建中国自主的国别区域全球知识体系，支撑开展国际传播。契合国别、语别、场景的国际传播更能"说得出，传得开"，对有效传播中国声音十分重要。

（4）国际传播不仅包括讲好中国故事，也包括以中国的视角讲述其他国家和区域的事件。2020年以来，上海外国语大学师生每年在国际媒体上发表的评论文章有100篇左右。2022年5月，胡春春副教授在欧洲发表关于俄乌危机的评论文章和学术文章，受到多国关注，已有意大利文、德文、英文、阿拉伯文、土耳其文、丹麦文等多个语种的版本在多国媒体和学术平台发布，引起了广泛评论，还有国外学者专门撰文评论。

国际传播需要战略把握和谋划，又需要精细推进，具体实践，细节很关键，需要在实践和理论的相互促进中不断探索提升，更好实现"说得出，传得开"的目标。高校基于学科、学术和人才资源可以也应该在主管和专责部门指导、支持下与媒体和社会各界密切互动合作，使其丰富的实践经验在高校的专业和学科体系中得以升华，成为理论，为国际传播的理论与实践作出贡献，同时高校也可以在其中获得学科和学术能力的提升，从而更好地培养国际传播专业人才。

从美国国家战略传播看构建我国战略传播体系的必要性

北京大学国家战略传播研究院院长　程曼丽

2021年5月31日，习近平总书记在主持中共中央政治局第三十次集体学习时指出，要深刻认识新形势下加强和改进国际传播工作的重要性和必要性，下大气力加强国际传播能力建设，形成同我国综合国力和国际地位相匹配的国际话语权。在这次讲话中，习近平总书记还特别指出：必须加强顶层设计和研究布局，构建具有鲜明中国特色的战略传播体系。

一、美国国家战略传播体系布局

"战略传播"是在"国际传播"基础上提出的一个新概念。这个概念来自美国，国家"战略传播体系"也可以说是美国首创。

战略传播的概念起始于20世纪60年代美国企业界，其意是指大型跨国公司所进行的涉及企业发展和企业形象的营销推广活动。冷战结束尤其是"9·11"恐怖袭击事件之后，美国更加突出"思想战""心理战"和"信息战"在国家安全战略中的地位，提出了发展"软实力""巧实力"的战略目标，在此基础上逐步形成了国家"战略传播"的新概念、新政策以及相关体系构架，并不断加快其运行实施的步伐。

具体来说，这一战略布局大致可以分为三个阶段。

第一阶段，在联邦政府建立专门机构，强化公共外交和对外传播。"9·11"事件后，阿拉伯世界对美敌意增加，美国的国际盟友日渐疏离。为了改变"消极的国家形象"，重塑美国国家形象，美国政府于2001年11月设立"战略影响办公室"，加强海外宣传攻势。然而，因涉嫌发布虚假信息，该办公室于2002年2月关闭。2003年1月，白宫又设立"全球传播办公室"，协调美国在全球范围的公共外交活动，但据美国总审计局的资料显示，该部门实际上没有履行好预期职责。

2004年，美国国务院增设负责公共外交和公共事务的政策与资源规划部部长一职，与此同时，美国前国务卿贝克的顾问杰雷吉安提交了题为《改变观念，赢得和平：为美国在阿拉伯和穆斯林世界中的公共外交提供新的战略指导》的报告。根据报告建议，白宫成立了穆斯林外交政策协调委员会。

在这一阶段，美国政府的公共外交和对外传播有所加强，但未能与国防、军事情报部门的对外传播形成统一筹划、合力推进的格局。

第二阶段，着手研究将公共外交、政府外宣与国防、军事情报部门的对外传播资源进行全面整合，提出了国家"战略传播"的理念。为了在国家层面推进对外传播的统一规划和全面实施，解决政府不同部门之间，外交、外宣与国防军事情报工作之间，政府与社会之间在对外传播中缺乏统筹协调性的问题，2004年，美国国防部所属"国防科学委员会"着手研究企业界广泛使用的"战略传播"概念，最终形成了《战略传播：国防部国防科学委员会的报告》。报告第一次明确使用了"战略传播"的概念，并试图以此统领美国全部对外传播活动。报告中有这样的文字："需要将国家政策统合起来，要对文化及美国政策即将产生的影响有所了解，使战略传播重新散发活力，并且要在政府机构间、政府与私营部门间展开二战以来最为广泛的合作，运用国家力量中的所有元素打赢当前的思想战争。"

在此阶段，美国政府开始将公众外交、公共事务、国际广播、信息/心理运作统合为一体。其中，公众外交和国际广播是美国政府主导下开展的公开的对外传播活动；公共事务是美国国防部主导的对国内的舆论引导；信息/心理运作则是心理战的代名词，是指由美国国防部、中央情报局等机构主导的，面向国内外的隐蔽性信息传播活动，目的是通过认知操控，对国内外受众施加影响。

第三阶段，对国家战略传播体制进行全面系统设计，并开始逐步实施。2010年3月，在美国军方的积极推动下，奥巴马总统向美参众两院提交《国家战略传播构架》报告，对国家战略传播体制进行了系统设计，进一步将国家战略传播系统描述为由总统通过国家安全委员会领导的，由美国内政、外交、媒体以及军事情报部门构成的联动机制。具体分工是：国务院负责公众外交、公共事务；国防部负责"心理战""信息战""舆论战"等信息运作；广播管理委员会负责媒体传播及网络传播；国际开发署负责与对外援助相应的传播活动；国家情报联合体（包括中央情报局等17家国家情报机构）负责关于国家安全情报信息的收集、分析、整合与报送等工作。

二、美国国家战略传播体系的主要特征

（一）战略传播以美国的价值观、国家利益、国家安全为核心诉求，推动对外传播走上更加集成化、系统化和专业化的道路

奥巴马在2010年《国家安全战略报告》中明确提出，"从过去到现在，我们的价值始终是我们最宝贵的国家安全资产"。在这份报告中，"我们的价值"（our values）和"普世价值"（universal values）是互替使用的概念，这表明二者之间具有某种一致性。正因为如此，一些研究者将奥巴马时期的国家战略界定为"价值观战略"。奥巴马还强调，传播资源的分配和运用必须围绕国家核心利益，确定"战略传播优先级"，以重点项目为先，从而达到传播效益的最大化。

（二）建立总统负责、国安会统筹、部门分工合作的国家战略传播组织架构和工作机制

根据上面两份报告，美国国家战略传播是一个由总统通过国家安全委员会领导的庞大的跨部门集成体系，是由美国国务院、国防部、广播管理委员会、国际开发署、国家情报联合体等外交、国防、军队、媒体和情报机构组成的联动工作机制。

（三）重视针对目标受众的"精心运作的传播和接触"，与利益相关者保持良性互动

美国政府非常重视传播效果，要求根据不同国家、民族、宗教和文化特点，形成具有较高精准化、专业化程度的传播运作方式。在战略传播过程中，美国政府还根据不同部门的职责特点采取不同方式：既有由政府主导的、以公开面目出现的"白色"宣传，也有由军方和情报部门主导的"黑色"和"灰色"宣传。其中，"黑色"和"灰色"宣传具有隐蔽性的特点。据信息透露，在中央情报局从事的所有隐蔽活动中，40%是隐蔽性的对外政治宣传活动，其经费远远多于其他公开机构的费用。

这些宣传活动的效果在之前的中东和北非动乱以及其他一些地区的"颜色革命"中有所显现。2014年4月初，美国国际开发署（美国国家战略传播机构之一）避开古巴严格的信息控制和互联网限制，利用手机短信秘密在古巴投资创建了社交媒体"古巴推特"，传播了一些颠覆性的内容，引发了社会动荡。

（四）着眼国家发展中的重大战略需求和现实问题，加强国家战略传播的理论和政策研究

美国非常重视直接服务于国家战略传播需要的理论和政策研究。这类研究大致来自三个方面：一是政府专门委托项目，如"国防科学委员会"围绕国家战略传播体系构建所进行的专项研究，前国务卿贝克的顾问受国务院委托撰写的有关美国中东政策的调整报告等；二是知名智库开展的专题研究，如布鲁

金斯学会支持的"美国对阿拉伯世界的政策"研究项目；三是有关专家开展的自主性研究，如戴维·贝克中校的论文《对公众外交提供军事援助的可能性》等。这些研究具有较强的现实针对性和可操作性，在美国国家战略传播理论和政策的形成过程中发挥了重要作用。

从美国国防科学委员会报告的推出到奥巴马提出《国家战略传播构架》报告，标志着美国政府已将对外传播活动上升到国家战略的高度，逐步形成了以国家"战略传播"的概念统领对内对外传播活动的基本思路，形成了在总统领导和国家安全委员会统筹管理之下各有关部门分工明确又相互协调的战略传播组织框架。

尽管如同美国前公共外交咨询委员会执行理事马特·阿姆斯特朗（Matt Armstron）所言，奥巴马的《国家战略传播构架》报告面临着诸多挑战，例如国务院的老旧框架不能适应新形势的变化，公共外交人力资源处于短缺状态，等等，但是从实际情况看，战略传播系统已经处于运行状态。2016年3月，美国共和党参议员波特曼（Rob Portman）、民主党参议员墨菲（Chris Murphy）联手提出对来自俄罗斯和中国等外国政府的政治宣传进行反制的议案；同年12月23日，美国总统奥巴马签署通过《波特曼—墨菲反宣传法案》（该法案成为2017年国防授权法的配套法案）。法案规定，将制定全联邦政府的反政治宣传和谣言战略并提升全球作战中心（the Global Engagement Center）在反制中俄政治宣传中的权威性与合法性；中心由国务院领导，来自国防部、国际开发署、广播理事会、情报机关和相关部门的高级官员将参与中心的领导。而这些机构均为国家战略传播系统的组成部分。

虽然美国前任总统特朗普对于奥巴马的政见、政纲持否定态度，现任总统拜登也有着自己的执政主张，但是作为一种制度化的存在，美国国家战略传播系统仍将保留下来，继续服务于现行政策的需要。

三、对我国国家战略传播体系构建的建议

从美国国家战略传播体系形成的过程看，战略传播是国家传播管理发展到一定阶段的客观需要和必然走向，它重在强调机制建设和资源整合，强调传播过程的系统性与步调一致性，目的是改变传播主体各行其是、分而治之的状态。这方面的建设同样为我国所需要。

党的十八大以来，中央从战略高度进一步强调外事、外宣和文化传播工作的重要意义，要求积极创新对外传播的工作思路、方针政策和管理体制。对外传播管理部门以及主流媒体围绕党和国家的战略部署，全面加强国际传播能力建设，为更好地说明中国、传播中国、参与世界、融入世界发挥了积极作用。

目前，我国面临着日益复杂的国际关系格局和国际舆论环境，面临着美国对华战略框架下的传播攻势（包括对我重点媒体在美活动的限制）。而与美国相比，我们在构建国家战略传播体系的思想认识、组织规划、制度安排和理论研究方面都存在一定的距离，主要表现在：协同传播的观念比较淡薄；对外传播资源较为分散，各机构之间协调不足，尤其缺乏从国家层面对"大外宣"进行统一领导、全面规划、协同实施、合力推进的管理体制和工作机制。而对于目前的中国来说，最好的策略与方法就是"借其人之道还治其人之身"，加快进行研究布局和人才储备，建设具有中国特色的战略传播体系，将国际传播能力提高到一个新的水平。

（一）从维护国家安全的战略高度认清国际传播的重大意义，树立以集成化、系统化、精细化为主要特征的国家战略传播理念

要充分认识到确保文化和意识形态安全是国家总体战略的重要组成部分，改进和加强战略传播是维护好、巩固好和传播好当代中国价值观、保障国家安全、塑造良好国家形象、促进世界和平与发展的重要手段。

要高度关注美国国家战略传播理念的形成、发展及实施进程，深刻理解实

行战略传播的目标，就是要系统整合国家对外传播的行政资源、媒体资源、产业资源、军队资源、情报资源、学术资源、人才资源以及其他所有相关社会资源，综合利用公开、半公开和隐蔽的传播渠道以及对象化传播技巧，提高传播的系统性、针对性和有效性；建立健全与战略传播相适应的宏观管理体制和工作机制，从根本上解决我国对外传播资源布局分散、职能定位交叉、传播效果欠佳等问题。

（二）根据国家战略传播的新目标、新任务、新要求，调整、改进、充实我国现有的国际传播规划，并在此基础上制订国家战略传播的中长期规划

建议按照战略传播的新思路，认真回顾、总结十余年来我国国际传播（能力建设）总体规划的落实情况，总结经验，寻找差距，增强规划的实用性和实效性；组织有关部门深入研究系统集成"大外宣"的新模式，明确未来一个时期国际传播的重点内容、目标任务、方法策略以及合理的资源配置；健全完善国际传播项目评审机制和效果评估机制；进一步发挥市场作用，推进国际传播的公司化运作、本土化战略、全媒体发展。在此基础上，经过深入细致的调研，进一步制订比原有国际传播规划更加丰满、更加完善、更加集约、更加科学的国家战略传播总体规划。

（三）强化对我国媒体国际传播活动的有效统筹指导，优化相关体制机制，推进精细化传播方式，改变"有理说不出，说了传不开"的舆论困局

一是紧扣全面深化改革和维护国家安全的国家总体战略，加强对外传播资源整合，努力打造一批具有较强竞争力和影响力的国家级对外传播品牌，切实提升我国媒体对外传播的核心竞争力。

二是系统研究不同区域、不同国家、不同民族的文化特征，研究国外受众的心理特点，研究新媒体传播与不同文化的相互影响及发展趋势，加强对外话语体系建设，做好不同话语体系"对接工程"，增强对外传播的针对性、精准性和实效性。

三是充分认识到党和国家领导人的高端访问是国家战略传播的第一品牌，建立高访报道的高级别联动策划机制，精心组织、综合协调、立体传播，努力实现高访传播效果最大化，塑造良好国家形象。

四是提高对外传播的"议程设置"水平，强化对外传播跨部门协调机制，建立对外传播线索引导、组织策划、用户需求、报道反馈、政策要求等方面的内部信息共享平台；加强对我国境外媒体传播内容的指导。

五是推动建立国际传播舆情分析机制，充分整合中央重点媒体对外传播资源，构建世界各国特别是各大国主流媒体信息动向平台；协调驻外使领馆、各大媒体以及其他相关部门，建立高层次的涉华舆情分析研判机制。

（四）加强智库与传播队伍建设

推进国家战略传播智库建设，加强战略传播学术和政策研究；推进国家战略传播数据库建设，为制定传播战略和策略、准确研判传播效果提供先进的技术支撑；推进战略传播队伍建设，为推广和发展国家战略传播事业提供人才、智力保障。

第二章

构建具有鲜明中国特色的战略传播体系

新时代中国共产党的价值叙事建构与国际传播

中国人民大学马克思主义学院教授、国际合作与交流处处长　张晓萌
中国人民大学马克思主义学院博士研究生　周　鼎

摘要：价值叙事是中国共产党国际叙事的重要维度。在国际舞台推进党的价值叙事建构与传播，推动多元文明及其价值观包容共存、交流互鉴，是新时代中国共产党面临的重大时代课题，可以从主体向度、理论向度、实践向度出发加以探讨。为有效应对国际社会的价值话语挑战，需要在国家制度构建、现代化路径选择、国际秩序重塑等国际传播场域中深入开展党的价值话语体系建构与对外宣介。全人类共同价值是新时代中国共产党价值叙事创新的重大成果。在新的历史起点上推进全人类共同价值的国际传播与阐释，要深入把握共同价值的理论与现实基础及其实践路径，探索实现对西方中心主义和霸权主义价值话语的解构与超越，不断提升中国共产党的话语传播力、舆论引导力、价值引领力，丰富和发展中国式现代化与人类文明新形态的价值实践。

关键词：价值叙事；中国共产党；话语博弈；话语创新；国际传播

构建具有鲜明中国特色的战略传播体系，加强我国国际传播能力建设，全面提升国际传播效能，亟待建立起同中国共产党的强大领导力、执政力和全球影响力相称的国际叙事。价值叙事是中国共产党国际叙事的重要维度。如何在国际舞台推动中国共产党价值叙事的建构与传播，汇聚起广泛的价值共识，促

进多元文明及其价值观的交流互鉴，是新时代中国共产党面临的一项重大时代课题。在新的历史起点上，向世界讲好中国故事和中国共产党故事，需要加快推进党的价值叙事体系建构与对外传播，立足全人类共同价值的话语创新，探索推动对西方中心主义和霸权主义价值话语的解构与超越，在价值话语的国际博弈中占据优势地位，为营造有利的国际舆论环境、构建人类命运共同体提供有力的价值支撑。

一、新时代中国共产党的价值叙事建构

建构中国共产党的价值叙事，形成具有中国特色、时代特征和国际影响力的价值话语，推动党的价值话语"走出去"，是帮助国际社会更好读懂新时代中国和中国共产党的重要路径。从主体向度、理论向度、实践向度出发探讨新时代党的价值叙事建构，有助于彰显党百余年奋斗所蕴含的文明价值。

（一）主体向度：中国共产党为中华民族谋复兴的"元叙事"

实现中华民族伟大复兴，是贯穿中国共产党百余年奋斗的中心主题，为党的价值话语体系奠定了"元叙事"。中国共产党一经成立，就把为人民谋幸福、为民族谋复兴作为初心使命。在一个多世纪的历程中，中华民族从"东亚病夫"到"站起来""富起来"再到"强起来"的三次飞跃构成了这一历史进程的叙事主轴。独立自主是一个民族生存和发展的根本立足点，没有独立的民族地位，自由和尊严就无从谈起；人民幸福是一个国家发展进步的基本价值取向，没有人民的安居乐业，就没有国家的长治久安。对世界上那些既希望加快发展又希望保持自身独立性的民族而言，要成功实现"屹立于世界民族之林"，一般都要经历这样三个阶段："站起来"意味着推翻外部势力的压迫，摆脱传统社会关系的束缚，实现人民当家做主，维护民族独立和尊严；"富起来"意味着加快解放和发展社会生产力，释放社会发展活力，融入世界现代化经济体系，持续保障和改善民生；"强起来"意味着国家的各方面事业全面发

展，综合国力和国际地位显著提升，整个民族的主体力量得以全面激发。

从中华民族的历史主体出发围绕三次"伟大飞跃"开展价值叙事建构，既生动展现了党团结带领全国各族人民谋求民族独立、人民解放和国家富强、人民幸福的奋斗历程，又为广大发展中国家的现代化进程提供了可资借鉴的参照系。当今世界，发展中国家陆地面积占全球比例超过70%，人口占世界总人口的80%，是维护国际公平正义、促进世界和平发展的重要力量。发展中国家拥有推动建立更加公正合理的国际秩序的内在动力，蕴含着人类未来发展最大增量的广阔潜能，同时也经历着现代化进程中的诸多问题和挑战。当今的中国仍然是发展中国家，始终坚定地同其他发展中国家站在一起，把自身发展和发展中国家共同发展紧密联系起来，尊重和支持各国各民族对发展道路的自主选择。以百余年党史的主体性叙事为参照和启示，有助于发展中国家准确定位自身所处的发展阶段，把握本民族在当前阶段的社会主要矛盾、重点任务和发展方向，拓展走向现代化的路径选择，充分发挥中国共产党国际叙事的积极效能。

（二）理论向度：马克思主义使命型政党的价值传承与弘扬

作为马克思主义使命型政党，中国共产党既为中国人民谋幸福、为中华民族谋复兴，也为人类谋进步、为世界谋大同，坚持把为人类社会作出新的更大贡献作为自身使命。建构党的价值叙事体系，要坚持马克思主义的价值立场和价值理念，持续激活马克思主义及其中国化时代化理论的价值内涵。无论时代风云如何变幻，马克思主义始终占据着人类真理与道义的制高点，其"为人类求解放"的价值理想正是真理和道义制高点上的鲜明旗帜。在世界社会主义运动和民族解放运动浪潮中，马克思主义的广泛传播有力鼓舞了被压迫民族和人民争取自由和解放的斗争，激励各国人民当家做主，把发展进步命运牢牢掌握在自己手中。党的百余年奋斗使马克思和恩格斯构想的科学社会主义蓝图在中华大地不断转化为生动实践，贯彻了追求共产主义"自由王国"、实现人的自由全面发展的理论目标和行动指引，印证了马克思主义"改变世界"的强大真理伟力。

中国共产党继承了中华传统文明的精华，把社会主义核心价值体系植根于优秀传统文化土壤，又以马克思主义激活中华优秀传统价值的生命力，充分汲取一切人类优秀文明成果，推动传统价值的熔炼与转化。作为马克思主义中国化时代化的最新理论成果，习近平新时代中国特色社会主义思想的首要世界观和方法论就是坚持人民至上。人民性是马克思主义的本质属性，维护和实现最广大人民的根本利益是马克思主义政党的中心目标。"在无产阶级和资产阶级的斗争所经历的各个发展阶段上，共产党人始终代表整个运动的利益""他们没有任何同整个无产阶级的利益不同的利益"[1]。中国共产党坚守人民至上的价值理念，锚定现代化发展方向的人民性，摆脱和超越了以往一切政治力量难以逾越的历史局限。党的理论是来自人民、为了人民、造福人民的理论，人民的创造性实践是理论创新的不竭源泉。[2]中国式现代化道路越走越宽广，携手各国不断做大人类社会现代化的"蛋糕"，努力实现中国人民和世界各国人民对美好生活的向往，使世界上愿意正视和认同社会主义、理解和接受马克思主义的志同道合者越来越多。

（三）实践向度：中国式现代化与人类文明新形态价值践履

中国共产党的百余年奋斗是人类进步事业的重要组成部分。党领导人民创造了中国式现代化和人类文明新形态，为人类对更好社会制度的探索提供了中国方案。中国式现代化是人类现代化实践中的一条独特路径，源发于亿万中国人民追求现代化的历史探索，生成于中国共产党对历史上的现代化道路的批判性借鉴，缔造了在较短时间内推动超大规模人口国家迈向现代化的奇迹。中

---

[1] 《马克思恩格斯文集》第2卷，北京：人民出版社，2009年，第44页。
[2] 习近平：《高举中国特色社会主义伟大旗帜 为全面建设社会主义现代化国家而团结奋斗：在中国共产党第二十次全国代表大会上的报告》，北京：人民出版社，2022年，第19页。

国式现代化坚持走和平发展道路，把人类社会视为一个休戚与共的整体，坚决摒弃"国强必霸"、殖民掠夺的西方现代化老路，反对打压和遏制别国现代化以维护自身发展的"特权"。习近平总书记指出："中国实现现代化是世界和平力量的增长，是国际正义力量的壮大，无论发展到什么程度，中国永远不称霸、永远不搞扩张。"[1]中国式现代化坚守和弘扬立己达人的理念，坚持走共建共享共赢的人间正道，为推动人类社会现代化进程、繁荣世界文明百花园提供了有力的实践引领。

在人类文明史视野下推进党的价值叙事建构，要深入梳理、总结和提炼中国式现代化与人类文明新形态实践创造中蕴含的价值逻辑，向世界展示中国之路、中国之治、中国之理的文明价值。进入新时代，以习近平同志为核心的党中央提出构建人类命运共同体重大理念，先后提出全球发展倡议、全球安全倡议、全球文明倡议，为人类社会和衷共济、和合共生提供了实践方案。多元的现代化道路植根于丰富多样、源远流长的文明传承，各自具有独特的历史底蕴、文化禀赋和实践特质。当代中国创造的人类文明新形态是倡导和平共处、互利共赢的文明新形态，致力于推动文明交流互鉴，促进人类文明进步。中国共产党秉持和平、发展、公平、正义、民主、自由的全人类共同价值，以宽广胸襟包容和接纳对共同价值内涵的差异化理解，推动多元价值观的平等尊重、交流互鉴、相得益彰。全人类共同价值的提出为中国式现代化与人类文明新形态塑造了鲜明的价值标识，凝聚了世界各国携手构建更加美好世界的最大公约数，为人类现代化道路探索和文明形态演进的多元实践描绘了价值理念的"同心圆"。

---

[1] 《习近平出席中国共产党与世界政党高层对话会并发表主旨讲话》，《人民日报》2023年3月16日，第1版。

二、国际传播场域中的价值话语博弈

随着世界百年未有之大变局和中华民族伟大复兴战略全局同步交织、相互激荡，中国与世界的关系正发生历史性变革，中国共产党与世界的关系也经历着广泛而深刻的演进。有效回应来自国际社会的价值话语挑战，需要在国家制度构建、现代化路径选择、国际秩序重塑等国际传播场域中推进党的价值叙事建构与对外宣介，为进一步推进和拓展中国式现代化营造有利的外部舆论环境。

（一）国家制度构建的价值话语博弈

不同的国家制度和国家治理体系具有不同的价值立场。现代西式民主制度发轫于欧美资产阶级革命，建立在资本主义社会经济结构的基础上，从根本上反映了西方资产阶级统治集团的利益诉求。这套制度体系以自由、民主、平等、人权等"普世价值"作为意识形态口号，构筑起一套以巩固资产阶级统治为核心目标的价值话语体系，在国际制度话语权的竞争中长期占据着支配性的优势地位。新中国成立以来，特别是改革开放以来，中国共产党创造性地运用和发展马克思主义国家学说，经过理论与实践的不懈探索，形成了中国特色社会主义制度和国家治理体系，其本质属性在于始终代表最广大人民根本利益，保证人民当家做主，体现人民共同意志，维护人民合法权益。党的十八大以来，中国特色社会主义制度不断完善和发展，国家治理体系和治理能力现代化得到深入推进，在国际比较视野下日益呈现出我国国家制度和国家治理体系的动态发展性和开放包容性等特征和比较优势。

在我国制度建设不断发展、制度价值不断彰显的同时，西方资本主义国家也不断加紧意识形态渗透，不放弃策动"颜色革命"的企图，思想文化领域面临的国际竞争日趋激烈，中西方在不同制度、发展道路和价值观方面的斗争形势较之以往更加复杂尖锐。西方国家向来把自身的制度自诩为人类理想政制的样板，例如把民主视为西方制度的"专利"。然而，在马克思主义视域中，"民主是什么呢？它必须具备一定的意义，否则它就不能存在。因此全部问题就在于确定民主的真正意义"①。评价一种制度是否民主，不在于它是否采取了某种特定类型的民主制度外观，而在于是否真实而广泛地保障了人民的权利，满足了人民的实际需求。面对西式民主制度之价值内涵的抽象性、价值视野的片面性和价值评价的"双重标准"，要牢牢坚持道路自信、制度自信、价值自信，不断发展全过程人民民主，持续提升人权保障水平，在价值话语的国际较量中增强战略定力，争取战略主动，不断彰显中国特色社会主义道路和制度实践的优越性。

（二）现代化道路选择的价值话语博弈

世界历史进入资本主义时代以来，西式现代化取得的显著成就使其把自身视为人类社会现代化的唯一模式。然而，历史已经充分证明，现代化道路没有定于一尊，不存在放之四海而皆准的固定模式，只有适合本国本民族的现代化道路才是最好的。盲目照抄照搬资本主义现代化发展道路和制度模式，亦步亦趋乃至削足适履，很有可能出现"水土不服"，甚至给本国的自主地位和经济社会可持续发展带来危害。冷战结束后，一批发展中国家被迫走上西式现代化道路，在实现一定时期的经济增长后陷入"中等收入国家陷阱"等多重困境，给本国政治、经济、社会、生态环境等各领域带来诸多负面效应，引发了关于现代化路径选择的价值反思。中国共产党坚持扎根中国大地，团结带领人民探索、开辟、坚持和发展中国特色社会主义道路，深入推进和拓展中国式现代化，用几十年时间走完了西方国家历时数百年的现代化进程，实现了世界现代化理论和实践的重大创新，打破了"现代化=西方化"的思维定式，丰富了人类走向现代化的路径选择。

---

① 《马克思恩格斯全集》第10卷，北京：人民出版社，1998年，第315页。

不同现代化路径对应着不同的价值目标体系,既与不同国家和民族所秉持的价值序列有关,又与现代化路径所采取的发展逻辑密切相联。人类社会现代化的历史性实践表明,世界各民族在走向现代社会的历史进程中,既要遵循现代化的一般性规律,又要顾及该民族的历史文化传统(特殊性境遇),并在二者之间达成张力性平衡。①一个民族从自身历史文化传统中孕育和形成的价值,包含着对本民族文化价值的自信和自觉,而在把握现代化普遍规律的实践探索中形成的价值,则更趋近于具有共性特征的价值追求,即全球性的现代化进程所形成的更近似的价值观。新时代中国共产党提出的全人类共同价值深入把握"共同价值"之普遍性与特殊性的辩证统一,倡导对不同文明之多元价值认识和价值实践的包容,尊重和接纳不同国家和民族自主探索符合本国国情之现代化道路的努力,有助于深化各国各民族在现代化价值实践上的交流互鉴,共同拓展人类社会现代化实践的价值视野。

(三)国际秩序重塑的价值话语博弈

21世纪以来,以金砖国家为代表的新兴市场国家和发展中国家逐步崛起,与2008年国际金融危机暴发后西方发达国家表露的衰退迹象形成了对照。百年变局与世纪疫情交织演进,局部冲突和动荡频发,全球性问题加剧,见证了人类社会新的动荡变革期。随着中国特色社会主义取得举世瞩目的成就,当代资本主义社会的内在矛盾和弊端却不断暴露出来,西方"普世价值"在国际社会的信任度和认同感遭受动摇。西方国家试图通过调整和加强国际传播战略,抑制新兴国家逐步提升的国际影响力,永久把持国际舆论场的议程设定权、叙事主导权和价值话语权,其背后仍然是西方国家强大的综合实力,特别是科技、经济、金融和军事等领域的实力。当今世界体系及其秩序仍然以西方发达国家为中心,世界各国在许多领域的竞争和博弈所依托的国际规则和机制本身就是

---

① 邹广文:《中国式现代化道路的文化解析》,《求索》2022年第1期,第17页。

由这些国家制定的，这就使新兴市场国家和发展中国家围绕国际秩序主导权和国际传播话语权进行竞争的需求更加迫切。

从世界社会主义五百年的大视野来看，当今人类社会依然处在马克思主义所指明的历史时代。这个历史时代正是由世界资本主义向世界社会主义过渡的时代，世界社会主义和人类进步力量将发挥日益强大的作用，使构建更加公正合理的国际政治经济新秩序的前景不断展现在世人眼前。中国共产党的百余年奋斗实践为推动这个历史时代向前发展发挥了不可替代的作用。推动构建人类命运共同体，是新时代中国共产党为推进国际秩序重塑而提出的创新话语表达，共建"一带一路"则是推进和实现国际秩序价值重塑的重要多边平台。推进党的价值叙事建构与传播，需要把当代中国发展进步的世界历史影响加快转化为全球治理领域的制度话语权，转化为我国价值理念对外传播的叙事资源。要加快把中国标准、中国规则、中国理念推广出去，逐步形成一套带有中国价值标识的多边治理规则，增强我国制度文化的软实力，深入推进全球治理体系变革与完善，建立起与当前及未来世界政治经济力量发展状况更为匹配的、更加公正合理的国际秩序。

三、全人类共同价值的价值话语创新

人类对现代化的普遍追求、国际社会对解决全球性问题和应对全球性挑战的实际需要、各国人民对建设更加美好世界的共同愿景，使凝聚起具有实质普遍性意义的"共同价值"成为可能。弘扬和平、发展、公平、正义、民主、自由的全人类共同价值，标志着新时代中国共产党的对外价值话语建构取得重大创新成果，对提升中国共产党的国际道义优势和话语感召力量具有重要意义。

（一）推进中国共产党对外叙事的价值话语创新

全人类共同价值的话语提炼，充分展现了新时代中国共产党运用马克思主义观察时代、把握时代、引领时代的理论创造。2015年9月，习近平总书记在第七十届联合国大会一般性辩论上首次提出，"和平、发展、公平、正义、民主、自由是全人类的共同价值，也是联合国的崇高目标"[①]。2021年7月，习近平总书记在庆祝中国共产党成立一百周年大会上庄严宣告，"中国共产党将继续同一切爱好和平的国家和人民一道，弘扬和平、发展、公平、正义、民主、自由的全人类共同价值"[②]，并把这一价值理念正式纳入百年大党"以史为鉴、开创未来"的"九个必须"，作为我国对外工作开启新征程的根本遵循，并在此后的中国共产党与世界政党领导人峰会等一系列重大国际场合更加全面地论述了全人类共同价值的理论内涵和实践途径，体现了中国共产党人恢宏的全球视野和深厚的人民情怀。在全球文明倡议的四个"共同倡导"中，习近平总书记强调，"我们要共同倡导弘扬全人类共同价值，和平、发展、公平、正义、民主、自由是各国人民的共同追求，要以宽广胸怀理解不同文明对价值内涵的认识，不将自己的价值观和模式强加于人，不搞意识形态对抗"。

全人类共同价值作为一种具有最广域视野和最高层次的价值理念，在世界大变革时代具有坚实的话语基础和实践依据。价值观在从一国、一地向世界扩展与传播的过程中表现出不同的视野层次，是一元性与多元性的统一。多元价值目标必然蕴含着一定程度的共性价值追求。在历史唯物主义的理论地平之上，马克思和恩格斯预见到人类在打破地域限制的普遍交往中形成更加紧密的全球性的共同体的可能。人类社会在现代化进程中日益联结成休戚相连的命运相关体，在众多领域具有相对一致的利益关切，因而形成了诸多共享的价值理念，这就为"共同价值"的历史生成及其理论概括和叙事表达提供了可能。新时代中国共产党以全人类共同价值解构和对冲西方"普世价值"，并非拒斥现

[①] 《习近平出席第七十届联合国大会一般性辩论并发表重要讲话》，《人民日报》2015年9月29日，第1版。

[②] 习近平：《在庆祝中国共产党成立一百周年大会上的讲话》，《人民日报》2021年7月2日，第2版。

代社会具有一种实质普适性的价值理念，而是反对以"普世价值"的形式普遍性宰制国际舆论，从而达到少数国家和利益集团的狭隘目的。全人类共同价值本身就以宽广胸襟和辩证思维批判性地吸纳"普世价值"话语所涵盖的积极因素，推动人类社会朝着凝聚"共同价值"共识的方向进一步向前迈进。

（二）凝聚推动构建人类命运共同体的价值内核

今天的人类社会正处于大发展大变革大调整时代，各国之间的联系从来没有像今天这样紧密，世界人民对美好生活的向往从来没有像今天这样强烈，人类战胜困难的手段从来没有像今天这样丰富。[①]中国要更好顺应世界各国人民对美好生活的向往，就要在价值观领域更加主动地提供优质公共产品。促进全人类共同价值的更加广泛实现，需要牢固树立构建人类命运共同体重要理念，坚持协商对话，坚持共建共享，坚持合作共赢，坚持交流互鉴，坚持绿色低碳，建设一个持久和平、普遍安全、共同繁荣、开放包容、清洁美丽的世界。作为新时代中国共产党为完善全球治理提供的标志性公共产品，构建人类命运共同体理念把中国自身的发展与世界各国的发展联系起来，从中国和世界共同利益、全人类共同福祉出发，以谋求"共赢"的思维超越零和博弈的思维，以平等包容的胸怀取代民族优越论、人种优越论、文明优越论和价值优越论，并自觉防范以西方"普世价值"的话语外观掩饰西方中心主义原则和单边主义、霸权主义倾向的价值话语陷阱。

全人类共同价值的提出，为构建人类命运共同体重要理念进一步奠定了价值内核，并为开展人类命运共同体建设的实践进程提供了可衡量的价值尺度。人类命运共同体凸显了和平与发展的重要性，全人类共同价值同样把和平、发展放在首位；同时，六个价值目标之间具有内在逻辑联系，深刻地贯彻了历史

[①] 习近平：《携手推进"一带一路"建设——在"一带一路"国际合作高峰论坛开幕式上的演讲》，北京：人民出版社，2017年，第4页。

辩证法的精神，形成了简练而完整的价值链条。中国共产党坚持把生存权、发展权作为首要的基本的人权。只有拥有和平稳定的环境和开放发展的机遇，人民的生存权、发展权得到充分保障，才能谈论其他的各项人权，这是把和平、发展摆在共同价值的首要位置所传达的明确信号。当前，和平赤字、发展赤字、治理赤字、信任赤字依然给各国带来持续困扰，区域冲突、贫富差距、发展鸿沟等重大现实问题仍亟待解决，数年来的疫情大流行给全球公共卫生体系和各国民生保障带来严峻挑战，这就更加需要把和平、发展作为价值体系的稳固基石，更加有力地支撑起公平、正义的价值秩序和民主、自由的价值目标。

（三）实现对西方"普世价值"话语逻辑的超越

全人类共同价值的国际阐释与推广有助于引导各国人民突破西方"普世价值"的话语逻辑及其思维范式。首先，人们长期以来受缚于资本主义生产过程制造的假象世界，被全球资本主义体系生产和再生产的意识形态所蒙蔽、束缚和奴役。这种意识形态裹挟着"不证自明的正当性"，使人们难以自觉地冲破，并"合理"地舍弃某些世界图景和发展道路的设想与探索。[①]坚持全人类共同价值有利于走出非历史性的意识形态迷雾，摆脱资本主义价值体系"永恒化"的局限，开辟更加平等尊重、开放包容的价值视野。其次，不同于西方"普世价值"背后倚靠的少数资产阶级利益集团，共同价值紧密依附于群众性的物质生产及其交往实践，要求把以人民为中心的价值立场落到实处。"要加强对中国共产党的宣传阐释，帮助国外民众认识到中国共产党真正为中国人民谋幸福而奋斗。"[②]为人民创造幸福生活的故事是中国共产党做好国际舆论引导工作的最大本钱，要加强阐释政党的责任在于实现人民的美好生活向往，切

---

① 参见刘同舫：《构建人类命运共同体对历史唯物主义的原创性贡献》，《中国社会科学》2018年第7期。
② 《加强和改进国际传播工作 展示真实立体全面的中国》，《人民日报》2021年6月2日，第1版。

实提升人民的获得感、幸福感、安全感，让全人类共同价值成为维护和实现人民利益的一面旗帜。最后，价值认识与价值实践总是在一定时代条件和社会发展基础上展开的。不同于西方"普世价值"以单一性、同质化的标准来衡量各国的多元价值实践，信奉排他性、片面化的价值准则，共同价值更加强调尊重不同文明对价值内涵的多维度理解，尊重每种价值理念及其各具特色的实践模式，从而开显出寓于特殊性之中的普遍性意义。

全人类共同价值之所以从根本上区别于西方"普世价值"，就在于它扎根于社会历史现实基础，扎根于人民创造历史的实践，表现为符合规律性和符合目的性的统一。只有把共同价值具体地、现实地落实于各国各民族实现人民利益的实践中，才能不断丰富和延展共同价值的内涵，为促进国际社会团结合作提供更加紧密的价值纽带，不断提升中国共产党的话语传播力、舆论引导力、价值引领力，展现中国共产党心系人类共同命运的价值情怀。

丝路发展叙事构建与国际舆论传播引导

厦门大学公共事务学院政治学系教授、博士生导师，

"一带一路"研究院副院长 李 丹

摘要：近几年来，美西方国家关于"一带一路"的负面言论不断，对中国与"一带一路"沿线国家发展合作造成了很大的舆论困扰。中国正在构建"一带一路"发展叙事，强化"一带一路"发展话语，光大丝路发展理念，弘扬丝路发展价值，以此解构反华话语舆论，还原"一带一路"发展倡议的本来面目。同时，加强国际舆论传播引导，以发展叙事为主导、以民众性为重心，以本土性为支点，凝聚沿线国家共识，赢得民心相通和广泛认同。

关键词：丝路发展叙事；国际舆论；"一带一路"；发展；话语传播

话语交锋、舆论斗争已经成为西方国家尤其是美国对华战略打压的新场域、新方式。冷战结束以来，伴随着中国发展，西方国家尤其是美国对华负面新闻不断，这些不实言论、不良论调严重损害中国的国际形象，对中外合作造成了恶劣影响，给中国外交带来了很大困扰。美国等西方国家曾围绕着"人权"问题、中国军力、台湾问题、中非论坛、西藏问题、奥运会、世博会、南海危机、孔子学院等问题多次向中国发难，"中国威胁论"多种版本常演不衰。金融危机后，东升西降、中起美落态势明显，趋势加快，美国对华打压也随之不断加剧。尤其是"一带一路"倡议提出后，中国与沿线国家互联互通、

投资贸易、交流合作不断增多,"一带""一路"成为助力中国经济腾飞的两个翅膀,基础设施联通有力推动沿线国家跨越发展,欧亚大陆域内外国家纷纷与中国签署合作共建协议。"一带一路"日渐成为美国的眼中钉、反华制华的新议题,"新马歇尔计划""地缘图谋论""债务陷阱论""资源掠夺论""国强必霸论""殖民主义论""中国模式渗透论""朝贡体制论""环境破坏论""输出腐败论"等十大不良论调劈头盖脑滚滚袭来[①]。深入考察这些言论和话语,不难发现其中的逻辑:经济发展是中国崛起和中西竞争的关键领域,"一带一路"是中国赶超西方的重要平台,舆论围剿"一带一路"、吓阻与华合作是遏制中国的有效手段。因此美西方国家开足宣传马力集中打压"一带一路",将你情我愿的经济合作、合作共赢的发展故事政治化、妖魔化、安全化,给沿线合作国家带来很大疑虑和困惑,甚至是不安和警惕。破除"一带一路"威胁论需要构建中国的丝路发展叙事。

一、中国构建的"一带一路"发展叙事

习近平总书记在主持中共中央政治局第三十次集体学习时强调,"要加快构建中国话语和中国叙事体系,用中国理论阐释中国实践,用中国实践升华中国理论,打造融通中外的新概念、新范畴、新表述,更加充分、更加鲜明地展现中国故事及其背后的思想力量和精神力量"。话语是思想表达的载体,是人类思维、信息、理念与价值的承载物。"一带一路"是发展倡议,体现了中国的发展理念,实践中也形成了一系列发展话语,对外讲述中国故事、丝路故事,应该以发展议题为中心、以发展叙事来主导。

[①] 李丹:《"一带一路"的舆论困扰与周边公共外交——以孔子学院为切入点》,《贵州省党校学报》2019年第6期,第46-52页。

（一）"一带一路"发展话语

"一带一路"是中国提出的发展倡议、经济合作倡议，发展是"一带一路"的关键词，围绕着这一关键词中国提出了一系列发展话语。这些话语集中地体现在一些有代表性的术语上。"术语是构成话语体系的表达方式的符号，是构成话语体系中链接思想的关节点。""术语是概念和范畴的语言标记，其中一些处于中心地位、起主导作用的术语我们称之为核心术语。中国核心术语是中华民族在长期实践中形成的以词或短语形式固化的概念和核心词，体现着中国人特有的思维方式和理解结构。"[①] "一带一路"的核心术语有以下这些：

1. "倡议"

中国领导人反复强调"一带一路"是倡议，"我们提出丝绸之路经济带和二十一世纪海上丝绸之路倡议，将促进中国与沿线国家的贸易与投资，促进沿线国家的互联互通与新型工业化，促进各国共同发展，人民共享发展成果。""我提出'一带一路'倡议，就是要实现共赢共享发展。"[②] "倡议"是提出建议并公开发起，希望共同完成某项任务或开展某项活动。中国首先提议建设"一带一路"，我们的想法十分明确，"旨在与世界分享中国发展带来的广阔机遇，欢迎各国搭乘中国和地区经济增长的快车，共同谱写合作共赢新乐章"[③]。针对"地缘政治工具""新马歇尔计划"等推测，习近平总书记在推进"一带一路"建设工作五周年座谈会上亲自正名："共建'一带一路'是

---

① 袁军：《提升中国核心术语国际影响 加快构建中国话语体系》，《光明日报》2022年4月19日，第6版。
② 《习近平谈"一带一路"》，北京：中央文献出版社，2018年，第70—71页、173页。
③ 推进"一带一路"建设工作领导小组办公室：《共建"一带一路"：理念、实践与中国的贡献》，新华社，http://www.xinhuanet.com/politics/2017-05/10/c_1120951928.htm，2021年9月2日。

经济合作倡议，不是搞地缘政治联盟或军事同盟；是开放包容进程，不是要关起门来搞小圈子或者'中国俱乐部'；是不以意识形态划界，不搞零和游戏"。发展倡议、合作平台、合作倡议是"一带一路"的基本定位，我们要坚持这一基本定位，以此回击反华力量对"一带一路"的扭曲和诋毁。

2. "对接"

"对接"是极富特色的"一带一路"话语，与20世纪末我们通过谈判加入世界贸易组织时通常使用的"与国际接轨"这个概念相比，"对接"不是指一国的规则、体制或做法要跟另一种体制或做法一致起来，而是指双方彼此靠拢、挨近、接上，相互对应、贯通、配合，有平等对待、协同合作、相向而行的意味，不是一方要求另一方让其适应自己。中国努力推动共建"一带一路"倡议与沿线国家的发展规划对接，寻求合作的最大公约数。哈萨克斯坦"光明之路"、沙特阿拉伯"西部规划"、蒙古国"草原之路"、东盟互联互通总体规划2025、波兰"负责任的发展战略"、印度尼西亚"全球海洋支点"构想、土耳其"中间走廊"倡议、塞尔维亚"再工业化"战略、亚太经合组织互联互通蓝图、亚欧互联互通合作、联合国2030年可持续发展议程等与"一带一路"倡议高度契合，中国愿意与有关国家和国际组织共同推动实施。这就是"对接"，同样的发展任务、一致的目标方向使中外合作方相向而行，心有灵犀，不谋而合。"一带一路"问世后得到沿线国家广泛认同，顺利对接发展规划，原因就在于志同道合，惺惺相惜，在发展思路、理念、做法、目标上有很多契合点。"共建'一带一路'倡议源于中国，但机会和成果属于世界，中国不打地缘博弈小算盘，不搞封闭排他小圈子，不做凌驾于人的强买强卖。"[①]"对接"话语有助于批驳那些所谓的"图谋论""殖民论""输出论""渗透论"。"道不同不相为谋"，道同而谋相互对接何错之有？

[①] 《习近平谈"一带一路"》，北京：中央文献出版社，2018年，第217页。

3."联通"("互联互通")

"基础设施投入不足是发展中国家经济发展的瓶颈,加快设施联通建设是共建'一带一路'的关键领域和核心内容。"①"道路通百业兴""要想富先修路""火车一响黄金万两",这些话语直接来自中国最底层百姓脱贫发展的鲜活经验,中国把基础设施建设和互联互通放在突出位置,以此作为解决千头万绪发展问题的第一步。习近平总书记指出:"互联互通是释放发展潜力的重要手段,也是实现联动发展的基础前提。""'一带一路'和互联互通是相融相近、相辅相成的。如果将'一带一路'比喻为亚洲腾飞的两只翅膀,那么互联互通就是两只翅膀的血脉经络。""丝绸之路首先得要有路,有路才能人畅其行,物畅其流。"②"一带一路"国际合作以"五通"为抓手,"通过硬件的互联互通,拉近各经济体的距离,为联接亚太、通达世界铺设道路;通过软件的互联互通,加强政策、法律、规制的衔接和融合,携手打造便利、高效的亚太供应链;通过人员往来的互联互通,促进人民友好往来,让信任和友谊生根发芽"③。2021年11月19日,习近平总书记在出席第三次"一带一路"建设座谈会时进一步明确,把基础设施"硬联通"作为重要方向,把规则标准"软联通"作为重要支撑,把同共建国家人民"心联通"作为重要基础。

4."共商共建"

"共商共建"也是"一带一路"的代表性话语和高频词,其重点在"共",起点是"共商",关键点是"共建",精髓是合作,但又不同于一般的合作。《共建"一带一路":理念、实践与中国的贡献》文件中指出:共建

---

① 推进"一带一路"建设工作领导小组办公室:《共建"一带一路"倡议:进展、贡献与展望》,《人民日报》2019年4月23日,第7版。
② 《习近平谈"一带一路"》,北京:中央文献出版社,2018年,第143页、50页、51页。
③ 习近平:《论坚持推动构建人类命运共同体》,北京:中央文献出版社,2018年,第174页。

"一带一路"合作是所有国家不分大小、贫富，平等相待共同参与的合作；是公开、透明、开放，为世界和平与发展增添正能量的合作；是传承丝绸之路精神，追求互利共赢和优势互补的合作；是各国共商共建共享，共同打造全球经济治理新体系的合作；是推动要素高效流动和市场深度融合，实现多元、自主、平衡和可持续发展的合作；是推动地区发展，促进繁荣稳定，扩大文明对话和互学互鉴的合作。这一连六个"合作"阐明了"一带一路"是平等的合作、和平的合作、互利的合作、发展的合作、自主的合作、文明的合作。

习近平总书记还专门界定了"共商共建"原则的含义："共商，就是集思广益，好事大家商量着办，使'一带一路'建设兼顾双方利益和关切，体现双方智慧和创意。共建，就是各施所长，各尽所能，把双方优势和潜能充分发挥出来，聚沙成塔，积水成渊，持之以恒加以推进。"①

（二）"一带一路"发展理念

叙事是话语体系的外在表达形式，基础要素是话语、术语，但其背后蕴含着发展理念，反映了中国人对发展问题的看法和观点。

1. "第一要务" "总钥匙"

习近平总书记说："发展是第一要务，适用于各国。"②习近平总书记在第二届"一带一路"国际合作高峰论坛上宣告："我们都支持共建'一带一路'合作，坚持发展导向，支持全球发展事业特别是落实联合国2030年可持续发展议程，努力实现清洁低碳可持续发展，同时帮助发展中国家打破发展瓶颈，更好融入全球价值链、产业链、供应链并从中受益。"发展导向体现在共建"一带一路"的定位、功能与贡献各个方面。"发展是解决一切问题的总钥匙。推进'一带一路'建设，要聚焦发展这个根本性问题，释放各国发展潜

---

① 《习近平谈治国理政》（第一卷），北京：外文出版社，2014年，第316页。
② 《习近平谈"一带一路"》，北京：中央文献出版社，2018年，第169页。

力，实现经济大融合、发展大联动、成果大共享。"[1] "发展是第一要务"意味着"民生大于天"，与中国坚持"发展才是硬道理"的成功经验相辅相成，反映了国际发展的基本理念和规律，与第二次世界大战后美国在亚非拉不顾条件推行民主的沉痛教训形成了鲜明对照，孰是孰非，一目了然。"一带一路"致力于民生工程建设，投资多、周期长、见效慢、风险大，但它事关沿线民众的温饱住行，尽管招来"陷阱论""转移论""破坏论"的非议，但受益的民众吃饱了饭、用上了电、有了生计和着落。

2. "以发展谋安全"

中国与沿线国家共建"一带一路"的基本思路是以发展谋安全，以和平谋未来。中国认为"发展是最大的安全"，不发展就是不安全。美国对周边国家说要警惕中国"一带一路"带来的风险，并拉拢这些国家搞印太战略，平衡中国的影响。但正如马来西亚前总理马哈蒂尔所言，马来西亚等亚洲国家两千年前和中国就有交往，但从来没有受到来自中国的侵略，西方殖民主义者才是侵略者。"一带一路"倡议致力于解决发展问题，从根本上有利于沿线国家实现互利合作、国泰民安。身为发展中国家，中国深知发展是根本、是基础，是政治昌明、秩序稳定、持久和平的前提。"一带一路"沿线的恐怖主义、极端主义势力和跨境犯罪等诸多挑战，都与民不聊生、发展无望有关。"民以食为天""民生大于天"，民众衣食温饱和安居乐业问题解决不了，就可能诱发各种问题，包括外来干涉。中国领导人反复强调的综合安全、总体安全就是以经济为基础统筹发展和安全，强调发展是安全的保障，"以发展谋安全""发展是最大的安全"，安全问题的解决最终要依赖发展手段。

3. "开放""全球化"

开放带来进步，封闭导致落后。对外开放是中国发展最重要的经验之一，

---

[1] 《习近平谈"一带一路"》，北京：中央文献出版社，2018年，第182页。

是当代中国发展进步的活力之源。当今世界讲开放就是指参与全球化，全球化是客观事实、历史大势，是社会生产力发展的客观要求和科技进步的必然结果。开放的中国拥抱全球化，正是在与全球化的良性互动中，中国成就了世界第二大经济体的地位。"一带一路"是开放之路，"共建'一带一路'顺应世界多极化、经济全球化、文化多样化、社会信息化的潮流，秉持开放的区域合作精神，致力于维护全球自由贸易体系和开放型世界经济。共建'一带一路'旨在促进经济要素有序自由流动、资源高效配置和市场深度融合，推动沿线各国实现经济政策协调，开展更大范围、更高水平、更深层次的区域合作，共同打造开放、包容、均衡、普惠的区域经济合作架构"[1]。"一带一路"建设面向世界，旨在引领推动更大范围、更高水平、更深层次的大开放、大交流、大融合，是中国同各方一道打造的国际合作新平台，为世界共同发展增添了新动力，为各国平衡发展问题提供了新方案。

（三）价值

构建"一带一路"发展叙事是一项系统工程，不仅要强化有关发展话语，弄清话语背后的发展理念，更要厘清理念背后的价值。价值是思想的灵魂，内在于言语表达、论证说理之中，超乎于话语、术语、理念之上，渗透着文化基因和价值取向，在发展叙事构建中发挥着引领、指导作用，决定着国际话语权的强弱。

1. 共同发展观

中国对发展的理解是共同发展，一国发展不是发展，共同发展才是发展。"各国一起发展才是真发展，大家共同富裕才是真富裕。""只有解决好发展

---

[1] 国家发展改革委、外交部、商务部：《推动共建丝绸之路经济带和21世纪海上丝绸之路的愿景与行动》，《人民日报》2015年3月29日，第4版。

不平衡问题，才能够为人类共同发展开辟更加广阔的前景。"① "一带一路"是中国与沿线各国分享发展成果，合作共赢、共同发展之路。习近平总书记指出，推进"一带一路"建设"抓住发展这个最大公约数，不仅造福中国人民，更造福沿线各国人民"②。共同发展是"一带一路"能将那么多发展中国家凝聚起来的原因。百年变局背景下，多重危机交织叠加，世界贫富差距恶化，南北发展鸿沟扩大。"要让发展更加平衡，让发展机会更加均等、发展成果人人共享，就要完善发展理念和模式，提升发展公平性、有效性、协同性。"③ "一带一路"摒弃"资本流向全球，利润流向西方"的全球化模式，代表"发展机会均等""发展成果人人共享"的公平正义价值观，"弘扬丝路精神，就是要坚持合作共赢。中国追求的是共同发展。我们既要让自己过得好，也要让别人过得好"。④

2. 正确义利观

正确义利观是习近平主席2013年访问非洲时提出的，是新时代中国处理与沿线国家利益关系的一条重要准则。美国等西方国家信奉现实主义利益至上原则，"没有永远的朋友，只有永恒的利益"。中国一贯主张，"要坚持正确义利观，做到义利兼顾，要讲信义、重情义、扬正义、树道义"⑤。正确义利观主张以义为先、义利相兼、义重于利、合作共赢，注重在关心维护本国核心利益基础上观照他国的合理利益关切，反映了我国推动共建"一带一路"价值追求，是对你赢我输、零和博弈西式国家利益观的超越。"'一带一路'建设

---

① 习近平：《与世界相交 与时代相通 在可持续发展道路上阔步前行——在第二届联合国全球可持续交通大会开幕式上的主旨讲话》，《人民日报》2021年10月15日，第2版。
② 《习近平谈"一带一路"》，北京：中央文献出版社，2018年，第116页。
③ 《习近平谈"一带一路"》，北京：中央文献出版社，2018年，第156页。
④ 《习近平谈治国理政》（第一卷），北京：外文出版社，2014年，第315页。
⑤ 《习近平谈治国理政》（第二卷），北京：外文出版社，2017年，第443页。

不应仅仅着眼于我国自身发展,而是要以我国发展为契机,让更多国家搭上我国发展快车,帮助他们实现发展目标。我们要在发展自身利益的同时,更多考虑和照顾其他国家利益。要坚持正确义利观,以义为先、义利并举,不急功近利,不搞短期行为。"①国务委员兼外交部长王毅在同赤道几内亚外长姆巴会谈后共见记者时明确指出,正确义利观是中非双方的共同价值追求,中方愿在正确义利观旗帜引导下,弘义融利,合作共赢,实现共同发展。

3. "发展共同体观"

"发展不平衡是当今世界最大的不平衡。"中国的发展奇迹令沿线发展中国家羡慕和向往,中国无意输出发展模式,但愿意通过共建"一带一路"与其他国家分享自己的发展经验,与沿线国家共建互利互惠的发展共同体。2014年11月8日,习近平总书记在"加强互联互通伙伴关系"东道主伙伴对话会上指出"一带一路"以亚洲国家为重点方向,以经济走廊为依托,以交通基础设施为突破,以建设融资平台为抓手,以人文交流为纽带,深化互联互通伙伴关系,优化亚洲区域合作,共建发展和命运共同体!这是中国首次明确"一带一路"共建发展和命运共同体的使命。2017年5月14日,习近平主席在"一带一路"国际合作高峰论坛欢迎宴会上发表祝酒词时再次指出:"'一带一路'建设承载着我们对共同发展的追求,将帮助各国打破发展瓶颈,缩小发展差距,共享发展成果,打造甘苦与共、命运相连的发展共同体。"构建发展共同体是对共同发展观的理念升华和实践展开,体现了中国知行合一、言信行果的价值理念。中国借助"一带一路"将自身的经济活力传送到沿线和更广大国家和地区,将自身的价值追求与各国人民对和平、发展、繁荣向往的心声汇聚在一起,勾画出全人类共同价值坐标,开创了人类文明新境界。

---

① 《借鉴历史经验创新合作理念 让"一带一路"建设推动各国共同发展》,《人民日报》2016年5月1日,第1版。

二、"一带一路"发展叙事的舆论传播引导

丝路发展叙事是中国驳斥形形色色负面舆论、与美国展开舆论战的有力武器。话语是外在表达，理念是思想导向，价值是内在支撑，三者相辅相成，是构建"一带一路"发展叙事缺一不可的要素，是塑造中国形象、讲述中国丝路发展故事的三维架构。在美西方反华舆论黑云压城背景下，要注重"一带一路"发展叙事的打开方式，进行有效舆论传播引导。

（一）强化发展叙事的主导性

中国故事是发展的故事，"一带一路"倡议是发展的倡议。目前很多负面言论表面上是讲中国在"一带一路"沿线国家投资、贸易、共建项目的叙事，但通常话锋一转最终指向或影射的却是政治、安全、主权、战略之类的问题。如"债务陷阱论"，很少有人拿出真凭实据论证"一带一路"项目给东道国究竟带来了多少债务负担、这些债务在其总债务中的占比，也没有人仔细研究共建中负债与收益的对比情况及变化趋势，而是一开始就有意将这一话题引向"政治化""安全化"歧途。2017年，印度学者布拉玛·切拉尼（Brahma Chellaney）诬称中国搞"债务陷阱"外交后，马上引起美国的连锁反应，"中国通过制造债务危机达到自己战略图谋"的说法正中美国下怀。次年，美国时任副总统彭斯在亚太经合组织首脑峰会上发表演讲，影射"一带""一路"是中国提供附带限制条件的"束缚带"和单向受惠的"单行路"。[①]2019年意大利与中国签署"一带一路"合作谅解备忘录后，美国时任国务卿蓬佩奥在美国国会做证时大放厥词，称"一带一路"是债务陷阱，那些国家付出的政治代价，将远超于获得的经济利益。同年6月，蓬佩奥在访问印度期间又称，"一

---

① Remarks by Vice President Pence at the 2018 APEC CEO Summit, https://china.usembassy-china.org.cn/remarks-by-vice-president-pence-at-the-2018-apec-ceo-summit-port-moresby-papua-new-guinea/，2021年9月2日。

带一路"倡议虽无附加条件,却附带枷锁。透过这些话语,可以看出美国是怎样耸人听闻地将本来是经济、投资的话题"政治化""安全化""战略化",以"威胁独立""政治代价""让渡主权"等字眼引起人们的警觉和不安,挑唆合作国和中国的关系。对此,我们要紧扣发展主题,以经济逻辑去回应,避免被美国牵着鼻子走,在其设置的语境下掉入"话语陷阱"。

(二)注重发展叙事的民众性

从叙事主体看,政府是主导,精英是中坚,民众是基础。这些年来虽然我国越来越重视发挥民众之口的作用,但"官方唱主角、民众声音弱"的状况依然很常见。实现传播主体多元化,让地方、民间、团体或民众个体参与其中,才能形成更加立体、可信、多元的版本。从客体看,交流接受方和客体也要重心下沉,要克服"官本位"思维,面向海外普通民众讲述"一带一路"故事,不能以为让对方高层签字或"搞定"当地政府官员就万事大吉,对普通民众进行细致、扎实的交流疏通工作才是民心畅通的本意。舆论是民意,对外叙事是舆论宣传工作,要征服民心才能赢得口碑。民众最有发言权,当地人是否从共建项目中受益,话语权不在美国记者、美国政客一方,"一带一路"对于参与国的发展和民生意义非外人诽谤所能抵销。道理很浅显,因此中国一定要把受益国民众的声音传达出来、传播出去,不能把传播主导权拱手相让,任由美国造谣生事,无中生有,把互利合作与正常往来说成是"掠夺""殖民",以小人之心,度君子之腹。

(三)挖掘发展叙事的本土性

目前,"一带一路"发展叙事存在一些偏误。首先是重宏大叙事、官方叙事,轻案例细节,大而化之、案例不多、故事性不强、与当地人结合不够是普遍现象;其次是重中外区别、差异,轻相同、联系之处,更多呈现中国自己的叙事版本,对东道国民众特点考虑不多,与沿线国的融合性、共通性展现不到位,叙事风格以我为主;再次是重整体轻地域,关注地域性、多样性、本土性不够。在形式上也存在较大改进的空间。应纠正重对外单向传播、轻双向互动传播的惯性与倾向；改变重传播轻倾听的作风，讲好自己的故事同时也要倾听人家的故事，讲大家共同的故事，才能打动人心；另外，深耕"一带一路"发展叙事，既要重视人的因素，也要注重发展成果，让事实说话，让产品说话，让合作成就成为发展叙事的无声讲述者。中国港湾工程有限责任公司投资兴建的斯里兰卡科伦坡港口城项目，令当地10多万渔民受益，为表示感谢，他们自发提出来要修建一个中斯友谊广场。现在这个广场已经成为一道风景，该国新婚夫妇拍摄婚纱照都以此做背景。在这个案例中，叙事的内容是港口项目建设，借助的形式是友谊广场，展现了发展成果惠及当地的本土化逻辑。这样的叙事从形式到内容都很有新意也很有说服力，令那些"单行路""赢两次""陷阱论""掠夺论""殖民论"不攻自破。

  总之，发展是人类社会的永恒主题，是中国与合作方共建"一带一路"的初衷背景。"倡议""对接""联通""共商""共建"是中国关于"一带一路"发展最高频的表达话语，体现了中国关于发展是"硬道理""第一要务""总钥匙"，以及"以发展谋安全""开放""全球化"的发展理念，反映了"共同发展""合作共赢""以义为先""构建发展共同体"的价值理想，这些构成了中国"一带一路"的发展叙事。面对美西方国家的负面舆论，要加强以发展叙事为主导、以民众性为重心、以本土性为支点的舆论传播引导。

创新与实践：习近平生态文明思想的国际传播效果与路径探析

中国外文局当代中国与世界研究院国际舆论研究中心
侯晓素　宁雨奇　刘子潇

摘要：习近平生态文明思想是习近平新时代中国特色社会主义思想的重要组成部分，是以习近平同志为核心的党中央治国理政实践探索和理论创新在生态文明建设领域的集中体现，为新时代中国生态文明建设提供根本遵循和行动指南。[①]本文从国际舆论视域出发，从舆论热度、关注点、情感倾向等多个维度衡量习近平生态文明思想的国际影响力与传播效果，探究国际社会对习近平生态文明思想的认知与理解。在对舆论特征与舆论镜像深入研究的基础上，为进一步推进习近平生态文明思想国际传播、讲好中国的生态文明建设故事提出思考建议。

关键词：习近平生态文明思想；国际传播；传播效果；传播路径

习近平生态文明思想自提出以来，激发外界浓厚研究兴趣。随着我们不断加大国际传播力度、提升国际传播水平，习近平总书记有关生态文明建设的重要论述日益深入人心，习近平生态文明思想的国际影响力和感召力不断增强。

---

① https://isdp.eu/china-environmental-leadership/.

但总体看，国际社会对习近平生态文明思想的认知尚不够系统和深入，在一些领域仍然存在误解误读甚至攻击抹黑。对习近平生态文明思想的国际传播状况与传播特点进行研究，有助于探索更有效的传播路径和传播方法，进一步面向国际社会宣介中国的绿色发展和可持续发展理念，让世界了解真实立体全面的中国，塑造好中国负责任大国的形象。[①]

一、习近平生态文明思想的国际传播特点

（一）习近平生态文明思想的国际影响力逐步提升

国际舆论关注度是衡量习近平生态文明思想国际影响力的重要维度之一。利用当代中国与世界研究院国际传播大数据智能服务平台检索，近5年来，境外媒体有关习近平新时代中国特色社会主义思想的报道总量约为34万篇，其中涉及习近平生态文明思想的报道共计9.87万篇，占比约29%。另一方面，利用谷歌趋势检索可以发现，海外网民对习近平生态文明思想的关注度持续在高位波动，并于2021年以来稳定在更高水平。这表明，国际社会积极关注习近平生态文明思想及中国生态文明建设进展。

通过研究发现，海外民众对习近平生态文明思想关注度的阶段性高点往往与领导人的重要活动重要讲话、中国生态文明建设重要事件等节点相吻合。2018年5月习近平生态文明思想明确提出，2021年4月习近平主席出席"领导人气候峰会"、2021年10月出席联合国《生物多样性公约》第十五次缔约方大会、2021年11月向《联合国气候变化框架公约》第二十六次缔约方大会世界领导人峰会发表书面致辞等显著提振了网民的关注热情。此外，2020年9月中国作出的"双碳"承诺、2021年中旬的"亚洲象北迁"事件也激发了全球网民了

[①] 秦静：《国外纸媒涉华气候变化报道中的中国国家形象研究（2007—2017）》，博士论文，华东师范大学，2018年。

解习近平生态文明思想的浓厚兴趣。

（二）国际舆论有关习近平生态文明思想的认知多维立体

研究发现，国际社会对习近平生态文明思想的理解和认知是多维度、立体化的，主要包含战略认知、内涵认知、实效认知三个层面。从国家战略，到思想内涵，再到实际成效，国际社会对习近平生态文明思想的认知是逐层递进、层层深入的。[1]从战略认知层面看，领导人重要讲话是外界了解中国承诺和行动的权威信源。习近平主席在多个国际会议和主场外交场合阐释中国生态文明建设的理念和举措，成为国际社会判断中国生态文明建设国家战略走向的主要依据。2021年10月12日，在联合国《生物多样性公约》缔约方大会第十五次会议（COP15）上，习近平主席宣布中国将率先出资15亿元人民币成立昆明生物多样性基金，引发国际舆论关注。联合国环境规划署执行主任英厄·安诺生认为，中国在生物多样性保护方面处于引领地位。从内涵认知层面看，《习近平谈治国理政》等著作是解读中国理念和中国智慧的参考范本。国际社会准确全面把握习近平生态文明思想的深刻内涵，一定程度上得益于《习近平谈治国理政》《之江新语》等思想解读文本多语种版本的出版发行。截至目前，《习近平谈治国理政》已出版至第四卷，包括国际通用语种和区域小语种。《习近平谈治国理政》多语种版本面向世界发行，为国际社会更好地解读习近平生态文明思想以及当代中国的生态文明建设成就提供了权威参考文献，有助于加深国际社会对中国环境治理道路和经验智慧的内涵认知。柬埔寨参议院秘书长翁萨勒认为，《习近平谈治国理政》是"治理国家的知识宝库"。在实效认知层面上，绿色办奥、象群迁徙成为印证习近平生态文明思想科学性和有效性的生动实践，也是如何讲好中国生态文明建设和绿色发展故事的生动

---

[1] 刘毅、寇江泽：《推动生态文明建设不断取得新成效》，《人民日报》2022年7月1日，第1版。

答案。

（三）习近平生态文明思想核心理念在不同国家地区落地不均衡

在生态环境问题已经成为各国共同关心的全球性议题的当下，习近平生态文明思想的国际传播也呈现出"跨国界、跨区界、跨政体"的鲜明特点。然而，由于意识形态、发展程度、历史背景、双边关系的不同，习近平生态文明思想在不同国家地区的落地效果存在差异，相关主题的国际传播工作面临"破圈"难题。借助当代中国与世界研究院国际传播大数据智能服务平台，对近5年来境外媒体有关习近平生态文明思想的报道情况进行分析发现：就报道声量而言，亚洲国家以及欧洲、北美等地区国家对习近平生态文明思想及相关实践关注度较高（参见图2-1）。就报道倾向而言，非洲国家、东欧国家、拉美国家的立场更为客观，报道更偏积极正面。上述国家与中国在生态环境领域的利益存在一致性，认为中国生态文明建设将会给他国带来溢出性生态效益，对双边和多边气候合作寄予较高期望，因此态度更为积极。而北美国家、中东国家、我国周边主要国家对中国生态文明建设存在一定偏见。就关注点而言，拉

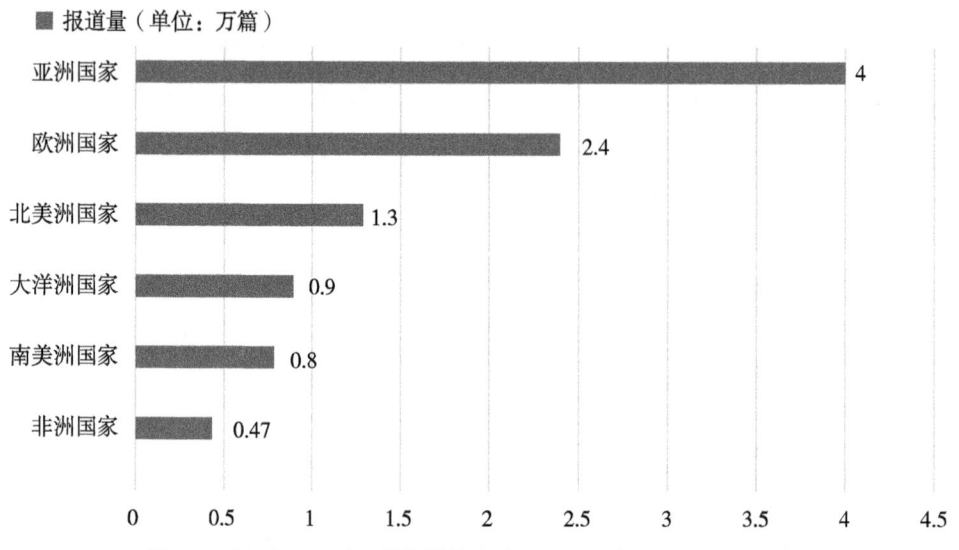

■ 报道量（单位：万篇）

地区	报道量
亚洲国家	4
欧洲国家	2.4
北美洲国家	1.3
大洋洲国家	0.9
南美洲国家	0.8
非洲国家	0.47

图2-1　近5年不同地区国家媒体有关习近平生态文明思想的报道量

美国家、非洲国家媒体高度关注中国的经济发展模式，聚焦绿色发展、"双碳"承诺等方面；北美、大洋洲、中东国家媒体的关注点主要集中于"全球气候领导者地位的争夺"，倾向于鼓噪中国在气候治理上将面临困难与阻碍；西欧、南欧、中东欧国家媒体将着眼点置于中欧气候合作之上，认为双方合作空间广阔，肯定中国在气候领域展现出的大国担当；我国周边国家媒体正负面声音交织，一方面肯定中方在生态文明建设方面的决心与成就，另一方面则从产业竞争、全球供应链的角度制造负面杂音。

二、习近平生态文明思想的国际舆论呈现

（一）肯定党的领导是中国生态文明建设的根本保证

国际舆论积极评价中国共产党在改善中国生态环境面貌方面的做法和成就，认可中国共产党的领导是中国生态文明建设的根本保证，赞赏中国共产党有远见、有能力也有信心建设一个"绿水青山"的中国。中俄友好、和平与发展委员会专家理事会主席尤里·塔夫罗夫斯基认为，习近平主席表示要"推动物质文明、政治文明、精神文明、社会文明、生态文明协调发展"，其中，共产党是成就中国奇迹的关键。瑞典智库安全与发展政策研究所的评论文章认为，中共在新党章中着重强调了人与自然关系的重要性，将对环境破坏的治理转变为更加积极的生态保护政策，最大限度避免经济发展对生态系统造成严重负面影响，习近平主席对加快生态文明体制改革作出的重要部署表明，中国共产党领导层或将更多生态文明政策纳入议程中。国际舆论认为"生态兴则文明兴"是党中央充分重视生态保护和污染治理的集中体现。加拿大智库国际可持续发展研究会研究员亚瑟·汉森（Arthur Hanson）表示，习近平主席指出，生态文明建设是功在当代、利在千秋的事业，这表明中国意识到推动生态文明建设的必要性，这一行动是长期的但也是见效迅速且目标明确的，中国最新政策文件对于未来中国生态文明建设具有重要意义。与此同时，外界认为习近平生

态文明思想重视制度体系构建，"最严格制度最严密法治"为生态文明建设提供保障，认可生态文明被写入宪法加强制度保障体现党和国家的高度重视。①斯洛伐克科学院专家理查德·斯塔赫尔认为，生态文明最初是个哲学概念，后来发展为一项政治和宪法原则，并成为中国政府多项公共政策的基础。而且在宪法层面，越来越多的政策开始以质量增长为目标，以牺牲数量经济增长为代价。②柏林自由大学教授博特赫德·库恩（Berthold Kuhn，2019）认为，作为中国特色可持续发展理念的生态文明思想被写入宪法，体现了中国的哲学和文明传统，让生态保护有了新的法律保障。③

（二）称赞习近平生态文明思想展现国际视野与大国担当

气候变化是全球性问题，面对当前日益严峻的生态环境危机，没有哪个国家能够独善其身，中国深刻地认识到这一点，并积极为应对全球气候变化而努力。首先，国际舆论高度认可习近平生态文明思想为全球气候治理贡献"中国智慧""中国方案"，主要依托中国的"双碳"承诺和"共建绿色丝绸之路"倡议传递至国际社会，充分展现中国在应对全球性问题上的责任感与使命感。舆论认为中国拥有践行承诺的决心和能力，期待中国在全球气候治理方面发挥领导作用。新加坡南洋理工大学国际关系问题专家李明江表示，"碳中和"承诺展现了中国负责任的大国形象，中国将在气候治理方面发挥更大影响力。欧洲环保协会中国办公室负责人迪米特里·德波尔认为，中国作为最大发展中国家明确提出的环境政策令人鼓舞，"碳中和"目标具有世界意义。美国《纽约时报》等美西方媒体也对习近平生态文明思想给予肯定，称赞"双碳"目标

---

① 杨志华、修慧爽、鲍浩如：《习近平生态文明思想的科学体系研究》，《南京工业大学学报（社会科学版）》2022年第21期，第1—11页、115页。
② St'ahel, Richard. "China's approach to the environmental civilization", Human Affairs, vol. 30, no. 2, 2020, pp. 164−173.
③ Kuhn, Berthold. (2019). Ecological civilisation in China.

是中国在全球气候变化问题上做出的大胆承诺,是应对世界气候危机的重要一步,可能成为世界环境史上的重大转折点。

其次,国际社会集中称赞我国展现出的绿色发展新思路具有世界意义。党的十八大以来,以习近平同志为核心的党中央对生态文明建设高度重视,对贯彻绿色发展理念决心坚定。习近平主席多次在国际国内重要场合强调要坚定不移走生态优先、绿色发展之路。与美西方国家截然不同的是,中国倡导国际社会"同筑生态文明之基,同走绿色发展之路"。西班牙气候变化政策专家安特克森·埃加尼亚认为,中国在全世界绿色发展道路中承担了历史性责任,成为发展中国家的标杆。英国《自然》杂志认为,中国在保护生物多样性方面已积累许多有价值的经验,各国能从中获益良多。

再次,海外媒体与专家学者还肯定"人与自然和谐共生"等理念兼具中西方智慧,认为习近平生态文明思想在国际社会中凝聚共识、汇聚力量、引领共建人与自然生命共同体的作用日渐凸显。彭博社指出,从数十年的植树造林行动,到保护濒危物种,再到强调人与自然和谐共生的生态文明思想,中国在生态文明建设方面有许多可供借鉴的经验。斯洛伐克科学院专家理查德·斯塔赫尔(Richard Sťahel,2020)认为,中国的生态文明理念既包含若干西方元素,又融合了中国哲学中的若干传统概念,人们已经注意到西方的人类中心主义假设人与自然对抗,而中国传统哲学则强调人是自然的一部分并寻求人与自然和谐共生。中国的生态文明理念意味着理解科学或人与社会的范式发生变化。中国的生态文明理念是解决环境问题的微妙理论和实践尝试。

(三)认为习近平生态文明思想彰显"以人为本"理念

习近平生态文明思想强调,良好生态环境是最普惠的民生福祉,"生态文明建设功在当代,利在千秋""吃祖宗饭砸子孙碗的事,绝对不能再干"等重要表述吸引外媒关注。国际舆论认为这集中体现出"以人为本"的理念,肯定中国加强生态文明建设是为了给民众提供更优的生存和生活环境,中国走绿色发展道路的动力是造福人民。1972年联合国人类环境会议通过的《人类环境宣言》指出："人人享有在有尊严和幸福的环境里享受自由、平等和适当生活条件的基本权利。"国际舆论认为，习近平生态文明思想充分体现了这一宗旨，体现了国家对民众基本权利的尊重。美国《纽约时报》认为，中国对于环境保护议题的坦诚态度是信息透明和社会进步的重要标志，它来自一种信念：遏制全球变暖和空气污染对中国人民的福祉至关重要。

与此同时，外界还肯定中国在不断推进生态文明建设的过程中，在"把建设美丽中国转化为全体人民自觉行动"方面取得显著成效，政府和民众对习近平生态文明思想的理解力和执行力显著增强。芬兰《赫尔辛基时报》认为，随着越来越多的中国人倡导环保、低碳、健康、安全的消费理念，绿色消费正在成为中国的一种新趋势。世界自然基金会在题为《中国未来一代2.0》的报告中指出，在一个经济繁荣进步与环境息息相关的时代，中国人民能够以智慧的解决方案脱颖而出，成为应对全球环境挑战的环保倡导者。展望未来，中国将继续推进生态文明建设，为应对气候变化作出更大贡献。萨塞克斯大学教授毛里齐奥·马连利尼（2018）认为，中国生态文明理论和政策的不断演进与民众环保意识日益增强密切相关，中国的生态文明理论并非起源于政治，而是根植于民众的认知，二者之间相互促进。①

（四）认可习近平生态文明思想的大局观与系统性思维

习近平主席在国内外重要场合多次提到，"我们既要绿水青山，也要金山银山。宁要绿水青山，不要金山银山，而且绿水青山就是金山银山"，引发外界关注。"两山理论"不仅是习近平生态文明思想的重要组成部分，也是外界

---

① Marinelli, M. How to Build a 'Beautiful China' in the Anthropocene. The Political Discourse and the Intellectual Debate on Ecological Civilization. J OF CHIN POLIT SCI 23, 365–386 (2018).

了解习近平生态文明思想的重要维度,"绿水青山"成为外媒涉华生态环境议题报道的热词之一。对于"两山理论"折射出的中国对生态文明建设的先进理念,境外舆论中有很多称赞和肯定的声音。舆论认为"两山理论"形象生动地表达出中国对于处理经济发展与环境保护之间微妙关系的态度,展现出中国对生态环境保护的重视,体现出中国治理环境污染、寻求可持续发展的决心。国际可再生能源机构总干事阿明·阿德南表示,非常赞赏习近平主席提出的"绿水青山就是金山银山"的绿色发展理念。联合国前副秘书长埃里克·索尔海姆认为,这句话背后的行动将让中国经济朝着更加绿色、可持续的方向发展。另一方面,国际社会高度评价习近平主席有关"山水林田湖草沙系统治理"的重要论述体现系统性思维。习近平主席指出"生态是统一的自然系统",以理论高度指导具体实践,包括"加强大气、水、土壤污染综合治理,强化源头治理,统筹山水林田湖草沙系统治理",凸显中国生态文明建设的系统性。国际舆论认为中国在生态环境治理过程中展现出的统筹方法,实现了对生物多样性的绝佳保护,通过亚洲象北迁、北京冬奥会等"国际媒介事件",中国讲述了生态文明建设和绿色发展的生动故事。美联社、美国《华盛顿邮报》等媒体称赞中国保护大象群体的成就,认为中国云南的大象受到了最高级别的保护,数量稳步增加。意大利阿德恩克罗诺斯通讯社指出,中国通过采取多项保护政策、增加资金投入、提高全民湿地保护意识等方法,使湿地面积不断增加。联合国环境署的评论文章认为,中国推进绿色发展和生态文明建设的方针,全面、科学、系统地管理人与自然的关系,体现了绿色的价值观、发展观和治理观,超越和摒弃了传统的发展方式和模式,引导着整个社会生产方式和生活方式的转变。

三、习近平生态文明思想国际传播方式提升策略

(一)加强顶层设计,发挥中央与地方协同联动作用

传播好习近平生态文明思想、树立良好国家形象是一个系统工程,应该

继续发挥官方的主导作用，加强顶层设计，制定完善的传播战略，融合传播资源，形成立体的传播体系。①例如，云南亚洲象北迁带动了境外媒体对中国生态保护的正向报道热潮。我国一体化的宣传指挥体系高效推动了相关各方工作的进展：中共中央宣传部及云南省委提出明确要求和工作部署，地方宣传部门及时介入、主动开展舆论引导和对外宣传，中央及地方媒体通力配合、主动策划。受此启发，我国宜继续发挥官方在国际传播中集中统筹的作用，传播好中国"绿水青山"的生态文明故事。

（二）依托重要平台，充分释放绿色"一带一路"潜能

"一带一路"共建国家大多处于经济转型期或属于新兴经济体，普遍面临基础设施落后、生态环境脆弱等问题，在环境保护、应对气候变化和灾害管理等领域缺乏资金和技术，可持续发展能力薄弱。绿色"一带一路"建设，是落实2030年可持续发展议程和构建人类命运共同体的重要路径，为区域可持续发展进程提供了话语实践根基，也为破解全球可持续发展难题、改革和完善现有国际秩序提供了中国智慧。②对中国来说，"一带一路"生态最优实践的有效性和可复制性，可以推动基于中国生态文明理念的话语实践在沿线国家快速扩散，有助于提升国际社会对中国生态文明理念的认可度。

（三）创新传播理念，提升跨文化表达的实际效能

多年来我国开展的各类对外传播活动存在一定的"独白"现象，主要特征是在国际交流活动中延续国内宣传活动的传统理念，忽略"跨文化"受众的接受习惯和接受效果。习近平生态文明思想的国际传播工作应以化解分歧、增进理解、推动参与等尊重双方利益的"共赢"目标为根本出发点，既重视对我国生态

---

① 李颖、张剑锋、崔冰洁：《抓住碳中和传播机遇 助力讲好中国生态观》，《对外传播》2021年第8期，第18-20页。
② 鞠传国：《习近平生态文明思想与绿色"一带一路"建设》，《学习论坛》2022年第4期，第99-105页。

文明建设的经验规律作出系统性学理阐释，又努力提炼具有世界性、普遍性的原创成果，在传播过程中转变传播理念，以海外受众为中心，尊重"跨文化"受众在传播中的主体地位，以满足受众需求为出发点，在洞察受众偏向和喜好的前提下决定传播的内容、渠道和方式。[1]应学会使用传播对象熟悉的语言、沟通方式与他们交流，选择对受众来说更具"信任感"的传播载体进行传播，挖掘中外双方在生态文明建设领域存在情感联系的内容素材，实现共情和共鸣。

（四）加强精准传播，以广大发展中国家作为重点对象

国际舆论场域中的受众层次众多，价值观差异较大，区域细分有助于提升精准传播能力、增强传播实际效果。由于不同区域意识形态、政治信仰、文化背景存在显著差异，不同区域受众对习近平生态文明思想的理解亦有较大差异。因此在秉持区域细分原则的基础之上，可以具体建立起分别面向北美地区、欧洲大陆地区、拉丁美洲地区、非洲地区、东南亚地区、中东地区的区域传播体系。由于周边国家与我国面临的生态环境问题相似，一些发展中国家应对气候变化和生态恶化的能力较弱，因此我国应重点面向这两个区域，加强生态环境保护和气候应对领域的交流合作，积极宣介习近平生态文明思想指导下中国智慧和中国经验的有效性、科学性。

（五）重视青年群体，把握面向"Z世代"的传播机遇

调查结果显示，"Z世代"对气候变化等全球性问题更为关切，责任感更强，相信自己有责任、有能力推动世界变革，也更愿意使用社交媒体表达自己的观点态度。因此可以把握"Z世代"这一特质，将其作为目标受众进行精准传播。为此需要对"Z世代"进行受众分析，把握各国"Z世代"群体不同的个性特质。一是要深入考察各国国情、政治制度、社会环境、经济发展水平、媒

---

[1] 吕巍：《以习近平生态文明思想领航绿色低碳高质量发展》，《人民政协报》2022年6月21日，第4版。

介生态环境和对华政治态度等方面情况,制定差异化、精准化的"Z世代"传播策略;二是要对平台选择、议题设置和内容产品进行整体设计,不断加强传播的针对性,引导青年一代客观认识中国为"碳达峰""碳中和"所做出的努力,进而塑造中国负责任的大国形象,有效提升各国"Z世代"对习近平生态文明思想的好感度。①

---

① 原宙:《习近平生态文明思想的三"美"向度》,《理论导刊》2022年第6期,第9-13页。

国际传播新态势下构建中国战略传播体系的挑战与路径

中国外文局当代中国与世界研究院国别与区域研究中心副主任、副研究员　刘　柳

内容摘要：当前，国际格局正在发生深刻调整，涉华国际舆论环境也随之发生变化。习近平总书记在主持中共中央政治局第三十次集体学习时发表的重要讲话中提出"构建具有鲜明中国特色的战略传播体系"具有重要理论与实践意义。随着国际传播移动化、社交化、可视化趋势不断加强，用好我国既有国际传播建设优势，加快构建具有鲜明中国特色的战略传播体系可从路径设计、传播内容、传播渠道及传播机制等方面着手，为借力国际传播新态势，讲好中国故事、传播好中国声音提供重要支撑。

关键词：战略传播；体系构建；路径

当前中国的跨越式发展越来越吸引国际社会关注，而美西方对华战略尤其是传播策略与传播手段持续调整，对中国不断加强和改进国际传播工作提出更高要求。习近平总书记在主持中共中央政治局第三十次集体学习时发表的重要讲话中提出"构建具有鲜明中国特色的战略传播体系"，将我国国际传播能力建设进一步上升到国家战略层面，为我们在当前复杂的国际形势与全球媒介生态下如何开展国际传播指明方向，具有重大理论价值与时代意义。构建具有鲜明中国特色的战略传播体系需要从深刻把握当前国际局势及国际传播格局出

发，加强战略传播路径设计、突出战略传播重点内容、抓好战略传播渠道建设、完善战略传播运行机制，更好展示真实、立体、全面的中国，为促进中国和世界交流沟通作出新的贡献。

一、构建具有中国特色的战略传播体系的重要意义

（一）中国共产党百年国际传播实践经验的系统总结

习近平总书记在"5·31"重要讲话中将"对外传播"上升到"战略传播"的高度，是对我们党百年外宣实践经验的深刻总结和理论升华。回望党的百年光辉历程，我们党终始把宣传思想工作摆在全局工作的重要位置。宣传思想战线始终肩负着举旗帜、聚民心、育新人、兴文化、展形象的使命任务。在新民主主义时期，外宣工作密切围绕实现民族独立与人民解放的历史使命，为党赢得国际社会理解与支持。在社会主义革命和建设时期，外宣工作对外宣传毛泽东思想，向世界积极阐释中国的外交立场和方针，助力打破国际强权对华孤立封锁，为新中国争取了有利的国际舆论环境。进入改革开放时期，外宣工作围绕党和国家中心工作，深入宣传中国发展主张与现代化建设进展成就，在国际上树立了良好的社会主义中国形象。"进入中国特色社会主义新时代，面对时代大势，以习近平同志为核心的党中央高度重视外宣工作，习近平总书记亲自谋划、亲自推动，做出一系列重要论述和重大部署，引领外宣工作取得开创性、历史性成就，推动中国走近世界舞台中央"[①]。在与世界全方位沟通的国际传播实践中，我们不断深化对外宣工作的规律性认识，坚持把马克思主义与中国具体实际相结合，坚持解放思想与实事求是相统一，培元固本和守正创新相促进，得到的一条重要经验是国际传播工作要紧密围绕党和国家中心工作

---

① 杜占元：《领悟践行党的百年外宣智慧 讲好新时代中国和中国共产党的故事》，《当代中国与世界》2021年第2期，第4页。

开展，在准确把握国际国内大势的同时，深入研究国际舆论变化规律与原因，不断创新国际传播工作体制机制，提升国际传播能力建设。

（二）中国在全球治理中提升国际话语权的必然要求

构建具有鲜明中国特色的战略传播体系，是习近平总书记站在统筹中华民族伟大复兴的战略全局和世界百年未有之大变局这"两个大局"的高度对国际传播能力建设作出的重要部署，也是发挥中国作为世界和平建设者、全球发展贡献者、国际秩序维护者重要作用的必然要求。一方面，世界百年未有之大变局进入加速演变期，国际力量对比深刻调整。国际形势的不稳定性不确定性明显增加，新冠疫情影响广泛深远，全球治理集团化、对抗化趋势抬头，国际经济、科技、文化、安全、政治等领域都在发生深刻复杂变化。美西方沉醉于"西方中心论"，利用其对国际舆论的把控能力对中国发展肆意攻击抹黑。中国发展优势与综合国力在国际舆论斗争中未能充分转化为话语权优势，"'中国音量'与'中国体量'还不相称"[①]。但另一方面，和平与发展仍然是时代主题。中国作为世界上最大的发展中国家和国际社会中的重要一员，始终坚定支持团结合作，顺应时代发展潮流，维护绝大多数国家共同利益，人类命运共同体理念深入人心。随着我国进一步走近世界舞台中央，面对世界经济、国际安全、全球治理等一系列重大问题，国际社会越来越多地把目光聚焦于中国，我们需要通过战略传播体系构建与国际传播能力建设，将推动实现全球经济可持续发展、构建人类命运共同体的中国主张、中国智慧与中国方案传播到全球舆论场。

（三）遵循对外传播理论与实践发展的内在规律

系统观念是马克思主义基本原理的重要内容，要求"把握并遵循事物之

---

① 曾祥敏、汤璇、白晓晴：《从战略高度加强中国对外话语体系建设》，《光明日报》2021年11月19日，第6版。

间普遍联系的客观规律，着眼于整体性、关联性、结构性，对事物发展相关要素和环境进行系统分析、整体把握"①。习近平总书记多次强调，要坚持系统谋划、统筹推进党和国家各项事业。党和国家事业发展赋予国际传播新使命，国际格局深刻变革对系统性推进对外传播工作提出新要求。习近平总书记提出的构建具有鲜明中国特色的战略传播体系是系统观念、科学方法在对外传播理论研究与国际传播实践中的生动应用。通过加强顶层设计和战略研究布局，掌握对外传播理论发展脉络，遵循整体性要求，把传统的以媒体为中心的对外传播上升到多主体、立体化的中国特色战略传播体系，以提高国际传播影响力、中华文化感召力、中国形象亲和力、中国话语说服力、国际舆论引导力等"五个力"为建设目标，是立足我国实际国情和发展经验，对新时代中国特色国际传播工作作出的宏观思考与高远布局，为我们加快提升国际传播质量和塑造自信、独立、开放、包容的中国形象提供了重要遵循，将推动对外传播这项具有全局性、战略性意义的重要工作更具系统性、整体性、协同性。

二、构建具有中国特色的战略传播体系面临的挑战与机遇

（一）"西强我弱"国际传播格局尚未发生明显改变

当前，中国更加积极主动地参与全球治理，提出构建人类命运共同体、共建"一带一路"等理念和方案，从全球治理机制的融入者、参与者向引领者转变，"中国道路"国际感召力和吸引力不断增强，中国治国理政成效显著、参与全球治理愈加积极，这些都显著增加中国的国际影响力和话语权。与此同时，美国转向对华"全面竞争与围堵"，欧洲国家在多大程度上追随美国打压中国存在不确定性。尽管美西方综合实力上升乏力，但仍然处于世界领先地位，凭借其强大的经济实力、科技实力和文化霸权，特别是强大的媒体传播能

---

① 邓一非：《用系统观念谋划推进工作》，《人民日报》2020年12月3日，第9版。

力，依然把控着国际舆论话语主导权，加大力度操纵国际舆论对中国施压、遏制。中国在政治、经济、军事和文化等方面快速发展的优势和综合实力还未完全转化为国际舆论话语权和制度话语权优势，国际传播能力和传播手段等方面同美西方发达国家相比仍存在一定差距。美西方对中国发展表现出担心、警惕和敌对心理，挑起对华"舆论战""意识形态战"，加紧对"中国制度"攻击诋毁力度，使用各种手段，利用传统议题或制造虚假议题抹黑丑化中国。国际信息在东西方之间的流量与声量不对称，中国真实形象仍被西方世界所塑造甚至是歪曲，中国国际话语权建设遭到美西方强力干扰阻挠。如何扭转"西强我弱"的国际话语态势是今后一个时期国际传播工作中需要突破的重点。

（二）中国握有将发展优势转化为国际传播优势的大好时机

在世界百年未有之大变局和百年未遇疫情影响下，国际政治经济秩序变革加速推进，世界面临的不稳定性不确定性因素进一步突出，我国战略传播体系建设面临着前所未有的挑战，但随着中国融入全球发展不断深化，改变涉华国际舆论环境和国际对华认知的空间也越来越广阔。进入新时代，中国提出推动构建人类命运共同体，大力推进"一带一路"建设，在抗击新冠疫情、应对气候变化等方面加深国际合作，中国经济发展为各国共同发展注入更多活力并带来更多机遇，引发了国际社会积极响应，世界比以往更加需要了解真实、立体、全面的中国，这为向世界展示中国主张、中国智慧、中国方案，促进中外合作交流交往提供了有利契机。移动互联网普及和社交媒体的快速发展，新兴传播技术迭代更新更加迅猛，大数据、云计算、5G、人工智能、元宇宙等新技术不仅推动世界政治经济格局带来深刻调整，更以前所未有的速度延展了国际传播的空间。新媒体新业态为我们在国际传播能力建设上实现"并驾齐驱"甚至是"弯道超车"提供了便利和可能。同时，成长于互联网时代的海外年轻受众基数庞大、习惯于利用新媒体接受外部信息、受传统媒体意识形态偏见影响不深、对中华文化与中国故事的认同度较高，这为我们借力新传播平台、发挥新兴技术与新媒体传播优势吸引海外年轻受众提供了较大空间。

三、加快构建具有鲜明中国特色战略传播体系的路径

（一）加强战略传播路径设计，坚定传播目标

战略传播体系构建的核心价值在于服务于国家的战略利益和战略目标。习近平总书记强调，"战略问题是一个政党、一个国家的根本性问题。战略上判断得准确，战略上谋划得科学，战略上赢得主动，党和人民事业就大有希望"[①]。中华民族伟大复兴的战略全局与世界百年未有之大变局是我们谋划工作的基本出发点。"两个大局"的论述是新时代我们构建战略传播体系的立足点。国际政治经济格局和全球传播秩序处在不断调整和变革当中，美国对我采取"全政府"竞争策略，把中美竞争几乎扩大到所有领域，强迫世界其他国家在中美之间选边站队，人为割裂世界。面对国际交往出现的"价值观先行"趋势，国际话语权争夺上升为道义交锋、价值观较量，推动战略传播体系构建要创新完善对外话语体系，用融通中外的叙事体系，以阐释中国在应对气候变化、全球减贫、绿色发展、多边主义等议题上的中国方案与中国实践为基石，破除西方媒体长期形成的"话语霸权"，逐步形成同我国综合国力和国际地位相匹配的国际话语权，推动中国发展观、文明观、安全观、人权观、生态观、国际秩序观、全球治理观更加深入人心。要以更加坚定的历史自觉和战略自觉，推动战略传播落实落地，为我国改革发展稳定营造有利外部舆论环境、为推动构建人类命运共同体作出积极贡献，不断赢得国际传播优势地位。

（二）突出战略传播重点内容，做到精准传播

习近平总书记指出，"讲好中国故事，传播好中国声音，展示真实、立体、全面的中国，是加强我国国际传播能力建设的重要任务"。加强习近平新

[①] 《习近平谈治国理政》（第二卷），北京：外文出版社，2017年，第10页。

时代中国特色社会主义思想对外宣介，用真实生动的事实、准确鲜活的数据，将中国共产党为什么能、马克思主义为什么行、中国特色社会主义为什么好的中国故事对外宣介好，使可信、可爱、可敬的中国形象深入国际社会人心。在全球治理体系大变革的时代，通过国家战略传播，展现中国积极参与全球治理、构建"人类命运共同体"的作为，在全球治理实践中进一步凝练中国精神、中国价值，赢得国际社会更广泛的理解和支持。此外，还要以社会主义核心价值观和中华优秀传统文化为依托，进行系统化、长期性理论阐释，创新开展中华文化"走出去"，引导国际社会更加全面客观地认识当代中国，塑造良好的国家形象。加强分众化传播，在扎实开展不同国家或地区受众文化生活、文化心理、文化需求调研基础上，让"数据服务+"为战略传播提供重要支撑，实现"一国一策"靶向传播，打造战略传播支点。推动传播阵地推进前移，汇聚一批对华友好、与我们携手传播中国的朋友，扩展知华友华海外朋友圈，跨越语言、生活习惯、宗教信仰、意识形态等差异，用世界各国和地区不同"方言"讲好中国故事，不断巩固扩大我国对外传播的感召力和有效性。

（三）抓好战略传播渠道建设，做到创新传播

在互联网时代，国际传播主体、传播机制、传播手段正在发生深刻变革。抢占国际传播高地，要打造条块清晰、运转顺畅、高效联动的国家级媒体国际传播矩阵，加快建设具有强大引领和传播能力的主流媒体、传播机构、专业智库。要把传统媒体的"稳""准"和新媒体的"快""活"结合起来，发挥融媒体在国际传播中的巨大潜能与集群优势。始终坚持上下"一盘棋"，注重发挥各地方省区优势，把国家层面的国际传播能力建设与地方对外传播工作结合起来，完善现有工作机制，发挥品牌带动效应。不断加大"借船出海"力度，充分利用海外各种平台、终端、渠道拓展影响力，包括以跨国公司、深耕海外市场的中国企业为代表的企业传播，不断提升国际传播效果。发挥高层次专家舆论领袖作用，利用重要国际会议、论坛、外国主流媒体及社交媒体等平台渠道发声，抢占战略传播制高点。抓住国际传播移动化、社交化、可视化的发展趋势，用好大数据、人工智能、AR/VR等新兴技术，以短视频等新兴传播载体为突破口，推动更多有故事的普通民众创作具有说服力、感染力、吸引力的精品佳作，丰富传播内容呈现样态，提高传播产品趣味性、增强互动性。

（四）完善战略传播运行机制，做到协同传播

战略传播是将受众和利益相关者的观念与国家决策进行整合的过程，具有宏观性、系统性和目标性等特点。在具有中国特色的战略传播体系的构建过程中，应侧重于以协调和整合机制体制为牵引，以国际传播能力建设为依托，提升我国国际传播活动的战略影响力。加强学术引领，注重发挥学术研究对完善战略传播体系和提升能力方面的引导作用，鼓励学者就战略传播体系构建的关键问题展开研讨，推进学界与业界间的交流。提升人才队伍建设水平，夯实国际传播事业人才基础。构建具有中国特色的战略传播体系，实现国际传播效能的关键是人才竞争。习近平总书记在中共中央政治局第三十次集体学习时强调："要全面提升国际传播效能，建强适应新时代国际传播需要的专门人才队伍。"加强国际传播中对外话语、政策研究、文化交流、新技术应用等方面人才供给，健全人才培养、使用、评价、流动、激励等机制。及时优化测量方法与评估指标，重视效果评估，结合不同传播主体的传播性质、渠道、内容、目标等特点，建设科学合理有效的评估机制并不断动态优化升级，强化多元化主体在战略传播体系构建中的协同协作效应，为完善战略传播策略、增强传播有效性提供有益参考。

浅论中华文化传播语境下构建中国对外话语体系提高国际舆论影响力

中央广播电视总台国际传播规划局项目主管　张雨辰

摘要：国际传播是不同国家、民族和文化之间相互沟通和理解，实现全人类的共同繁荣的重要工具。然而，国际传播信息仍存在不平衡现象，超过2/3国际传播来源于西方发达国家，约80%的国际新闻来自西方传播媒介。据不完全统计，西方发达国家流向发展中国家的信息量是发展中国家流向发达国家的100倍。[1]通过国际传播渠道频繁发声并以此构建自己的对外话语体系，进而用话语权控制国际舆论导向，已经成为西方发达国家的一个惯用手段和重要武器。目前西方媒体里仍以负面报道中国为主，扭转"西强我弱"的舆论环境，增强中国话语权，提升中国的国际舆论影响力时不我待。本文在分析中国话语体系建设现状即存在问题基础上，对其背后原因进行了分析，并以中国传统文化传播为主线对中国话语体系进行了构建。

关键词：中华文化传播；中国对外话语体系；国际舆论影响力

党的十八大以来，通过对全球政治格局、舆论环境和传播秩序的准确研

---

[1] 中央电视台编：《传承文明、开拓创新——与时俱进的中央电视台》，北京：东方出版社，2003年，第236页。

判，以习近平同志为核心的党中央高度重视中国国际话语权建构问题，指出要在国际社会中传递中国声音、讲好中国故事，以期增进国际社会对中国的真实了解。[①]话语是建构国家形象，塑造国家身份，掌握国际话语权的重要手段。[②]我国的对外话语体系具有鲜明的政治特点，意在强化中国的国际舆论影响力，传播中国政治理念，表达中国的政治诉求，维护中国的国家利益，"要加快构建中国话语和中国叙事体系，用中国理论阐释中国实践，用中国实践升华中国理论"[③]。中国对外话语体系的建构离不开中国本土的跨文化传播研究，中华文化与已证实成功的中国方案、中国智慧需要进一步完善，充分展现背后的思想力量和精神力量。

目前，以中国思想力量和精神力量为核心的中华文化传播方式层出不穷、影响深远。习近平总书记在国际重要会议讲话中多次引用中华诗词典故：2019年第二十三届圣彼得堡国际经济论坛全会上，以"志之所趋，无远弗届"来号召世界各国携手合作，共创美好新世界；2020年的中国国际进口博览会上，一句"不到长城非好汉"彰显中国与世界各国共克时艰的信心与决心。2022年北京冬奥会上，中国向世界展示了形似"冬"字草书的冬奥会会徽、寓意天地人和谐统一的"二十四节气"倒计时开幕、寄情依依惜别的折柳闭幕，还有海内外圈粉无数、备受世界人民追捧的"顶流"吉祥物冰墩墩、雪容融等一系列富含浓厚中华文化的元素，彰显了中华民族文化对外传播的坚定自信，也让全世界对中国形象建立了新认识。

虽然目前中国文化对外传播渠道日益增多，传播形式丰富多样，传播内容

---

① 胡正荣：《新时代中国国际话语权建构的现状与进路》，《人民论坛》2022年第3期，第119页。

② 刘立华：《加强中国对外话语体系建构研究》，《中国社会科学报》2022年3月8日，第3版。

③ 《习近平主持中共中央政治局第三十次集体学习并讲话》，中国政府网，http://www.gov.cn/xinwen/2021-06/01/content_5614684.htm，2021年6月1日。

也不断"升级",但是中国对外话语体系还不成熟,加上外部舆论环境的不友好,对中国持有刻板印象的西方媒体选择性报道中国,文化语言存有差异的国外受众对中国了解不够、关注不足,导致中国对外传播效果无法落地,在国际重大事件上中国的发声常被"边缘化",造成国际话语权和国际舆论影响的欠缺。现有中国对外话语体系与国际综合实力排名还不匹配,无法与中国战略全局的实际情况相适应。要解决这一问题,必须深入分析中国对外话语体系的现状和亟待解决的问题,深入查摆导致这些问题的原因,加以逐一应对,才能切实地提出相关应对策略。

一、中国文化对外传播的现状——以中国国际电视台为例

中国国际电视台(China Global Television Network,CGTN)于2016年12月31日开播,成立以来,从单一的电视频道完成了向集电视、广播、新媒体于一体的融媒体集群和多语种、多平台传播矩阵的转变,拥有英语、法语、西班牙语、阿拉伯语、俄语5个语种6个电视频道和多个新媒体平台以及广播频率,旨在为全球受众提供准确、及时的信息资讯和丰富的视听服务。其新媒体在全球多个主流平台运营着官方账号:2021年,CGTN的Twitter账号每天24小时不间断向全球超过1300万粉丝发布超过4.3万条推文,累计阅读量超13.4亿;2021年,CGTN在Facebook英语新媒体主账号粉丝达1.17亿,Facebook法语新媒体账号粉丝超2000万;2021年8月底,Facebook阿拉伯语新媒体账号粉丝超1617万,成为Facebook平台全球第一大非阿拉伯语国家的阿语媒体账号[1][2]。

---

[1] 杨福庆:《擦亮CGTN品牌 讲好中国和世界的故事》,《国际传播》2021年第6期,第52-57页。
[2] 杨莹:《在融媒体时代向阿拉伯世界讲好中国故事——以CGTN阿拉伯语频道为例》,《声屏世界》2021年第23期,第13-14页。

（一）传播内容

CGTN在国际传播中承担着向世界展示中国的重要任务，其报道传播的主要内容包括中国的经济建设、思想文化、社会民生、时事热点、国际贡献等方方面面。通过CGTN的传播，中国元素越来越多地被展示到世界舞台。除做好"自我介绍"外，CGTN更践行着"以中国视角看世界"的理念，注重在国际问题中发出中国声音、体现中国立场，它不同于以"情绪宣泄"和"观点批判"为主的新闻报道，CGTN致力于通过立体、深入、客观的新闻报道，为全球受众提供"看见不同（See the Difference）"的新闻。这就需要对传播内容进行系统整合，不能单一注重中国文化元素的自我介绍，还要着眼全球，以更为开放和包容的心态，平心静气地介绍中国文化。只有这样，才能推动中国的国际传播向更高层次发展，才能为中国话语体系的构建提供高质量传播内容。

（二）传播方式

中国对外话语体系的构建，离不开语言这一最主要的交流工具。在语言文化差异普遍存在的情况下，国际传播难以避免地存在着一定的沟通障碍，CGTN就致力于在对外传播中尽可能减少因语言障碍产生的沟通不畅问题。CGTN自2016年开播后，不断探索从单一传统的外语频道向面向国际的融媒体传播平台转变。CGTN坚持"台网并重，先网后台，移动优先"的发展战略，建成启用了多形式采集、同平台共享、个性化制作、多渠道多终端分发的融媒中心。[1]近年来，CGTN在这方面进行了一些努力和尝试，通过不断增加资金投入，招聘优秀外籍员工，用独特的"中国"视角，多元共融的传播思维，报道、解读国际重要事件，借助全球主流新媒体网站、社交平台开辟传播账号，不断增强中国声音对世界舆论的影响力。

---

[1] 王润珏、胡正荣：《我国主流媒体智慧全媒体建设与国际传播能力提升——以中央广播电视总台为例》，《电视探究》2019年第7期，第19页。

二、中国对外话语体系构建现存问题

（一）对外话语理论的理解和应用水平有待提升

西方发达国家在文化传播和国际舆论方面长期居于主导地位，在国际传播中我国难以避免受到西方文化霸权的冲击。为破除"污名化"的不良影响，我国在对外传播时过于追求"完美展示"，文化传播较为生硬、刻板。随着综合国力的不断提升，我国的国际地位显著提高，但在国际对话中的影响力仍有待加强。究其原因，在于我国早期对话语理论的理解运用较为单一，简单地将"传播"视作单方面"宣传"和"输出"，在国际传播与对话中侧重去交流宏大、严肃的官方议题，缺乏贴近大众日常生活的交流，与国际话语体系存在一定"错位"现象，不易与西方受众在情感上产生共鸣。虽然近年来，我国在对外传播中日益注重提升中华文化的感召力和亲和力，但刻板印象仍未得到根除，对外话语体系的构建任重道远。

（二）缺乏成系统的"普遍价值"机制

对外话语体系是从国家层面服务不同意识形态、文化制度的其他国家，构建对外话语体系要具备国内普遍认可的价值理念。西方话语体系借助人们对"普遍价值"的信奉，将国家的自我利益悄悄植入这个共识中，再把已达成抽象共识的价值"具体语境化"。中国拥有博大精深的传统文化，后经历百年奋斗实践，中国价值体系在新时代兼容并蓄中不断融合深化，但国内成系统的"普遍价值"机制尚未形成。面对西方文化主义与价值观念的思潮冲击，包括中国在内的发展中国家的文化价值观发展缓慢，对外话语体系的构建过程困难重重。

（三）缺乏主动对外宣传的文化基因

以孔子为代表的经典儒家思想以仁作为衡量善恶对错的标准，认为"巧言令色鲜矣仁"，主张"不患人之不己知，患其不能也"，强调"人不知而不愠，不亦君子乎"；老子主张"行不言之教"[①]。尽管儒家与道家观念不同，但是在如何表达和宣传自己时的立场是一致的，即中国传统文化不重视自我表达和宣传学习，看重自身修养和内在实力，不注重话语能力的培养。中国不主动对外宣传的文化基因放到今天国际社会的激烈舆论争锋中，显得非常不利，势必会在国际对话中丧失竞争力。

（四）对话语体系内所谓"事实"的理解过于认真

话语体系中的"事实"不等同于人们认为的"真相"。我国对外沟通中，习惯将国际话语中的陈述或表述当作哲学意义上的"事实"，这样就会认同对方的事实陈述，不自觉地承认西方舆论影响的主导地位。当我们宣传自己时，需要基于大量的事实，当我们反驳西方的话语时，我们自身仍存在很大的压力，并会陷入对西方话语事实进行论证的逻辑困境。我们在大力争取话语权，努力构建自己独立的对外话语体系时总找不到出路，原因就在于此。

（五）对新媒体技术运用掌握不够

近20年全球互联网发展迅猛，互联网用户数量和互联网普及率大大增长，国际传播领域的新媒体技术运用日趋增多。在与互联网和移动互联网相关的新媒体应用广泛兴起之际，我国对其运用不足、对外功能单一"传声化"、固守传统外宣思维，在传播的开放性和即时性上与国外相比有一定差距。进入21世纪之后，腾讯、微博等新兴媒体快速崛起，低成本、高效率、内容丰富的信息传播固然受人追捧，但其也存在具有泛娱乐化、无序化、冲突化等特点，信息传播被人为利用、炒作甚至歪曲的事件屡见不鲜，国内国际舆论生态越发复杂多变，在这种态势之下，我国文化传播层面也出现了一定程度的意识形态混乱。

[①] 陈鼓应：《老子注译及评介》，北京：中华书局，1984年，第64页。

三、构建中国对外话语体系提高国际舆论影响力路径探析

（一）打破固有中华文化传播思维

中国对外话语体系构建的核心和目的都离不开中华文化的对外传播，要构建完善的中国对外话语体系，必须对中华文化对外传播固有思维进行创新。

一是针对缺乏对"自我隐蔽"理论的运用，我们要学会弱化对外话语体系话语权的强势控制力。相对而言，我国对外话语体系建设还在发展初期，"建设社会主义文化强国、增强文化软实力、提高我国在国际上的话语权"[1]是一个长期复杂的工程，需要坚定我们的文化自信和理论自信，结合自身文化特质，逐步构建包含哲学、社会、文化等领域研究成果的话语体系。

二是针对缺乏主动对外宣传的文化基因，我们应该尽快从根本上变被动回击为主动宣传。增强主动走出去的意识，表达中国看法，介绍中国发展，站在国际受众的文化习惯和思维立场设计节目的形态，借助全球英语传播平台来解读中国的内涵，不断地在国际社会提高中国的出镜率和影响力。目前中央重点媒体的海外传播中心数量显著增加，以CGTN为代表的主流媒体不断加快"国际化"的转变，积极构建多语种、全媒体、跨平台、广覆盖的国际传播体系，主动向外介绍中国与中国的变化。

三是对话语体系内所谓"事实"的理解过于认真，我们应从各种层面寻求话语主动。在国际舆论环境的旋涡中，掌握事实不等同于掌握话语主动权，事实往往掌握在"少数发声人"的手中。强大的国际舆论影响力和国际话语权在某种程度上可以影响世界对"真相"的看法。例如伊拉克战争中，西方媒体编排大量舆论报道，制造出"伊拉克藏有大规模杀伤性武器"的"事实"。中国传统思维讲究"是非曲直"和"真相终究浮出水面"，但是国际对话不以事实

---

[1] 习近平：《在哲学社会科学工作座谈会上的讲话》，新华网，http://www.xinhuanet.com//politics/2016-05/18/c_1118891128.htm，2016年5月18日。

真相为依据，往往是国际对话互动中占据舆论主动的一方更能影响世界的"看法"，进而维护自身的利益。话语体系内对"事实"的理解并不一定要过于较真，基于本国实际和国际形势努力营造利于我方的舆论环境，更能在国际话语权争夺中赢得一席之地。

（二）多层次构建对外话语组织体系

话语体系的构建是个长期的且艰难的系统工程，离不开多方的参与和配合，需要从国家层面进行战略布局，团结社会各个层面的力量，协同建设立体化的话语体系。首先，从国家层面优化顶层设计，在构建中国对外话语体系方面创造出宽松环境。在此基础上，各级政府部门和官方媒体应自觉担负起主体责任，积极回应国际社会关切。学术界要积极行动，为话语体系的创新提供学理上的滋养和支撑。各类社会组织、大众传媒和公众个体要充分发挥作用，善于用人民群众喜闻乐见的方式，在世界范围内传播中国声音，比如李子柒自媒体短视频在国外爆火说明了大众传播的独特优势，要充分调动起多元主体讲述中国故事的积极性，用更加鲜活和真实的故事向世界展示全面、立体的中国。

（三）丰富以中华文化传播为核心的对外话语内容体系

一是以"中国梦"为核心整合对外话语内容体系。中国梦涵盖优秀中华文化的精华，中国梦的内涵具有鲜明的文化属性。围绕社会主义核心价值观、围绕中国特色社会主义道路讲好中国发展故事，离不开中国梦的整合。我们在实现中国梦的过程中要自觉抵制各种非马克思主义思潮的影响，以社会主义核心价值观为指引，积极传播具有中华文化内涵的声音。

二是借鉴世界文明成果丰富对外话语内容体系。我们要了解不同民族、地区的历史文明成果，主动学习优质内容，不断提炼核心词汇，丰富我们的话语内容，做到学贯中西，为我所用，使我们的话语内容体系与世界融通互洽。

三是用中国传统文化整合中国对外话语内容体系。中国传统文化不仅博大精深、经久不衰，而且是人类文明思想精髓的重要组成部分，对全球治理体系的改革和建设具有重要作用，应把其提高到治国理政的高度来认识。以中国优秀传统文化整合对外话语内容体系，能够与人类社会生活形成生动呼应，激发国外受众的情感共鸣和价值共振，提高中华文化在国际上的感召力和中国话语对外的说服力。

（四）以新媒体多种传播介质为支撑，搭建立体话语网络

早期对外传播多是单向传播，侧重"外宣"的形式，对外发的新闻往往很少被国外媒体直接采用[①]，传播媒介表现为报纸、杂志、广播，种类比较单一。新媒体时代的数字化、信息化技术发展日新月异，对外传播必须挖掘多种传播媒介，丰富传播渠道，搭建覆盖面更广、传播效率更高、内容形式更创新的立体话语网络。以短视频、纪录片为主要传播方式，辅以文字、图片、音频在海外新媒体平台进行对外传播，同时开通海外社交媒体账号增加国际互动，回应海外受众的疑问和见解[②]。2020年的新冠疫情，部分西方政客和媒体"甩锅"中国，用带有偏见的言论和别有用心的"中国病毒源头"的不实言论"污名化"中国。中国主流媒体在海外多个新媒体平台还原事件真相，CGTN推出90分钟的英文纪录片《中国战疫纪》，讲述真实的中国故事，呈现疫情下的中国社会真实、全面的现状。[③]CGTN在Twitter平台发布《新冠病毒溯源》《战争溯源》等系列海报，在国际斗争中澄清谬误、传递真相。

（五）以人类命运共同体理念为指引，构建价值观念认同

具有全球性共识的价值观念是做好国际传播工作的重要基础，"人类命运共同体"理念以和平发展、合作共赢为核心构造对外传播话语体系，一经提

---

① 黄燕：《中国对外传播：从单向传播到多向传播》，《对外传播》2018年第11期，第8页。
② 贾婧弥、王子璇、祁可心、马瑞贤、侯贺英：《新媒体时代对外传播研究》，《记者观察》2021年第6期，第89页。
③ 王香玲：《抗疫纪录片中中国形象的建构与传播——以CGTN〈中国战疫纪〉为例》，《传媒论坛》2022年第1期，第39页。

出，就得到全球普遍认同，在日益激烈的国际冲突中，要坚持"人类命运共同体"理念，寻求价值观念上的共识，找到中国发展与世界发展的结合点，在求同存异中创新表达方式，采用世界听得懂、易接受的话语方式，讲好中国故事，追求共同话语认同，不断提升对外话语体系效能。

电竞体育：构建面向新时代的国际传播新战略阵地

广西壮族自治区东南亚经济与政治研究院助理研究员　丁裕森
南宁师范大学体育与健康学院学科教学（体育）专业硕士研究生　农秀兰

摘要：构建具有鲜明中国特色的战略传播体系，是习近平总书记站在统筹中华民族伟大复兴的战略全局和世界百年未有之大变局这"两个大局"的高度，对于国际传播能力建设作出的重要部署。本文为探索中国特色战略传播体系的多样性战略布局，研究分析了当前国际传播的现实阻力与障碍，论述了电子竞技体育作为国际传播新战略阵地的传播覆盖优势、受众接触优势、媒介经营优势和认知建构优势，并结合我国的电竞发展现状探讨了我国未来利用电竞开展国际传播工作的战略部署。

关键词：中国特色战略传播体系；国际传播；电子竞技；产业链

党的十八大以来，以习近平同志为核心的党中央高度重视中国国际传播工作，对新形势下加强和改进国际传播工作作出了一系列重要部署，大力推动国际传播守正创新，理顺内宣外宣体制，打造具有国际影响力的媒体集群，积极推动中华文化走出去，有效开展国际舆论引导和舆论斗争，初步构建起多主体、立体式的大外宣格局，我国国际话语权和影响力显著提升。[1]当今世界正

---

[1] 新华社：《习近平主持中共中央政治局第三十次集体学习并讲话》，中国政府网，http://www.gov.cn/xinwen/2021-06/01/content_5614684.htm?jump=true，2021年6月1日。

经历百年未有之大变局,世界之变、时代之变、历史之变正以前所未有的方式展开,国际传播工作也面临着新的形势和任务,仍有许多亟待建设和完善的工作,要推动国际传播格局产生根本性的改变仍需要长期的战略性工作。

一、国际传播的现实阻力与障碍：传播过程的不可控

（一）互联网时代的国际传播格局仍未发生改变

当前国际传播领域依然由西方主导,国际舆论场中"西强东弱"的传播格局仍未发生根本性的改变。中国声音在整体上仍然处于有理说不出、说了传不开的境地。[1]中国社会科学院新闻与传播研究所所长、教授胡正荣认为,我国在国际舆论场中仍长期处于一个被描述、被压制的弱势地位。[2]中国日报社原总编辑周树春认为,历史形成的"西强东弱""西强我弱"格局,构筑了国际舆论的"信息壁垒",海外特别是发达国家受众关于中国的认知,被束缚在"有色眼镜"和"灰黑滤镜"编织的"信息茧房"之中。[3]浙江大学求是特聘教授、博士生导师方兴东认为,国际传播格局仍呈现不平衡的特征,部分国家在国际传播领域居于领先地位。随着西方话语霸权对华舆论控制的力度持续加强,对中国国际传播能力建设遏制的加剧,以及国际信息流中不平等现象的扩大,如何应对并提升中国国际传播能力成为核心问题。[4]

在"西强东弱"的国际传播格局中,西方国家利用美联社、路透社、美国

---

[1] 丁裕森：《"四全媒体"视域下中国对东盟传播的思考》,《对外传播》2020年第10期,第26-28页。

[2] 胡正荣：《新时代中国国际话语权建构的现状与进路》,《人民论坛》2022年第3期,第119-122页。

[3] 周树春：《让"大流量"和"正能量"在国际传播中相互激荡》,中国日报网,https://cn.chinadaily.com.cn/a/202111/25/WS619f7c12a3107be4979f9f9f.html,2021年11月25日。

[4] 方兴东、钟祥铭：《国际传播新格局下的中国战略选择——技术演进趋势下的范式转变和对策研究》,《社会科学辑刊》2022年第1期,第70-81页。

有线电视新闻网（CNN）、英国广播公司（BBC）等全球媒体巨头的绝对影响力，除了在全球各地开设了多语言频道、网站，对中国的事务进行直接的歪曲报道和攻击以外，还对其他国家内部的新闻市场进行收购、干预和影响，从而对中国国际传播工作制造多层面的包围阻碍。以东南亚地区为例，菲律宾有线新闻网（CNN Philippines）、印度尼西亚有线新闻网（CNN Indonesia）都在美国有线电视新闻网全球事业（CNN Worldwide）品牌的直接或间接控制之下。在一些与中国存在领土争端的国家内部，西方资本控制当地媒体配合反华政治群体操纵该国内政，干预政治选举，炒作涉中议题，大肆传播中国负面信息，利用这类国家的警惕情绪来渲染"中国威胁论"，从而对这些国家和社会中的中国形象造成极其不利影响。

即使是在全球互联网高度发达的今天，信息的国际传播仍然遇到了许多客观的阻碍。西方新闻媒体巨头既继承了传统媒体的国际传播优势，又通过互联网资本的先发优势在全球资讯及相关领域进行了新媒体渠道的全球布局。美国社交媒体公司推特（Twitter）、脸书（Facebook）以及视频网站优兔（Youtube）诞生后的十余年间，已经几乎垄断了除中国以外的全球社交媒体市场。直到中国互联网公司字节跳动旗下的视频社交应用"抖音"（Tik Tok）出现，才稍稍动摇美国社交媒体全球垄断的格局。从某种层面而言，在互联网技术的加持下，西方互联网巨头们把控着网络信息全球传播流动的主动脉，互联网信息的传播控制在他们手里似乎变得更加容易。平台管理者可以轻易地对用户账号的注册、使用进行管理与限制，对用户的信息发布进行事前、事后审核与监控，对信息进行选择性的筛选和推送。尤其是在大数据技术不断发展以后，平台管理者对互联网海量信息的掌控能力越发娴熟，内容监管的程序设计日益完善，删号、封贴、禁言等技术在各大媒体平台的大数据审查系统中甚至已经能够实现程序设计的自动化"传播熔断"效果。

（二）官方审查与传播控制阻碍国际传播的到达效果

国际传播的信息传递和到达受众的过程毕竟需要在境外进行，脱离主权控制范围的传播工作仍然要面对客观的现实阻力与障碍。这些阻力与障碍与当地的政党、政府、社会意识形态以及经济等因素密切相关。即使在互联网时代，绝大多数主权国家也并未放弃信息传播的监控和把关。爱德华·斯诺登（Edward Snowden）在2013年揭露的美国棱镜计划（PRISM）、英国“颞颥”秘密情报监视项目（GCHQ）就是英美两国安全情报部门与微软、雅虎、谷歌等国际网络巨头合作对全球互联网、电话通话数据、电子邮件等信息进行监听收集、数据挖掘的证据。2019年8月19日，推特、脸书以及优兔等全球知名的美国社交媒体巨头因香港问题封禁了大量的用户账号，称这些账号散布关于香港示威的假消息，并称背后是由中国官方主导。2020年6月16日，推特宣布删除超过17万个与中国“国家当局相关”的账号，诬称这些账号用于散播有关新冠疫情、香港局势等问题的虚假信息。2022年3月29日，推特还对100多个力挺俄罗斯的印度账户采取了封号措施。由此可以看出，标榜新闻自由、传播自由的西方资本主义，在社交媒体时代仍然可以利用手中的渠道特权对异见者和政治对手进行“噤声打击”。为了进一步完善对互联网信息传播的控制，美国、英国、日本乃至东南亚的越南、泰国、马来西亚、印度尼西亚等国，近年来仍在不断扩大互联网内容审查岗位的招聘规模，以增强其网络审查的效率。

除了对西方国家的国际传播效能不足以外，中国的周边传播工作也面临着不小的阻碍。面对日益强大的邻国，一些东盟国家在与中国的交往中仍然存在着地缘上的本能警惕。2022年年初上映的电影《神秘海域》（*Uncharted*）因为影片中南海九段线的问题而被禁止在越南上映。2019年，越南和马来西亚也因同样的问题禁止了动画电影《雪人奇缘》（*Abominable*）在其国内上映。此外，中国与中南半岛的部分国家近年合作拍摄了多部历史文化纪录影像作品。而一些合作国家除了对作品进行严格的审核把关以外，其实还使用了相对隐蔽的手段限制了这些影片在其国内的传播。一些国家的政府官员在接受中文媒体采访时，对这些影片的艺术技巧、历史意义赞不绝口，但是在其国内的主流媒体上却找不到关于这些影片的报道。可以看到，当地政府通过对文化产品的议程设置同样可以有效地限制相关信息的传播，从而实现对国际传播效果的有力限制。

在这样的外部环境下，传统的国际传播产品形式更容易受到其他国家的官方审查、内容审查以及传播过程中的议程设置控制。因此，要真正有效地提升国际传播效能，就必须摆脱传统传播媒介形式和技术经验的惯性，超脱出基于传统媒介格局"西强东弱"的国际传播视角，利用新兴的传播载体，尤其是利用好具备既有优势的载体，构建一个适应新时代受众特点的中国特色战略传播体系。本研究认为，传播渠道优势显著且中国具有巨大市场话语权优势的电子竞技体育（下文简称"电竞"）就是一个值得尝试的国际传播新载体。

二、电竞作为国际传播载体的优势

（一）传播的覆盖面优势：电竞体育拥趸众多

伴随着全球互联网技术的发展，人们的生活、工作、娱乐方式发生了日新月异的变化。传统的文化、体育、娱乐形式也已不能完全满足新时代人类的精神文化需求。作为数字互联网时代发展的新产物，融合了娱乐、体育、竞技和科技元素的电竞很快获得了全球网民，尤其是年轻网民的青睐。根据全球网络指数GWI的《2022年Z世代[①]报告》，90%的Z世代表示他们可能在任何设备上

---

① 注：Z世代是一个网络流行语，也指新时代人群。新的"Z世代"是指1995—2009年间出生的一代人，他们一出生就与网络信息时代无缝对接，受数字信息技术、即时通信设备、智能手机产品等影响比较大，所以又被称为"网生代""互联网世代""二次元世代""数媒土著"等。

玩游戏，比其他任何一代都多。①Newzoo的《全球电竞与游戏直播市场报告》（2021）②估计，全球游戏直播观众规模③在2021年达到7.228亿人次，在2024年将增长至9.203亿人次。从全球范围来看，电竞观众总数④在2021年增长到4.74亿，其中核心电竞爱好者⑤占据了半壁江山，达到2.34亿。庞大的电竞群体基数和惊人的用户量增速表明，以电竞作为国际传播的载体可以覆盖越来越多的新生代群体。

（二）受众的接触优势：使用门槛低，接触频度高

1. 移动互联网的发展和普及降低了电竞参与的门槛

移动互联网的快速发展，以及智能手机价格的降低与普及率的提升，进一步降低了电竞的参与门槛，扩大了电竞的参与群体。人们通过更便捷的移动电竞来达到娱乐和放松的目的。由于可访问性较高，移动游戏已经成为全球最受欢迎的游戏形式。也因此，移动电竞在拉丁美洲和东南亚市场声名鹊起。仅东南亚地区就有占比高达82%的玩家在玩手游。⑥据魔多情报公司（Mordor Intelligence）估计，2021年仅东南亚的移动网络游戏玩家数量就可以达到2.5亿左右⑦，市场潜力巨大。

---

① Morris T and Bcukle C, *The latest trends for Gen Z*, GWI, 2022, p. 32.
② Rietkerk R：《全球电竞与游戏直播市场报告》，Newzoo，2021年，第10页。
③ 注：游戏直播观众群体包括在过去六个月内至少观看过一次直播游戏内容的人群。（Newzoo报告模型标准）
④ 注：电竞观众为每年至少观看一次专业电竞内容的所有人，包括综合核心电竞爱好者和非核心观众。（Newzoo报告模型标准）
⑤ 注：核心电竞爱好者是指观看专业电竞内容频率大于一月一次的人。（Newzoo报告模型标准）
⑥ Tencent & Newzoo, *Games & Esports: Bona Fide Sports*, 2021, p. 5.
⑦ Mordor Intelligence, *Southeast Asia Gaming Market - Growth, Trends, COVID-19 Impact and Forecast (2022-2027)*，2022，https://www.reportlinker.com/p06227800/Southeast-Asia-Gaming-Market-Growth-Trends-COVID-19-Impact-and-Forecasts.html.

2. 新冠疫情增强了用户的电竞接触

新冠疫情的延宕给予了人们更多接触电竞的时间。格拉斯哥大学研究人员 Matthew barr 和 Alicia Copeland-Stewart 的研究发现，71%的受访者花在游戏上的时间增加了，而58%的受访者表示玩游戏影响了他们的幸福感，其中绝大多数受访者表示有积极影响。[①]即使有些人不玩游戏，也会在网上观看游戏和电子竞技比赛直播。一些直播平台也因此吸引了成千上万的在线流量新访客。游戏行业资深顾问塔提阿娜·塔卡（Ttianna Tacca）表示，"疫情以来，推特上的游戏话题增加了89%，游戏的月度、季度、年度虚拟销售量都破了纪录，它们在推趣（Twitch）和优兔等直播平台的播放量也增长了87%"。[②]在印度尼西亚，46%的印度尼西亚人在新冠疫情暴发以后开始玩手机游戏，并逐步养成了玩手机游戏的习惯。印度跨国移动广告技术公司InMobi的报告显示，东南亚各地的智能手机用户在最初的疫情期间对游戏充满了热情，用户白天参与游戏的热度提高了3.5倍。而随着疫情的延续，这种趋势转变为永久性的行为，游戏使用量同比平均增长了2倍多。[③]

（三）媒介的经营优势：产业经济可为传播运营提供支撑

近年来，我们不断讨论媒体的转型，探索媒体的经营模式，其根本原因就是多数新闻媒体的经营状况并不理想。在经济全球化的时代，跨国媒体的经营更是难上加难。而电竞作为一种互联网产业，不但有互联网资本的巨额注资和相关产业链的支撑，还有迅速扩张的消费市场潜力，是真正含着"金汤勺"出

[①] Barr M, Copeland-Stewart A. Playing Video Games During the COVID-19 Pandemic and Effects on Players' Well-Being. *Games and Culture*, vol. 17, no. 1, 2022, pp. 122-139.

[②] Global Open Innovation Network：《娱乐与新媒体行业：新冠疫情下的虚拟世界和数字化》, Choose Paris Region, http://u5n.cn/wR7p, 2021年5月27日。

[③] *Everyone's gaming among us: 2021 Mobile Gaming Report in Southeast Asia*, Inmobi, 2022, pp. 88-9-139

生的新兴产业。

电竞市场的出色表现已经证明了电竞产业强大的经济生命力。据Newzoo的数据，全球电竞市场收入由2020年的9.471亿美元增至2021年的10.84亿美元，年同比增长率14.5%。预计，在2024年将达到16.17亿美元。[1]据艾瑞咨询数据，2020年中国电竞整体市场规模达1474亿元，同比增长29.8%，其中端游电竞市场规模约363亿元，移动电竞游戏市场规模达759亿元，其余游戏直播、电竞陪练以及赛事、俱乐部等生态市场规模约352亿元。[2]

资本是聪明的，庞大的电竞人口与新消费趋势牢牢吸引了资本的目光。据The Esports Observer报道，2019年的电子竞技行业投资支出为19.5亿美元，而2020年前8个月就已跃升至43亿美元。[3]投资银行Drake Star Partners数据显示，2021年游戏产业有1159笔投资并购交易，交易额达850亿美元，打破了2020年创下的纪录。其中，最大的一笔就是2021年3月中国科技公司字节跳动宣布通过其关联公司Nuverse以约40.6亿美元的价格收购手游《Mobile Legends: Bang Bang》背后的游戏开发商Moonton。[4]而2022年则相关产业投资更加疯狂，仅一季度投资并购交易额就高达987亿美元[5]，远超2021年总和。

消费市场的快速扩张和资本源源不断注入为电竞产业的运营提供了健康、稳定的经济保障，也从根本上解决了电竞这一传播渠道的生存问题。

---

[1] Rietkerk R.：《全球电竞与游戏直播市场报告》，Newzoo，2021年，第29页。

[2] 艾瑞咨询研究院：《中国电竞行业研究报告》，2021年，第7页。

[3] Juliiana Koranteng, *Esports investors predict positive future for fundin*, 2020, https://blog.the-esports-bar.com/investment/esports-investors-predict-positive-future-for-esports-funding-esports-bar-americas-report.

[4] Sheppard Mullin Richter & Hampton LLP, *Top Esports Deals and Investments in 2020 and 2021*, 2021, https://www.jdsupra.com/legalnews/top-esports-deals-and-investments-in-7715853.

[5] Drake Star Partners, *Global Gaming Report | Q1 2022*, 2022, p. 3.

（四）认知的建构优势：电竞的文化建构效果显著

传播效果的产生是作用在受众认知层面的结果。美国传播学者格伯纳等人创建的"培养理论"认为，大众传播媒介在潜移默化中培养受众的世界观。媒介通过长期的、潜移默化的信息传播可以引导受众的世界观、价值观建构方向。早在2008年，国家税务总局税务干部学院阚道远副教授就指出，美军《联合心理作战条令》（*Doctrine for Joint Psychological Operations*）中提出的"心理作战（PSYOP）就是向外国受众传递经选择的信息与征兆，以影响外国受众的情感、动机、客观判断能力并最终影响外国政府、机构、团体与个人的有计划行动"。他认为，目前西方发达国家利用电脑游戏进行国家政治传播，打信息心理战，是文化心理渗透和侵略的新形式，具有高技术、不对称、隐蔽性、范围广、程度强等特点。[①]而十余年后，电脑游戏大众化、竞技化、产业化的形态——电子竞技，令这种文化心理渗透作用更加强大。

1. 电竞作为文化产品的文化建构优势

文化产品是一个国家的文化、意识形态、主流价值观的输出载体。渲染"民主自由"的好莱坞电影、塑造英雄主义的日本漫画、渲染娱乐氛围的韩国综艺都是在各自领域中极具全球影响力的文化产品。而凭借着沉浸式认知塑造优势，电竞也可以成为"元宇宙"潮流中最具影响力的文化产品形式。

相较于纪录片、书籍等较严肃的、单一的传统文化产品，电竞作为一种以娱乐为主要目的的大众产品形式更容易为大众所接受和使用。作为一个通过塑造虚拟世界供用户参与体验和互动的产品，电竞除了为用户提供文字、影像信息以外，还为大众提供了参与互动的精神快感，从而使得信息的传播更直接作用于使用者内部。随着VR、AR等数字科技的不断发展，电竞产品的交互机

---

① 阚道远：《国外电脑游戏的信息心理战与我国的文化安全策略》，《中州学刊》2008年第3期，第251–254页。

制、影像画质、故事体验越来越完善，电竞产品制造虚拟现实的能力不断增强，用户甚至可以沉浸到整个虚拟世界中结婚生子、打击罪犯、征服世界。用户作为内容的参与者比作为受众更容易接受文化产品的认知引导，从而建构起传播者需要的三观认知。

2. 电竞产业链生态嵌套的文化建构优势

通过大量生产符合大众审美、具有市场竞争力、融入西方主流价值的文化产品，让普通民众在消费文化产品的同时，潜移默化地接纳其核心价值观，是西方国家传播核心价值观的主要手段。[①]在体育、电影、音乐等领域中，西方资本通过产业化手段，将"普世价值"等西方观念全面渗透到文化的产业链生态中，使核心价值观与文化产品进行有机融合，从而影响甚至主导了近百年来的全球流行文化发展。

相较于单一的传播媒介，电竞产业庞大的产业链生态决定了其文化传播的复合优势。在资本的聚焦推动下，基于互联网产业发展的电竞体育已经迅速培育了一个庞大的产业生态体系。游戏的设计生产、媒体宣传推广、自媒体直播展示、赛事组织、俱乐部运营、周边产品营销、文化影视作品的二次创作等环节共同组成了一个横跨数十个传统行业的巨型产业生态。在电竞的产业生态中，每一个环节之间的相互作用又形成了整个产业生态圈中的子链条。各个子链条的相互嵌套推动着整个生态不断运转，并为不同的市场生产出各种各样的文化产品，从而反复强化受众的认知。

（五）中国的传播者优势：全球最大电竞市场的话语权力量

尽管我国电竞起步相对较晚，但是庞大的消费市场和稳定的环境使中国电竞迅速发展。2018年至2021年间，在全球受关注度最高的顶级电竞赛事——

---

① 周凯：《西方国家如何通过文化产业传播核心价值观》，《理论导报》2016年第1期，第48-49页、61页。

《英雄联盟》全球总决赛（League of Legends World Championship）上，中国战队三夺全球总冠军，赢得了全球电竞用户的关注。中国电竞也迎来了最佳发展机遇期，电竞人口激增，电竞企业数量暴涨，电竞市场规模快速扩张。根据中国音数协游戏工委（GPC）与中国游戏产业研究院发布的《2021年中国游戏产业报告》，2021年中国电子竞技游戏市场实际销售收入为1401.81亿元。[①]基于中国城市化和信息技术基础设施的发展，中国的电竞产业已经成长为全球最成熟的市场。"中国模式"的电竞经济业态已经融合了赛事经营、媒体版权交易、品牌赞助补贴等传统体育赛事经营模式以及电子外设、战队周边商品、直播和虚拟商品等创新型收入来源。而与之相配套的电竞产业链和经营模式也已经在得天独厚的巨大市场中孕育成熟。在国内4.89亿电竞用户的支持下，中国电竞逐渐形成了在文化、体育、广电部门共同监管下健康发展的产业链生态。

作为全球最大的电竞市场，中国的电竞产业不仅已经相当成熟，还有着空前强大的产业话语权。凭借着市场体量的优势、较优的产品品质及成熟的发行策略，中国电竞产品逐渐占据了东南亚电竞市场。据App Annie披露的数据，来自中国的手机游戏在东南亚iOS & Google Play商店下载量及营收的增速均超过50%，遥遥领先其他海外市场。[②]2021年1—6月东南亚移动游戏市场近五成流水来自中国游戏企业自研产品。腾讯、字节跳动、百度等中国互联网企业已经基本控制了东南亚电子游戏市场的半壁江山。《原神》《王者荣耀》《三国志》等包含中国文化元素的网络游戏在东南亚乃至全球作出了中华文化国际传播的最佳示范。

---

① 中国音数协游戏工委、中国游戏产业研究院：《2021年中国游戏产业报告》，2021年，第29页。
② 周文猛：《中国互联网巨头割据东南亚》，亿欧网，https://mp.weixin.qq.com/s/60ag7CvDVKPmvjpSzeMYnQ，2020年1月9日。

三、中国构建电竞国际传播新战略的路径

相对于西方，中国在报纸、电视乃至网络媒体等传播渠道上处于相对劣势，突破传统的国际传播格局难度较大。而在电竞领域，中国凭借电竞产业的体量优势和市场话语权地位，获得了巨大的国际传播基础优势。这是利用新兴技术渠道，摆脱传统传播媒介形式和技术经验的惯性，超脱出基于传统媒介格局"西强东弱"的国际传播视角，实现中国国际传播工作出奇制胜的战略选择。研究建议，中国应当利用好现有优势，以产业发展促国际传播升级，以经济发展助传播效能提升，尽快完善在电竞领域的顶层设计与整体布局，抢先占领电竞国际传播的全球话语高地。

（一）顶层设计思路：加快电竞产业发展的统筹布局，扩大中国电竞的全球影响力

近年来，北京、上海、广州等城市陆续提出了建设国际电竞城市的目标。如2017年12月，上海出台《关于加快本市文化创意产业创新发展的若干意见》，提出了建设全球电子竞技之都的目标；2019年8月，广州市出台《广州市促进电竞产业发展三年行动方案（2019—2021年）》，制定了2021年成为全球电竞产业中心的目标；2019年12月，北京市出台《关于推动北京游戏产业健康发展的若干意见》，明确将北京市建设成"国际网络游戏之都"。但是，各城市的方案仍是基于一个城市或地区而提出的发展建设计划，缺少了全局统筹的发展规划。随着《中共中央 国务院关于加快建设全国统一大市场的意见》的发布，中国电竞产业发展也应当从全国一盘棋的角度加快整体的谋划布局，完善产业发展战略层面的顶层设计。

既要支持以重点地区为龙头，打造有全球影响力的顶级电竞中心城，也要加强电竞产业的区域发展协作，完善电竞产业链的结构与层次布局。京津冀、长三角、粤港澳大湾区以及成渝地区双城经济圈、长江中游城市群等区域，应

当结合区域重大战略、区域协调发展战略实施，根据区域发展特点和优势，统筹区域内电竞产业链、资金链和创新链的经济布局，建立健全产业区域合作机制，减少发展的同质化竞争，统筹建立一个多样化互补、多层次共存的中国电竞产业体系，提升中国电竞整体的全球影响力。

（二）区域战略方向：以东南亚为重点合作方向，搭建有区域影响力的产业合作生态

尽管中国依靠庞大的电竞市场体量获得了电竞产业的市场话语权优势，但是相较于美国、日本、韩国等传统游戏强国还存在着一定的生产力差距。因此，要进入并控制互联网资本力量同样强劲的欧美和日韩市场并不容易。而电竞市场消费潜力更大、增长速度全球最快且产业基础较为薄弱的东南亚则更适合成为中国电竞全球战略的首要目标。目前，中国互联网资本已经在东南亚实现了有效布局，所出品的手机游戏在东南亚下载量及营收的增速均超过50%，遥遥领先其他海外市场。因此，以东南亚为重点战略目标区域，推进中国-东盟电竞产业合作，是中国电竞战略布局全球成功率最大的第一步。

一方面，要加快推动中国-东盟电竞产业链合作，牢牢把握东南亚电竞市场的话语权。利用市场调节的手段，鼓励互联网企业优化资本海外布局的管理模式，加快电竞资本和经营模式进入东南亚的脚步，推动中国-东盟电竞产业链、供应链、价值链的融合发展，以产业经济联结筑牢电竞产业经济协同发展的基础。

另一方面，要推进中国-东盟电竞人才培育基地建设，以人才交流促进民心相通。文化、经济的国际合作归根结底是以人为主体的互动合作。凭借国内成熟的电竞体育选手培育体系，发挥全球第一电竞市场的虹吸效应，在广西打造一个面向东南亚的电竞人才培育基地，不仅可以吸纳东南亚各国的青少年电竞体育选手来华训练，还可以通过赛事运营、主持、新媒体内容生产、衍生文化传播等一系列产业生态的职业培养和人才输送来达到对东南亚整个电竞人力资源市场的控制。

（三）核心能力提升：聚焦底层技术研发与内容创作，提升产业竞争的核心生产力

虽然中国是全球最大的电竞市场，但是产业核心的技术生产力仍处于相对劣势地位。中国游戏的原创出品仍然陷于产品质量较低、用户范围较窄的囹圄。也因此，全球电竞市场较受欢迎的游戏产品中仍少见中国游戏的身影。除《王者荣耀》《原神》等手机游戏的表现较为突出以外，PC端和主机端的大型游戏市场中没有一款中国游戏。美日韩设计制作的游戏仍占据着全球大部分市场。西方出品的《三国无双》《使命召唤》等歪曲中国历史文化、渲染中国军事威胁的游戏产品甚至在全球大行其道十余年。在未来的VR、AR和元宇宙技术时代，如果缺少出品大型3A游戏大作的经验和技术积累，或将完全失去电竞领域的文化主导权，从而再度陷入意识形态竞争的劣势地位。

因此，必须要在电竞底层技术研发与内容创作层面着手，提升产业竞争的核心生产力。一是要转变管理思维，合理完善国内游戏管理制度，引导游戏产业健康有序发展，促进国内整体游戏设计研发能力的恢复与提升；二是要提升政策维度，思考未来人类生活变化以及元宇宙的发展方向，完善数字引擎、程序框架以及虚拟现实核心技术领域布局，提升应对未来网络时代变化的核心技术能力；三是要推动国产游戏内容IP的创新创作，在电竞产品中呈现优秀传统历史文化，展现中国和平发展的新时代大国形象，传播人类命运共同体的思想理念，利用电竞讲好中国故事，传播好中国声音。

四、结语

邓亚萍在2020全球电竞运动领袖峰会暨腾讯电竞年度发布会上表示，"不管我们这代人如何看待电竞，都必须承认电竞的时代已经来临了"。面对越来越多的全球电竞人口，面对庞大且仍在不断高速扩张的全球电竞市场，僵化的管理思维和先入为主的抵触不仅无益于新时代执政效能的提升，还可能导致国家在未来战略领域竞争中的技术滞后。在新时代应当准确把握世界科技发展的新趋势，应当尝试并利用好电竞这一新兴渠道，充分激发电竞产业的国际传播能力，引导产业的合理发展，加强和改进国际传播工作，构建一个具有鲜明中国特色的战略传播体系。

构建面向东盟国际传播战略体系的路径分析
——以印尼为例

大湾区科学论坛秘书处主任助理　田　原

摘要：新形势下，加快构建面向东盟国际传播战略体系，有助于深化中国东盟全面战略伙伴关系。本文深刻剖析"中印尼抗疫合作故事"国际传播效果，探寻工作盲点和短板，对以点带面探索构建面向东盟国际传播战略体系的路径具有重要意义。建议以"共建人类命运共同体"为导向，以"一国一策"为原则，加强理论和队伍两类建设，创新叙事说理、平台渠道、评价监督三大体系，精准施策，提高面向东盟国际传播的能力和质量。

关键词：国际传播；东盟；路径分析；中印尼抗疫合作故事

在国际格局出现深刻调整、和平与发展两大主题面临严峻挑战、新冠疫情持续肆虐叠加俄乌危机强化全球动荡的背景下，中国-东盟关系保持健康稳定发展对本地区乃至全球的积极意义进一步提升，加快探索构建面向东盟国际传播战略体系有效路径的紧迫性进一步增强。东盟成员中，印尼不仅是最大经济体和东盟秘书处所在地，还是二十国集团中唯一的东盟成员。2022年3月16日，中国国家主席习近平与印尼总统佐科（Joko Widodo）通电话时指出，两国"明确了共建中印尼命运共同体的大方向，树立了发展中大国精诚合作的典范"。[1]剖析"中印尼抗疫合作故事"传播效果，分析工作盲点和短板，对以点带面探索构建面向东盟国际传播战略体系的路径具有重要意义。

一、"中印尼抗疫合作故事"国际传播实效低于预期

讲故事是国际传播的最佳方式。[2]"中印尼抗疫合作故事"，广义指中印尼两国自疫情暴发以来坚持携手抗疫、深化合作的各种事迹，狭义可聚焦两国以疫苗为代表的卫生合作、以复苏为代表的发展合作两大方面。本研究发现，疫情暴发以来，中印尼以携手抗疫和共谋发展为主线，推动两国合作逆势再上新台阶，但印尼国内涉我舆情仍时有波动且易受第三方干扰。从内容竞争力、对象到达度、传受互动性三个国际传播效果评估的经典维度考量，"中印尼抗疫合作故事"国际传播虽取得一定成效，但"好故事尚未充分讲好"的遗憾仍在。

（一）传播内容品质有待提升

从传播内容品质看，"中印尼抗疫合作故事"有基础量，也有亮点，但总量不足、选题偏窄、叙事单一的整体格局尚未根本扭转。

中国外交部、中央媒体、国有企业等官方机构，对中印尼携手抗疫、经济复苏合作进行了较大力度的宣传，确保了相关国际传播内容生产的基础规模。例如，中国驻印尼使馆围绕工作节点和进展，发布了一批重点突出的权威消息，亮点包括：第一，科兴、国药先后向印尼出口了2.15亿剂疫苗，占同期中国对外出口量的约20%，占印尼获得疫苗总数的80%以上；第二，中印尼"一带一路"合作标志性项目雅万高铁建成通车等。[3]中国媒体围绕中印尼合作及其对印尼经济、社会、文

---

[1] 《习近平同印度尼西亚总统佐科通电话》，《经济日报》网站，2022年3月17日：http://paper.ce.cn/jjrb/html/2022-03/17/content_459711.htm[登陆时间：2022年4月3日]。
[2] 《习近平谈治国理政》（第一卷），北京：外文出版社，2018年，第156页。
[3] 《肖千大使在庆祝中华人民共和国成立72周年线上招待会上的讲话》，中国驻印尼使馆网站，2021年9月29日：https://www.fmprc.gov.cn/ce/ceindo/chn/sgsd/t1911174.htm[登陆时间：2022年4月3日]。

化的积极影响开展报道的丰富度，较西方媒体围绕"中印尼关系"建构叙事仍有差距。以"印尼 中国"为关键词，以2020年1月至2021年12月为时间跨度，不完全统计出四家在印尼有常驻记者的中国媒体（人民日报社、新华社、CGTN、经济日报社）发稿量（详见表2-1）。同时，分别以"Indonesia China""Indonesia US""Indonesia EU""Indonesia UK"为关键词，不完全统计出英国《金融时报》发稿量（详见表2-2）。比较发现：中国媒体总发稿量（573）仍低于《金融时报》一家发稿量（619），中国媒体关于"中国和印尼"的报道力度，较《金融时报》关于"美国和印尼""欧洲和印尼"的叙事规模仍有差距。

表2-1 中国主要媒体官网涉"印尼 中国"发稿量（数据来源：闻海数据）

（单位：篇）

媒体	人民网	新华网	央视网+国际在线	中国经济网
发稿量	208	129	125	111

表2-2 英国《金融时报》官网涉"印尼 某国"发稿量（本研究自制）

（单位：篇）

关键词	Indonesia China	Indonesia US	Indonesia EU	Indonesia UK
发稿量	619	946	513	503

（二）传播渠道成效尚不均衡

从传播渠道成效看，"中印尼抗疫合作故事"有基本覆盖率，但盲点和短板也很明显，各渠道发力不均衡现象突出。

社交媒体渐成国际传播主渠道、主阵地的时代背景下，从粉丝规模、平台分布等显性指标可管窥"中印尼抗疫合作故事"传播渠道的有效程度。不完全统计中国主要央媒官方主账号在脸书、推特、IG这三大境外社交媒体上的粉丝量（详见表2-3），与西方主流媒体同类指标（详见表2-4）比较可见：第一，中国主要央媒粉丝规模总体呈快速增长态势，在脸书上已有压倒性优势，在推特和IG上CGTN和新华社已处于第二梯队领先位置；第二，中国主要央媒在境外三大社交媒体总粉丝规模已达亿数量级，理论上已能覆盖相当一部分印尼受众或对印尼较为关注的受众，"中印尼抗疫合作故事"在这些平台上首次传播的基本覆盖率有一定保障；第三，中国主要央媒在不同境外社交媒体上粉丝分布尚不均衡，推特、IG较脸书有数量级差距，而西方主流媒体脸书和推特间粉丝分布相对均衡，BBC、CNN在IG上的"吸粉"能力尤为突出。

表2-3　2022年4月中国主要央媒境外社交媒体官方主账号粉丝量（本研究自制）

（单位：个）

	CGTN	新华社	人民日报
脸书粉丝量	11000万	9223.5万	8558万
推特粉丝量	1337.5万	1230.2万	685.7万
IG粉丝量	239.7万	154.8万	133.1万

表2-4　2022年4月西方主流媒体境外社交媒体官方主账号粉丝量（本研究自制）

（单位：个）

	BBC	CNN	美国之音	美联社	法新社
脸书粉丝量	5816万	3465.3万	1193.5万	94.8万	56.9万
推特粉丝量	8867.2万	12506万	169.6万	1576.8万	624.3万
IG粉丝量	2584.2万	1735万	63.8万	75.5万	74.2万

（三）传播影响转化效力不足

从传播影响转化效力看，"中印尼抗疫合作故事"对受众认知、态度、行为和舆论环境、公共决策的塑引效果均有不同程度体现，但波动性强且易受干扰。

一方面，分析受众评价及相关行动是衡量国际传播影响力较为直观的方法。在我加大面向印尼的国际传播力度后，"中印尼关系在疫情压力下仍硕果累累""中印尼抗疫合作造福双方人民"等认知已成为印尼各界尤其是官方共识。例如，印尼外交部东亚司司长孙浩（Santo Darmosumarto）评价，"正由于包括中国在内的多方支持与帮助，印尼才得以成为世界上疫苗接种率最高的国家之一"①。上述认知在一定程度上已转化为推进双方合作、增进双方友谊的动力。例如，受中印尼抗疫合作成果报道鼓舞，上海鼎信投资（集团）有限公司控股的中国印尼综合产业园青山园区，坚持安全生产和可持续发展，"目前已经建设成为世界级的镍铁和不锈钢一体化工业园区"。②

另一方面，相较于受众评价和个体行动，公共政策乃至国际关系的走向更能体现国际传播的独特影响力。印尼暴发疫情以来，少数别有用心者或借助西方媒体，或自主在社交媒体上，散布"中国疫苗不安全"等不实言论和"中国推行疫苗外交"等阴谋论，妄图在印尼制造弱化"中印尼抗疫合作故事"影响、毒化中印尼关系的舆论氛围。例如 BBC、英国《卫报》恶意炒作有接种中国疫苗记录的印尼医护人员感染病死事件。这些信息经印尼媒体放大后造成恶劣影响，社会舆论开始施压政府停用中国疫苗。印尼战略发展倡议中心一位负责人公然表示，"与科兴公司签约在先掣肘印尼政府转用他国疫苗"。③多方压力下，印尼政府宣布"疫苗加强针改用莫德纳疫苗"。④

---

① 《中国政府捐赠印尼政府新冠疫苗运抵印尼》，中国驻印尼使馆网站，2021年12月24日：http://id.china-embassy.org/sgsd/202112/t20211224_10475002.htm[登陆时间：2022年4月4日]。

② 《中国进出口银行上海分行"投贷联动"支持民营企业发展》，新华网，2020年9月28日：http://sh.xinhuanet.com/2020-09/28/c_139404212.htm[登陆时间：2022年4月4日]。

③ Indonesian covid deaths add to questions over Sinovac vaccine，英国《卫报》，2021年6月28日：https://www.theguardian.com/world/2021/jun/28/indonesian-covid-deaths-add-to-questions-over-sinovac-vaccine[登陆时间：2022年4月4日]。

④ Covid: is China's vaccine success waning in Asia，BBC，2021年7月19日：https://www.bbc.com/news/world-asia-57845644.amp[登陆时间：2022年4月4日]。

二、多重因素掣肘我面向印尼国际传播取得目标效果

(一) 硬实力和软实力资源均难满足工作快速发展的需要

从"谁来讲故事"角度看，我传播主体官方色彩重，传播合力尚未巩固，传播渗透力明显不足。多数中国媒体，还未与时俱进将印尼这一东盟内最大经济体和东盟秘书处所在地的分社、记者站升格为东南亚总分社或中心站，优先传播对象则沿袭传统，多为印尼政商学界人士而非广大民众。我主要央媒常驻印尼记者仅个别人精通印尼语，交流对象多局限于知识阶层或华人群体，活动范围多囿于雅加达等中心城市，较少深入当地宗教社团、民族部落、基层村寨，与当地主流人群（逊尼派穆斯林）尤其是广大非中心城市人口进行深层次、高质量沟通难度不小，针对印尼受众与我文化传统、价值观念、思维方式差异寻找最大公约数的能力不足。而从"怎么讲故事"角度看，传播手法自我色彩浓厚、核心价值泛化、叙事说理笼统、族群依赖严重等问题未见根本改观，科学的传播效果反馈机制尚未建立，用本土化、细节化内容处理传播核心价值常力有不逮，官方话语而非民众声音仍占压倒性地位，依托华人华裔及其关联圈层开展工作的路径依赖有待取得实质性突破。

(二) "在印尼声量"和"与印尼交往体量"匹配的经验和能力较西方弱

中西媒体在印尼本土化、社会化状况的鲜明对比，导致印尼媒体报道中国的素材和观点，至今或倾向，或习惯，或无奈引用西方媒体，西方反华反共势力则伺机对我抹黑、丑化，挤压我国际传播空间。作为印尼最大贸易伙伴和第二大投资来源国，我国尚未充分将"与印尼交往体量"转化为"在印尼声量"。这与西方主要媒体多年来重点布局印尼及其周边地区、精细经营雅加达舆论场、关键时刻能发挥关键作用的局面形成较大反差。西方媒体记者或久居印尼各地，或积极融入当地各类组织，或与印尼人结婚生子，跨语言、跨文

化、跨种族、跨代际传播优势颇为明显。例如，印尼外国记者俱乐部网站显示，该机构执行委员会关键岗位近三年全部由西方主要媒体记者义务担任。考虑到该机构执委会能不定期与印尼国家领导人、各部部长、大型企业负责人、全国性组织领导层举行小范围会晤，就重大问题表达立场、交换意见，西方媒体对印尼公共政策的影响力由此可见一斑。这种依托社会和商业力量而非国家力量来提升国际传播效果的路径和模式值得研究。

应该说，关于"中印尼抗疫合作"可讲的"好故事"有很多，但"好故事"尚未讲足、讲透，"讲了却传不开"却渐成常态。这说明，面对对象国政治、宗教、社会、文化等多方面客观因素制约，叠加美西方利用其在国际传播领域中的传统优势挑拨离间和牵制施压，如果没解决好讲什么、谁来讲、怎么讲等一系列根本问题，好故事就很难讲好。印尼的特殊性恰恰是东盟普遍性的集中表现，面向东盟国际传播的普遍性则寓于面向印尼国际传播的特殊性之中。印尼的例子说明，东盟十国内部仍有巨大差异，与我国关系也有较大分别，对华合作水平更是参差不齐，唯有弄清正确方向和原则、创新思路和方法，实施区域协同下的差异传播、精准传播、迭代传播，方能高质量构建起面向东盟国际传播战略体系。

三、创新路径构建面向东盟国际传播战略体系

（一）精准再定位东盟在我国际传播大格局中重要地位刻不容缓

当前，东盟国内生产总值已达3.59万亿，是亚洲第三大经济体和世界第六大经济体，按购买力平价计算人均GDP已达14441美元。[①]东盟以强调非正式、个性化、基于共识的"东盟方式"为基础，形成东盟与中国（"10+1"）、东

[①] *World Economic and Financial Surveys*，国际货币基金组织网站，2021年10月：https://www.imf.org/en/Publications/WEO/weo-database/2021/October[登陆时间：2022年4月16日]。

盟与中日韩（"10+3"）、东亚峰会（"10+8"）等对话合作机制，在促进区域和平稳定、区域一体化合作过程中发挥重要作用，并得到广泛认可。2021年11月22日，中国国家主席习近平在中国-东盟建立对话关系30周年纪念峰会上正式宣布建立中国与东盟全面战略伙伴关系，倡导"构建更为紧密的中国-东盟命运共同体，共创更加繁荣美好的地区和世界"。[①] 习近平主席的重要讲话指明了中国东盟关系发展的新方向，揭开了中国东盟关系发展的新篇章，也为精准再定位东盟在我国际传播格局中的重要地位作出了顶层设计。

（二）以共建人类命运共同体为导向重塑面向东盟开展高质量传播的总体目标

中国东盟关系已站上新的历史起点，将迎来共建命运共同体的光明前景。通过传播好双方合作成果，展示出高质量共建中国-东盟命运共同体的决心、信心、恒心，将对全世界携手打造人类命运共同体起到很好的示范和榜样作用。鉴于此，要以高度的思想自觉和行动自觉服务党和国家工作全局，深入贯彻落实习近平总书记关于加强国际传播重要讲话精神，坚持辩证唯物主义和历史唯物主义，遵循新时代新闻传播和对外工作规律，高举人类命运共同体旗帜，通过重塑"一个目标"、加强"两大建设"、创新"三个体系"，优化整合硬实力和软实力两类资源，实现本土化、精准化、共情化传播，不断提高面向东盟的国际传播能力，推动东盟各界更全面地了解中国、更理性地读懂中国、更主动地拥抱中国。

（三）以"一国一策"为原则升级传播战略、加强"两大建设"

1. 加强特色理论建设，加快理念战略转型

国际传播事业必须在贯彻落实习近平新时代中国特色社会主义思想中加

[①] 习近平：《命运与共　共建家园——在中国-东盟建立对话关系30周年纪念峰会上的讲话》，《经济日报》网站，2021年11月23日：http://paper.ce.cn/jjrb/html/2021-11/23/content_453874.htm[登陆时间：2022年4月16日]。

以推进，从主要展示自身发展成就的"宣传本位"，转向呈现并赞赏中国东盟协同发展的"沟通本位"，把"我的故事"或"你的故事"融汇为"我们的故事"。因此，要从"一对多"传统打法转变为"一对一"精耕细作，充分把握西方新闻理论面临停滞和自由主义新闻观屡遭质疑的历史窗口期，更有效地反制敌对势力炮制的"债务陷阱""疫苗外交"等种种话语围堵和污名。[①]要围绕习近平总书记提出的国际传播新概念新范畴新表述，尊重中国和东盟各成员国间意识形态、发展阶段、社会文化各方面客观差异，着眼政治、经济、文化、社会、生态等多个合作领域，大力推进理论创新、规律总结、道路探索、方法优化，进一步完善中国特色精准传播、战略传播、跨文化传播理论与实践。

2. 抓好专业队伍建设，优化人才战略布局

国际传播是具有国际话语权斗争性质的"持久战"，最宝贵的战略资源就是人才，最激烈的竞争就是人才竞争。因此，新时代面向东盟的国际传播急需建立特色化人才队伍。一方面，以"能否团结和争取大多数、能否柔化和转化较少数、能否不断扩大知华友华敬华朋友圈"为衡量标准，物选政治过硬、业务精干、胸怀宽广、知己知彼的干部，成规模、有梯次、可持续地钻研东盟、深耕东盟；另一方面，打破"媒体一家独大"的思维定式，针对传播对象的差异性、传播内容的广泛性、传播过程的复杂性等特点"聚天下英才而用之"。在确保党和政府领导下的媒体主力军作用的同时，统筹协调媒体与政府、高校、智库、企业、国际组织、宗教团体间国际传播人才的流动，下大力气激发各类与东盟相关主体的主动意识和作用潜力，形成优势互补、合力突出的人才布局和工作格局。

---

① *Hidden China debts come to the fore in Indonesia*，《亚洲时报》网站，2021年10月18日：https://asiatimes.com/2021/10/hidden-china-debts-come-to-the-fore-in-indonesia/[登陆时间：2022年4月17日]。

（四）以"稳中有进"为基调迭代传播模式、创新"三个体系"

1. 打造利于共情的叙事说理新模块

要摸索并增加中国和东盟尤其是双方人民间的共通点、共鸣点、共振点。仍以印尼为例，针对其发展中大国和"一带一路"建设支点国家的基本定位，可重点打造新型国际关系、当代全球治理、清洁美丽世界、区域融合发展、减贫脱贫经验、"一带一路"合作、中国-东盟自贸区3.0版等叙事说理模块。与此同时，还要打造融通中国和东盟的新概念、新范畴、新表述。在打造"共建和平、安宁、繁荣、美丽、友好'五大家园'"模块时，针对印尼特殊的国情、政情、世情，尤其是对中国认知的一些错位和疑虑，可从国家层面加强各部门间协调、创新关键词阐释、加快印尼语译介、完善柔性化表达，不断构建起科学阐释当代中印尼合作的话语范式，确保印尼受众听得懂、易理解、能接受、有回应，努力实现从"信息传播"到"价值传播"的飞跃。

2. 搭建平台和渠道高度耦合的新矩阵

在平台层面，一要加快打造高黏性、智能型、泛在化、沉浸式的移动互联网媒体平台，全面发力于内容议题、人员机构、平台渠道、传播方式本土化建设，力争实现此类平台与东盟"Z世代"相伴成长、与东盟"千禧一代"共同发展；二要组建国际传播"采、编、推、馈"融合平台，狠抓内外资源聚合、业务流程整合、报道形式融合。在渠道层面，媒体用户要从东盟域内中文媒体向其主流媒体拓展，影响人群要从当地华人华侨向其主流社会拓展，供稿形态要从平面、纸质向立体化、数字化拓展，依托载体要从图文并茂向"图、文、视、播"四轮驱动拓展，终端覆盖要从传统媒体向新媒体，尤其是可移动、可穿戴、可变型媒体拓展。

3. 探索精准评价和科学考核的新体系

要科学运用大数据、云计算、物联网、人工智能、区块链技术搭建"舆情—受众—效果"三位一体的闭环型监测体系，让国际舆情监测对采编决策和执行的全过程发挥更积极作用，用海外受众调研提升国际传播的科学性和针对性，以数据抓取、分析、研判、验证改革现行主要依靠经验的评价体系。例如，评价中国主要媒体涉东盟境外社交媒体账号发展情况，不能局限于粉丝数、点赞数、转发数、收藏数等流量数据，可加大复调成型、粉丝管理、评论引导、流量转化、线下落地等互动指标的权重，也可引入"目标与关键成果（OKR）+关键绩效指标（KPI）"绩效考核办法，尽快变"传而不管的粗放经营"为"传管协同的精耕细作"。

RCEP视角下再论针对东南亚地区的国际传播

南京大学国际关系学院教授　成汉平

摘要：2022年1月1日起，由东盟国家推动的《区域全面经济伙伴关系协定》（Regional Comprehensive Economic Partnership, RCEP）正式生效，从而朝向区域经济一体化迈出了极具重要意义的一步。这一全球最大自由贸易协定的运行标志着亚洲将在推动全球经济复苏、维系多边主义方面扮演更加重要的角色，发挥出更大的作用。作为全球第二大经济体和协定框架内的第一大经济体，中国无疑将在RCEP中发挥至关重要的作用，且拥有某种"制度性话语权"。这既是优势也是机遇。未来，在RCEP时代，应突破西方话语陷阱，重建"文明叙事"，推动与东南亚国家的文明互鉴，充分借势赋能，创新在东南亚地区的国际传播，提升我国在这一地区的软实力影响，更好地构建可信可爱可敬的中国国家形象。

关键词：RCEP框架；制度性话语权；国家形象；机遇；挑战

2021年5月31日，中共中央政治局就加强我国国际传播能力建设进行第三十次集体学习。中共中央总书记习近平在主持学习时强调，讲好中国故事，传播好中国声音，展示真实、立体、全面的中国，是加强我国国际传播能力建设的重要任务。习近平总书记还提出国际传播工作必须注重"区域化表达"和

"分众化表达"。①就"区域化表达"而言,如何在RCEP时代更好地展现我国在东南亚地区的软实力,不断缩小我国在这一地区硬实力与软实力之间的"落差",是对我国有关主管机构、媒体、智库、专家学者提出的新要求。郑永年教授最近指出,在RCEP的15个成员国中,中国是最大的经济体,美国政府认为中国将在协定正式运行之后取得一个主导性的角色②。"主导性的角色"能否为"制度性话语权"加分?本文提出,随着RCEP的正式生效,应以RCEP之视角重新审视、评估并调整我国在东南亚地区的国际传播,塑造与之基本相匹配的国际影响力。而塑造力是更高层次、更有持续性的影响力。

一、相关文件综述

自从我国成为全球第二大经济体,特别是推出"一带一路"倡议之后,如何提升国家形象、提高国家软实力渐渐成为国内理论界、学术界研究的主要课题之一,如新华通讯社前社长蔡名照在《求是》杂志(2015.23)发表的《加强国际传播能力建设 讲好中国故事 传递中国声音》一文便兼具理论性和实践性。李果撰写的《国际传播视角下如何讲好中国故事——以〈中国三分钟〉为例》(《新闻与传播视角》2018.06. P167)以案例分析阐述了提高国家文化软实力的重要性。邱凌在《山东大学》(哲学社会科学版,2011.06)学报上发表的《国家传播策略与国家软实力提升》,论述了国际传播的目标、传播过程及主、客体方,论证了国际传播理论。此外,张彩霞发表在《社会科学家》(2017.12)的《论对外汉语教育传播的战略思维》一文从对外汉语教育的视角论述了提升国家软实力的路径设计。廖怀凌则以自己的工作实践分享了以提升媒体国际传播能力讲好中国故事的经验体会(《南方论坛》

---

① 《加强我国国际传播能力建设 习近平再作部署》,光明网,2021年6月2日: https://m.gmw.cn/baijia/2021-06/02/34895839.html[登陆时间:2022年1月15日]。

② 肖隆平、柯锐:《重塑中的世界秩序》,《新京报》2022年1月18日,第4版。

2017.05）。

如何加强对特定地区，如东盟地区的国际传播、正面塑造中国的国家形象，国内涉及这方面的论著其实并不多见。由于地理位置与地缘因素，广西壮族自治区的学者或媒体公开发表过若干论著，广西大学党东耀教授从"一带一路"与东盟国家共同打造命运共同体的视角予以了论述，认为东盟国家对中国价值观的认知和认同至关重要[1]。进入2022年，《区域全面经济伙伴关系协定》（RCEP）正式生效运作，在新的历史条件下如何改善针对东盟地区的国际传播水平、提升我国软实力，是一个全新的课题，这也正是本文的创新所在。

二、RCEP视角下针对东南亚地区国际传播工作的重要性

统计显示，在RCEP15个成员国中，中国对其他14个国家贸易占中国贸易总值的31.7%[2]。随着RCEP这个当今世界最大的自由贸易区正式启动，以中国为主体的东亚生产网络从此在全球价值链上发挥起日益重要的作用，而作为世界第二大经济体、RCEP中第一大经济体以及RCEP的大力推动者，我国在RCEP体系之中自然就拥有了一种"制度性话语权"。所谓"制度性话语权"，是指一国有能力参与国际秩序建设，并在这一过程中，通过议程设置、规范塑造、规则制定、倡议动员等方式谋求制度层面的国际影响力和体系塑造力[3]。简单而通俗地说，就是规则的制定和话语权的拥有。RCEP由10个东盟

---

[1] 党东耀：《"一带一路"背景下面对东盟的中国价值观传播对策研究》，《新闻爱好者》2019年第2期。

[2] 《中国在RCEP达成共识方面发挥了重要作用》，中国东盟自贸区网站，2021年6月16日：http://www.cafta.org.cn/show.php?contentid=93289[登陆时间2022年1月15日]。

[3] 韩磊：《加强我国国际传播能力建设的方向与路径》，《中国党政干部论坛》2021年第8期。

国家加中日韩及澳大利亚和新西兰组成，其中东盟十国既是RCEP中的一个整体，也是我国的重要近邻。迈入2022年之后，RCEP正式启动，应以RCEP的视角和高度重新审视我国在东南亚地区的国际传播，构建与之相匹配的大国影响力。

习近平主席强调，我们要采用贴近不同区域、不同国家、不同群体受众的精准传播方式，推进中国故事和中国声音的全球化表达、区域化表达、分众化表达，增强国际传播的亲和力和实效性。"[1]对于与我国文化相通、相近，地缘地理相邻，人文来往密切，经贸合作不断突破的东南亚地区来说，在新的时代背景下精准加强国际传播工作，其必要性和重要性更加凸显。而在RCEP框架内，作为一种体系性权力，制度性话语权能够影响国际社会对国家行为的合法性评判，能够增强国家在国际社会的政治公信力[2]。从地缘政治、国家利益以及现实外交等多维度来看，针对东南亚地区国际传播的重要性体现在以下四个方面。

一是东盟是我国周边外交的最优先方向。 如果说周边外交向来是中国外交的优先方向的话，那么东盟则是中国周边外交的优先方向。就安全角度而言，东南亚国家扼守我国的海陆交通要道，对中国的战略安全和边境稳定意义重大。从经贸上看，在疫情肆虐的2020年和2021年，东盟连续成为中国的第一大贸易伙伴，超过了美国和欧盟，在RCEP开启的零关税时代其重要性权重自然会进一步上升。在百年未有之大变局与新冠疫情相叠加的复杂背景下，中国和东盟国家始终同舟共济、共克时艰，携手抗击疫情，积极推动经济复苏。尤其是在新冠疫情暴发之初，中国与东盟各国外长在老挝召开了特别外长会议，11

---

[1] 《加强我国国际传播能力建设 习近平再作部署》，光明网，2021年6月2日：https://m.gmw.cn/baijia/2021-06/02/34895839.html[登陆时间：2022年1月15日]。

[2] 韩雪晴：《理性偏好、共同体意象与国际制度性话语权的建构》，《欧洲研究》2020年第3期。

国外长手拉手共同高喊："武汉加油！中国加油！东盟加油！"形成了真正意义上的命运共同体。2021年是中国与东盟建立对话关系30周年，中国与东盟双方举行了一系列的纪念活动。2021年11月22日，习近平主席在北京以视频的方式出席并主持中国与东盟建立对话关系30周年纪念峰会。在本次峰会上，中国与东盟国家共同宣布建立中国与东盟全面战略伙伴关系。习近平主席还提出了共建五个"家园"的倡议，包括和平家园、安宁家园、繁荣家园、美丽家园和友好家园。[1] 这是双方关系史上重要的里程碑事件，在美国重启冷战思维、逆全球化之际必将为地区和世界和平稳定、繁荣发展注入新的动力。

二是部分东盟国家与我国存在着海权之争。围绕南海的主权争端问题，无论是四国五方还是五国六方，都表明部分东盟国家与我国存在着领海（南海）主权之争这一事实。这一客观现实在大国竞争时代在域外势力的不断煽动之下导致部分声索国国内的民族主义情绪十分高涨，少数域内国家则充分利用美日等西方国家的暗中支持和所谓"国际仲裁"的背书，择机加快在南海单边行动的步伐。个别声索国甚至在南海问题上"逢中必反"。长期以来，一方面，西方的"脸书""推特""谷歌"等网络媒体在东南亚地区大行其道，其频频利用南海问题不断对中国进行各种各样的抹黑、歪曲和妖魔化，离间中国与域内国家的关系。这些西方媒体成为了当地民众接受信息的首选，因而，域内国家民众所了解的中国是西方语境下的中国，是一个被不断妖魔化的崛起大国；另一方面，部分与我国存在海权之争的国家的自媒体总以反华为荣，形成了一个怪圈，似乎越反华—越爱国—越能吸引眼球—越有影响力。相较之下，我国在这方面的舆论发声较为羸弱，甚至还被越描越黑，不利于中国与东盟的双边关

---

[1] 《习近平出席并主持中国—东盟建立对话关系30周年纪念峰会 正式宣布建立中国东盟全面战略伙伴关系》，中国政府网，2021年11月22日：http://www.gov.cn/xinwen/2021-11/22/content_5652491.htm[登陆时间：2021年11月23日]。

系健康发展。在进入RCEP时代的东南亚地区，我们迫切需要以文载道、以文传声、以文化人，展示一个真实、立体、全面的中国，一个"自塑"的中国，而绝不是西方语境下一个"他塑"的中国。

三是美国加大投入与我国争夺东盟地区地缘影响。中美两个大国之间已经进入了战略僵持和战略博弈期，这是一个将延续数十年的历史进程[①]。在大国博弈的背景之下，美国拜登政府更加重视东盟地区，并着力拉拢东盟，甚至不惜一切代价离间中国与东盟的关系，企图对冲我国在东盟国家中的正面影响力。在特朗普政府的后期所设立的"美国-湄公河伙伴关系"，就是企图以机制性措施借炒作湄公河水资源问题既拉拢域内国家，同时也意在煽动域内国家将矛头对准湄公河-澜沧江的上游国家——中国。2021年4月，拜登取消了特朗普政府时期对越南"汇率操纵国"的认定，其意图就在于拉拢域内的一些重要国家或特定国家[②]。2021年的7、8月间，拜登政府中的高官如国防部长奥斯汀、国务卿布林肯以及副总统哈里斯等人不顾疫情在东南亚国家的快速反弹，轮番走访了新加坡、越南、菲律宾和印尼等国。2021年年末，布林肯还赴印尼、马来西亚访问，进一步拉拢部分东盟国家。在大国竞争不断加剧的背景之下，西方大国瞄准了东南亚地区，企图大力撬动、离间中国和东盟国家之间的传统友好关系。下列图表清楚地展示了拜登政府高官们在2021年7、8月间密集的东南亚之行，其中的重点国家一目了然。拜登政府的高官们在所到之处无不在新冠病毒、"一带一路"、疫苗以及南海问题上妖魔化中国，企图激发"重点国家"的反华心理。拜登执政团队深知，随着RCEP正式运作，中美两个大国的影响力必然会出现一种此消彼长的现象，因为美国并不在RCEP框架之

[①] 何亚非：《在大动荡中构建亚太安全新秩序》，《环球时报》2018年7月23日，第18版。
[②] 高攀、许缘：《美国取消对越南和瑞士"汇率操纵国"的认定》，台海网，2021年4月17日：http://www.taihainet.com/news/finance/txlc/2021/2500580.html[登陆时间：2022年1月20日]。

内，而在其中的中国则当然拥有了一种"制度性话语权"。因而，就在RCEP即将正式生效之际，无比焦虑的美国拜登政府开始谋划一个名为"亚太经济框架"的区域经济计划，其主要成员除了中国之外几乎与RCEP完全重合，企图构建一个去中国化的经济小圈子，其战略目的昭然若揭。

表2-5 拜登政府高官出访东南亚国家一览表

拜登政府官员姓名	出访的国家	到访时间
国防部长奥斯汀	新加坡、菲律宾、越南	2021年7月
副国务卿舍曼	印尼、柬埔寨、泰国	2021年7月
副总统哈里斯	新加坡、越南	2021年7、8月
助理国务卿克里·滕布林克	马来西亚、印尼、新加坡、泰国	2021年11月
国务卿布林肯	印尼、马来西亚、泰国（泰国未成行）	2021年12月

四是我国在东盟国家中拥有一系列标志性工程。 2013年10月，中国国家主席习近平访问印尼时提议，中国同东南亚国家共同建设21世纪海上丝绸之路，由此拉开了"一带一路"建设的序幕。经过中国和东盟国家的共同努力，近十年来，"一带一路"已经在东南亚地区落地生根，并且形成了一系列标志性的工程。这些在当地的标志性工程既是我国重要的海外国家利益所在，也是"一带一路"的核心项目，如2021年年末正式通车的中老铁路、越南河内城铁，还有中泰高铁（7小时全程：昆明到曼谷）、印尼雅万高铁、昆曼公路以及马来西亚东海岸铁路等。此外，中国企业还于2022年年初参与竞标承建菲律宾国内最长最快的国家铁路南线项目。这些项目除少数已完工收尾之外大部分仍在建设之中，在百年未有之大变局及新冠疫情的双重冲击之下，充满了诸多不确定的因素。我们更需要以精准化的国际传播来全面阐述我国的发展观、文明观、安全观、人权观、生态观、国际秩序观和全球治理观，有效对冲西方世界对我国的妖魔化，保护好我国的海外利益。

三、RCEP视角下针对东南亚地区"区域化表达"的现状分析

毋庸置疑的是，在RCEP时代，我国针对东南亚地区加强国际传播的优势与便利条件会进一步扩大。然而，根据笔者长期对东南亚国家部分华人会馆、智库、媒体、研究人员以及普通民众的跟踪调查和持续关注，得出结论：目前我国在东南亚地区国际传播中的"区域化表达"和软实力建设方面虽然与以往相比取得了长足的进步，但在战略层面和战术层面仍存在着不小的困境、挑战，甚至是短板。

（一）优势与机遇

中国在东南亚地区进行精准化的国际传播，讲好中国故事，拥有天时地利及人和等诸多得天独厚的条件。可亲可爱的中国是一个繁荣稳定的中国，一方面，中国经济持续快速复苏，增长势头依然强劲，中国与东盟之间均已成为对方的第一大贸易伙伴，相互依存度不断提升；另一方面，抗击疫情卓有成效，政治与社会高度稳定，国家治理与社会治理模式及制度上的优势不断凸显，这些优势正是其他国家难以具备和企及的，而RCEP又无疑使中国获得了另外一个难得的重要机遇。

首先，中国与东盟国家山水相连、地缘相近、人文相通，双方自古以来地缘相接、族缘相亲、文缘相通。中国在地理上与缅甸、越南、老挝三国相邻，一寨跨两国、鸡鸣狗吠声响两边以及出国走亲戚是中缅、中越以及中老边境十分有趣的现象。在中国与东盟国家中，有"中泰一家亲"、中缅"胞波情谊"、中越"同志加兄弟"等传统友谊。在疫情之前，我国每年前往邻近的东南亚国家旅游人数居世界各国之首，其中每年赴泰国旅游的中国公民更是突破了1000万人次，如此高密度相互融入是文化交流和国际传播的最佳良机。

其次，经过30多年的共同努力，中国与东盟已经建立了跨文化交流的立体化渠道，双方构建了在各领域、多方位进行交流合作的平台、渠道，并建

立了长效机制。2003年10月8日，在第七次中国-东盟领导人会议上，时任国务院总理温家宝建议，从2004年起每年在中国广西南宁市举办中国-东盟博览会，进而会址永久落地中国广西南宁。这一建议立即得到了东盟各国领导人的普遍欢迎和响应。它变成了"11国搭台，17亿人唱戏，60亿人喝彩"的重要平台[①]。

再次，在经济贸易方面，中国与东盟双方对区域合作的理念相似，都是多边主义和自由贸易的倡导者和支持者。中国和东盟还于2021年共同建立了全面战略伙伴关系，在全球树立了睦邻友好的典范，打造了全球最具活力和潜力的区域合作样板。中国与东盟国家历经长达8年的"马拉松"磋商最终达成了《区域全面经济伙伴关系协定》。如今，双方互为第一大贸易伙伴，表明双方的相互依存度达到空前紧密程度。疫情时代，中国成功控制住了疫情，经济依旧稳定增长，加之14亿人口的巨大市场以及中国政府作出的进一步开放的庄严承诺，尤其是增加自周边国家进口的承诺[②]，在中国与东盟共同进入RCEP时代之后，中国的"制度性话语权"无疑会进一步扩大。中国政府的庄严承诺将使东盟国家拥有切切实实的获得感。

最后，可亲可爱的中国是和衷共济的中国。当东盟国家在历史上面临严峻考验和挑战的关键时刻，中国政府都及时伸出了援手，帮助东盟国家渡过了难关，战胜了危机，如面对东南亚地区两次金融危机、2004年大海啸等重大自然灾害时，中国政府迅速采取行动，展示了负责任的大国形象，诠释了"以邻为伴，与邻为善"的睦邻外交真谛。尤其是当新冠病毒变异毒株德尔塔毒株在东南亚各国

---

① 祝惠春：《中国与东盟深度合作是世界的新机遇》，《经济日报》2011年10月25日，第12版。
② 《习近平在第四届中国国际进口博览会开幕式上的主旨演讲》，新华网，2021年11月4日：http://www.xinhuanet.com/world/2021-11/04/c_1128031877.htm[登陆时间：2022年1月21日]。

肆虐之际，中国政府及时提供的疫苗实现了东南亚国家的全覆盖。截至2021年11月，自新冠疫情发生以来，中国向国际社会提供了约3500亿只口罩、超过40亿件防护服、超过60亿人份检测试剂、超过16亿剂疫苗[①]，支持向包括东南亚国家在内的广大发展中国家豁免疫苗知识产权，用实际行动践行承诺、展现担当。

上述客观现象以及中国政府作出的种种努力充分奠定了中国在东南亚地区软实力影响的基础，有利于构建可信可爱可敬的中国国家形象。这既是巨大的优势也是重要的机遇。

（二）困境与挑战

在大变局与新冠疫情双重冲击之下，出于意识形态之偏见，美国等西方国家不断对我国制度抹黑，妖魔化中国，并精准施策，离间中国与东盟关系，企图置我国于被动的舆论环境之中。在西方话语体系下，东南亚地区一些国家对我国民族复兴深感焦虑。这一复杂的现状使我国在东南亚地区的"区域化表达"面临着不小的困境和挑战。

其一，就战略层面而言，我国在东南亚地区软硬两方面的实力"落差"较大。随着我国综合国力和国际地位的不断提升，国际社会，特别是邻近的东南亚地区，对我国的关注度之高前所未有，我国政府在东南亚地区投入的资源也多于世界任何一个地区。然而，令人遗憾的是，中国在东南亚地区的形象很大程度上仍是"他塑"而非"自塑"，而中国的真实形象和西方语境下描绘的主观形象存在着较大的"反差"。如上文所述，我国政府虽然一直高度重视东南亚地区，视其为外交优先方向，并投入了大量的资源与物力和财力，但我国在这一地区的软实力和硬实力之间却存在着不小的"落差"。新加坡媒体于

---

① 《习近平在第四届中国国际进口博览会开幕式上的主旨演讲》，新华网，2021年11月4日：http://www.xinhuanet.com/world/2021-11/04/c_1128031877.htm[登陆时间：2022年1月21日]。

2021年发布的一项调查结果显示，在东南亚地区，对中国的不信任度连续三年出现了一定幅度的增长，由2019年的51.5%到2020年的60.4%，再到2021年的63%[1]。然而，同一项调查结果却又显示，东南亚国家认为中国对他们国家抗疫提供的帮助最多。这一调查结论显示，我们对这一地区付出了最多，但得到的信任却不升反降！这是一个值得深刻思考的问题。究其原因，是因为美国最近的几届政府出于大国竞争之需要，特别是特朗普政府与拜登政府持续不断加大对东南亚国家的介入及拉拢的力度，并利用南海问题、宗教问题、疫情溯源及人权问题等作为抓手，诽谤中国，甩锅中国，恶意离间中国与东盟的友好关系。不仅如此，美日等西方国家还出于意识形态之偏见，利用媒体资源和优势，利用巧妙伪装的非政府组织（NGO），在"一带一路"、中国崛起等问题上将中国塑造成修正主义国家，全方位对中国抹黑，妖魔化崛起中的中国。

其二，就战术层面而言，在针对东南亚地区的国际传播以及软实力提升方面，中国自身也存在着诸多的短板和不足。一是在手段上，明显不足。西方利用影响力巨大的"脸书""推特""照片墙"以及传统媒体如美国之音、英国广播公司（BBC）等以当地国语言在东南亚地区不间断发声，影响着当地一代又一代的网民，形成了强大的舆论潮，而西方舆论场巧设话题，明显带有偏见的报道激活了越南、缅甸、印尼、菲律宾等国国内的"仇中反华"意识，设置一个又一个的"话语陷阱"。相较之下，中国目前的手段和方式等都有欠缺，或者中国自身的传播方式难以有效融入当地民众的日常生活，变成了一种"自说自话"。二是在方法上，仍欠灵活。文化传播没有建立在对文化冲突、文化战争等充分研究论证的基础上，忽视了当地社群的心理感受和文化抗拒因素，

---

[1] 黄小芳：《报告——疫情下东南亚对中国的评价与信任度呈反差，新加坡尤索夫伊萨东南亚研究院东盟研究中心》，狮城新闻，2021年2月13日：https://www.shicheng.news/show/936432.amp[登陆时间：2021年7月14日]。

如孔子学院、中国文化中心以及《战狼》《长津湖》等影视作品等，在西方的妖魔化下，反而激发了当地部分民众强化排他性的文化主体意识的决心，并被认为是"中国威胁论"的写照。三是在潜力上，未被全部挖掘。中国在东南亚地区拥有大量的投资，兴建的工厂不计其数，疫情前来自中国大陆、香港及台湾的旅游者遍布东南亚，但中国商人和旅游者将自己当作文化使者的意识十分淡薄，没有把讲好中国故事作为"匹夫有责"和民族复兴的历史重任。

四、RCEP视角下如何在东南亚地区实现国际传播效果最大化

习近平主席强调，我国日益走近世界舞台中央，有能力也有责任在全球事务中发挥更大作用，同各国一道为解决全人类问题作出更大贡献[1]。RCEP的实施进一步拉近了中国与东盟国家之间的关系，东盟国家无疑将因此而拥有更多的获得感。进入RCEP时代之后，随着国际影响力的不断上升，中国在突破西方话语陷阱、触动各国人民共鸣共情的同时，注重文明互鉴，不断推进与东南亚国家民心相通、文化融合的举措，以增强东南亚国家对我国的文化认同。2021年11月20日，习近平主席在纪念中国-东盟对话30周年的视频峰会上提及的中国与东盟之间要共建"五个家园"既是一个庄严的承诺，更是"可亲可爱可信的中国"的具体体现。中国有能力借势赋能，重建"文明叙事"，不断改进有针对性的区域化表达的国际传播，创新国际传播。

一是改变大中华心态，倡导文化明暗交织双向交流的理念。东南亚地区有些人口不多、面积不大的国家，如老挝、柬埔寨、文莱等，国虽小但其民族自尊心极强，他们向来对自己是否遭忽略和忽视十分敏感。为此，首先，中国必须用显性的方式倡导"文化走进来"交流，中和"文化走出去"的强势和控制

---

[1] 习近平：《各国民心相通 推动中国故事和声音全球化区域化分众化表达》，中国社会科学网，2021年6月2日：http://ex.cssn.cn/jjx/jjx_qqjjzl/202106/t20210602_5337772.shtm[登陆时间：2022年1月20日]。

态势，达到文明互鉴、文化互通的目的。其次，在方法上需以隐性的方式借用外国人传播中国故事；以风景名胜、人文景色、历史典故，甚至美食、网红等阐释中国魅力。尤其是要利用历史、文物、创新民俗等显性物品寻求中国与东南亚国家灿烂文明长河中的共同记忆，如自古以来的人文交流、驿站、迁徙、古代经贸往来以及其中的人文故事等，2021年云南亚洲大象长达一年的徒步迁徙就引起了东南亚国家民众的极大兴趣，李子柒的故事也在东南亚国家网民中传播。由此，搭建一个亲和、友善、融合度高的文化交流平台，逐步让"可信，可爱，可敬"的中国形象在东南亚国家中落地生根。

二是重视民间文化大使的作用，多元讲好中国故事。疫情以来，东盟已经跃居为我国第一大贸易伙伴，我国在东盟有着大量的投资，双方的商务来往、旅游等十分密切。进入RCEP时代之后，各成员国间90%以上的商品享有零关税，有助于各成员国间的进出口往来，这意味着中国与东盟国家的贸易更上一个新的台阶。为此，培养并提升我国赴东南亚地区的国际商务人士、劳务人员、旅游者及留学生等跨国、跨界新兴群体的爱国情怀、文化素质、文化传播意识和多元化自媒体传播能力刻不容缓，树立他们民间文化大使意识，让每一个人都自觉地做好文化大使，在不经意间"讲好中国故事"。

三是推出中国版的"脸书"，根植于民间。把我国的抖音、快手以及Tik Tok等快速推向东南亚地区，让东南亚地区的民众在使用中产生好感，在潜移默化中给他们留下深刻的印象，从而对冲西方的"脸书""推特""谷歌"等社交媒体。统计结果显示，Tik Tok正在快速发展，已成为法国政界候选人在2022年选举中竞相使用的最主要社交工具。鉴于此，中国更应该让其在邻近的东南亚地区落地生根，使之成为中国版的"脸书"和"推特"。Tik Tok是一款针对海外用户的短视频社交App，被称为"海外版抖音""国际版抖音"，具有特效、滤镜、速度、美颜等功能，并有直播功能，吸引了大量的音乐人、政界名人使用。有数据显示，目前Tik Tok月活跃用户超过5亿，已经覆盖了超过150个国家，提供75种语言选择。鉴于东南亚地区对我国民族复兴和大国崛起的重要性，有关部门可采取扶持的做法将Tik Tok优先拓展的重点放在邻近的东南亚地区，力争使其在未来成为中国的"脸书"。

四是外宣话语应精细化，避免导致误读误判。 对于"精准传播方式"，笔者理解为：在传播时应分门别类，针对不同的国家、地区和受众应有明显的区别，而不是眉毛胡子一把抓，一把尺子量到底。因此，中国在对外文化传播、宣传时必须充分认识"战略表述"和"战术表达"、学术话语与官方话语之间存在的边界和适用差异，必须视不同场合使用。认真研究、严格区分顶层设计的战略术语和实际操作的战术术语，学界对来自顶层的"战略术语"必须准确理解，不应在大众传媒中误导性使用，以免使东南亚国家产生疑虑，如"一带一路"只是倡议，而不是"战略"，目的是和生共荣，而非中国版的"马歇尔计划"；"战术术语"则必须制定相应的体系，表达应委婉、含蓄、柔软、温和。如"文化输出""文化走出去"等这些具有西方"文化霸权"属性的理论话语，被部分学者和主流媒体随意且高频使用，极易被西方国家偷梁换柱，设置"话语陷阱"，炒作为"意识形态输出""文化输出""文化霸权"等，导致部分东南亚国家政府与民众对中华文化和中国崛起产生较深的疑虑和敏感，这样的现象应及时予以有效纠正。

五是淡化官方色彩，提升民间传播影响力。 鉴于美国等西方国家紧盯并打压中国的官方宣传机构，可以大力扶持民间力量，尤其是发挥高校与智库在国际传播领域的重要作用，并适时推出中国版的NGO，让其活跃于东南亚地区。可以加大民间创新、创意项目对外传播的力度和广度，通过国内智库优秀学者轮番发声，诠释中国方案、中国智慧和中国理念，把可信可爱可敬的中国国家形象实事求是地展现在东南亚国家面前。

五、结语

在信息化和全球化时代,特别是在西方以"印太战略"和意识形态拉帮结派布局东南亚,并不断妖魔化中国的背景之下,东南亚地区对中国崛起的重要性日益凸显。这也对中国针对东南亚地区的国际传播和文化影响提出了更高的要求,随着RCEP时代的到来,机遇与挑战并存,但机遇大于挑战。在针对东南亚地区的国际传播,中国应抓住机遇,重视传统与现代结合,打造文化内涵明确、深厚的视觉文化项目,多用年轻人喜闻乐见的形象,展示优雅柔和、坚忍有成、幽默风趣等富黏性的文化内容,注重塑造中国"以德、以礼/理、以雅、以情、以趣"服人、引人的文化形象。同时,在展示硬实力的同时,注重发挥"示弱"力量,以"文化请进来"适度中和"文化走出去"的强势,以润物细无声的做法长期布局,力争取得事半功倍的传播效果。

ChatGPT与中国国际传播系统性创新

中国外文局当代中国与世界研究院国别与区域研究中心研究实习员　张　昱

摘要： ChatGPT依托超大规模和超强训练模型，展现出接近人类智慧的信息获取整合能力、语言理解感知能力和深度学习优化能力，引领国际传播进入智能新时代，为人类未来打开了巨大想象空间。以ChatGPT为代表的生成式人工智能技术，在国际传播领域展现了出色的"创造力""抓取力""感知力""洞察力"，为破解我国国际传播工作"说不出""传不开""叫不响"等痛点难点问题，提供了可能的创新路径，对于进一步加强国际传播能力建设具有重要启示意义。

关键词： ChatGPT；生成式人工智能；国际传播

一、ChatGPT引领国际传播进入智能新时代

2022年年底，由美国人工智能研究公司OpenAI研发的人工智能聊天机器人ChatGPT在全球爆红。ChatGPT依托超大规模和超强训练模型，展现出接近人类智慧的信息获取整合能力、语言理解感知能力和深度学习优化能力，引领国际传播进入智能新时代，为人类未来打开了巨大想象空间。ChatGPT的出现掀起了一场内容生成式人工智能浪潮，带动人工智能技术快速成为国际传播的"技术基础设施"，全面且深刻地影响当今国际传播格局及未来走向。

1. 国际传播生态智能化、机器化

随着人工智能技术广泛应用于信息生成、传播乃至接收和反馈的全链条，机器已超越作为人类沟通中介者的信道角色而成为独立的传播者，信息传播行为不再是只有人类本身的精神、身体才能参与的活动，而成为人机协同参与的复杂行为。[①] 随着ChatGPT等新一代人工智能技术的发展，"机器"更深入地参与到信息生产与传播环节，在国际传播过程和传播效果中发挥越来越重要的作用，"机器"的传播者角色进一步凸显，推动"机器逻辑"全面重塑智媒时代的国际传播生态。

2. 国际传播逻辑数据化、算法化

ChatGPT促使国际传播领域的核心逻辑进一步"数据化""算法化"。由于海量存储的知识体系和类人化的知识表示的出现，ChatGPT信息获取与筛选的速度实现跨越式发展，以模型和算法为核心的传播逻辑更加彰显。[②] 在智能互联新时代，算法与数据颠覆传播要素、控制传播过程。算法是平台发挥数据力量的基本规则，是重塑关系的中介，也是塑造话语权力的政治博弈点[③]；数据的汇集、处理与运算结果输出，催生出基于数据熟练度的国际传播机制与文化、基于数据洞察力的国际传播运营模式、基于数据透明度的国际传播生态系统，进一步凸显出算法和数据能力在广义全球传播关系中的重要作用。

3. 国际传播主体多元化、广泛化

ChatGPT通过迅速获取互联网海量数据，成为"无所不知"的多语种百科

[①] 高山冰、孙振凌：《智媒时代机器介入的特征、风险及其防范》，《阅江学刊》2022年第6期，第84-94、169页。

[②] 胡正荣、于成龙：《新一代人工智能与国际传播战略升维》，《对外传播》2023年第4期，第4-8页。

[③] 朱鸿军、郑雨珂：《数字时代算法对国际传播的格局重构》，《对外传播》2022年第11期，第9-12页。

全书，并在信息交互过程中不断增进回答的准确性与匹配性。从媒介资源的分配上看，ChatGPT在理论上以一种社会平均线之上的语义表达及资源动员能力进行社会性的内容生产和传播对话，它打散互联网的信息垄断与层级，使之更加扁平化。[①]在人工智能对国际传播主体的又一次重大赋能赋权中，推动更为多元、广泛的国际传播主体在内容创新、传播表达及参与对话中获得平等机会和权利。

4. 国际传播范式媒介化、商业化

从传播范式来看，以ChatGPT为代表的生成式人工智能实现了传播主体、内容与媒介的深度一体化[②]，引发国际传播产业格局、生产方式、生产关系的深刻变革。随着数据的不断丰富，算法、算力的持续提升，ChatGPT将向国际传播的全媒体领域渗透，推动国际传播成为技术和资本密集型产业，汇聚更多内容生产者和消费者，打造为用户提供优质创作工具的智能平台，进一步融合内容生产、传播与消费，形成商业闭环，催生新的商业模式。

5. 国际传播过程社会化、全球化

ChatGPT时代的国际传播，"算力即生产力"深度影响和塑造了信息的生产加工、传递反馈等环节，生成式人工智能在国际舆论中的参与比重以及影响力持续加大。ChatGPT将发挥信息传播媒介、内容生产机器、类人化对话者等多重角色，兼任国际传播的信源、信道与传播者[③]，在国际传播的多元场景建构中实现与用户的多维交互，进一步促成国际传播与世界交往模式的重塑，促

---

① 喻国明、滕文强、郅慧：《ChatGPT浪潮下媒介生态系统演化的再认知——基于自组织涌现范式的分析》，《新闻与写作》2023年第4期，第5—14页。

② 汤景泰：《ChatGPT走红，但也带来治理风险》，环球网，https://opinion.huanqiu.com/article/4BeRn3XGsvv，2023年2月11日。

③ 何天平、蒋贤成：《国际传播视野下的ChatGPT：应用场景、风险隐忧与走向省思》，《对外传播》2023年第3期，第64—67、80页。

进不同国家之间的文化和精神交往，为国际传播能力建设增添诸多机遇。

6. 国际传播方式互动（社交）化、精准化

ChatGPT具有高度"类人性"，能够同人类进行"高质量对话"，未来或将发展为有人格的对话系统，在精神层面体现出以人设、风格为代表的类人社交属性，从而实现社交情感陪伴的功能。[①]通过大数据和算法，生成式人工智能可以感知用户画像，判断不同国家、不同圈层受众的特征喜好，生成满足用户需求的信息，通过极大的参数量和数据量，在个体需求指令的基础上展开合理的推理想象，实现更加细腻和精准的连接，推动国际传播主体在更加复杂的智能传播过程中掌握主动权。

二、ChatGPT时代中国国际传播面临的机遇

以ChatGPT为代表的生成式人工智能技术，在国际传播领域展现了出色的"创造力""抓取力""感知力""洞察力"，为破解我国国际传播工作"说不出""传不开""叫不响"等痛点难点问题，带来许多新机遇。

1. 以"创造力"变革国际传播新样态

作为国际传播全面进入智媒时代的底层技术，相比于以往人工智能技术，以ChatGPT为代表的生成式人工智能技术的"创造力"丰富技术应用场景，推动国际传播内容生产的迭代升级，拓展内容生产的创意空间，在提升生产力曲线的同时，赋能国际传播价值的提升。生成式人工智能技术的"创造力"还有望赋能个体、连接大多数国家民众，持续聚合并创造满足个性化需求的"微价值"，从而创造出更加广阔的连接可供性。在进化的智能水平支持下，ChatGPT可以根据人们想要了解的内容，将既有信息进行整合，生成回应内

---

① 张洪忠、王彦博、赵秀丽：《热点生产：ChatGPT"破圈"的网络扩散研究》，《现代出版》2023年第2期，第5—20页。

容,这种交流机制能够与传播的丹斯螺旋模式中对话双方信息量和认知域不断扩大的意涵相勾连①,重新定义国际传播的动态性和发展性。

2. 以"抓取力"推进国际传播数据化

数据是人工智能生成内容首要的、决定性的起点,数据驱动的信息生产和传播方式是下一代传播的本质。ChatGPT的"抓取力"既体现在抓取和汇总"公域资源",更体现在可以抓取整合来自于与用户对话过程中积累的"私域资源"(即不便开放分享的资源),实现公私域资源聚合②,释放"私域资源"价值,拓宽网络资源边界。智能趋势下,数据思维、计算思维、算法思维等机器思维会越来越多地进入国际传播领域,这些思维在某些方向打开了人类认识世界的新窗口。③对于以"经验+数据"谋划国际传播的顶层设计,以"应对+预测"制订国际传播的行动方案,以"海量数据+深度洞察"匹配国际传播的战略战术,实现基于数据洞察力的高效率与精准化国际传播,具有重要意义。

3. 以"感知力"创新特色话语与叙事体系

以ChatGPT为代表的生成式人工智能技术通过学习大量的语言知识,能够生成自然流畅的语言文本的能力,从而表现出较强的"感知力",这促使其能够更好地理解人类的问题与需求,感知并迅速学习新的语言环境和语言习惯,适应人类的表达,这也为创新话语表达、提升叙事技巧、讲好中国故事,提供了新机遇。在智能媒体时代,这将为贴合不同受众表达方式、提升国际传播有效性提供可能,通过分析感知不同区域国别受众的思维方式、话语习惯,增强

---

① 张洪忠、王彦博、赵秀丽:《热点生产:ChatGPT"破圈"的网络扩散研究》,《现代出版》2023年第2期,第5-20页。
② 喻国明、苏健威:《生成式人工智能浪潮下的传播革命与媒介生态——从ChatGPT到全面智能化时代的未来》,《新疆师范大学学报(哲学社会科学版)》2023年3月9日。
③ 彭兰、安孟瑶:《智能时代的媒体与人——2022年智能传播研究综述与未来展望》,《全球传媒学刊》2023年10月第1期,第3-18页。

讲述方法的针对性，并在此基础上迅速进行"有效输出"，以国际受众"听得懂""听得进"的方式进行"分众化表达"，适应不同国家社会分层，实现面对不同社会阶层使用不同的话语进行表达，增强对外话语的创造力、感召力、公信力，提升中国话语说服力。

4. 以"洞察力"提升我国舆论斗争能力

"创造力""抓取力""感知力"在一定程度上提高了以ChatGPT为代表的生成式人工智能技术的"洞察力"，从技术原理角度来说，该技术采用了深度学习自然语言生成模型，可以通过对文本情感的分析，快速了解用户对具体事件的态度与情感色彩，判断其情感倾向。这意味着其可以在与用户交互过程中敏锐捕捉国际舆论风向，通过与用户对话，迅速掌握其所关心的热点议题，并洞悉围绕具体议题不同国别受众的侧重点。从国际传播角度来看，这将有助于我们加强区域国别研究，准确把握不同国家和地区受众的文化传统、审美情趣，生产能够引发国际受众"共情"的内容，为快速挖掘线索、有效关联信息、及时发现隐匿在国际民众中的对华认知趋势提供技术支撑，有利于提高对突发热点舆情的发现力、研判力和引导力；对于主动设置议程，抢占国际舆论引导先机，增强在国际舆论场的权威性、影响力，为我营造有利外部舆论环境，消解西方强势话语体系所带来的负面影响提供支持。

需要指出的是，任何新概念、新技术从萌芽到大规模应用，都需要一个过程，ChatGPT在国际传播应用场景和商业化探索上，仍处于初始阶段。由于人类传播心理的复杂性及国际国内社会环境的影响，人机交互过程中涌现的问题往往始于技术，但又超乎技术。对于国际传播而言，聊天机器人技术的深度介入同样正在带来多个维度的潜在风险。[1]ChatGPT的兴起对于加快中国国际传

---

[1] 何天平、蒋贤成：《国际传播视野下的ChatGPT：应用场景、风险隐忧与走向省思》，《对外传播》2023年第3期，第64-67、80页。

播的系统性创新具有重要意义，但也有可能成为"灰犀牛"，引发虚假信息泛滥、干扰国际舆论导向、危害网络安全、拉大南北数字鸿沟、加剧国际信息传播与话语权不平等等风险。

三、思考与建议

在当下国际传播格局中，美西方依然占据优势，而中国在新兴智能传播领域的崛起，是影响未来国际传播格局的关键变量。于中国而言，ChatGPT给整个社会信息传播带来的变革以及对国际传播的影响，将是颠覆性的[①]，既要高度重视、从容应对，又应该扬优成势、把握机遇，迈出国际传播系统性创新的新步伐。

1. 加强权威主流价值对算法驾驭作用

技术深度介入国际传播过程中带来的媒介升级，不一定直接带来传播效果的升级，人类审查把关仍是必不可少的环节，因此在国际传播中，有必要建立对算法的"干预修正机制"，加强对人工智能技术和场景的监管，确保其安全可控，避免出现不当的内容和行为。应以主流价值观为技术赋魂，突出技术的辅助作用，消解机器传播因传播"声量"大、受众广而给主流价值的权威性和影响力带来的冲击。

2. 建设自主可控人工智能内容生成平台

一方面可以通过在税收优惠、科技创新等方面提供支持，推动我国人工智能生成技术发展；另一方面可出台一系列产业政策，鼓励和引导媒介机构与掌握底层技术的本土科技企业合作开展人工智能技术研发和应用，结合发展实际，建设自主可控、适合智媒时代国际传播环境的人工智能内容生成平台，避

[①] 钟祥铭、方兴东、顾烨烨：《ChatGPT的治理挑战与对策研究——智能传播的"科林格里奇困境"与突破路径》，《传媒观察》2023年第3期，第25-35页。

免因对国外技术的过度依赖而导致发展受限。

3. 建强适应智媒时代国际传播需要的人才队伍

智媒时代的新需要对国际传播从业者的能力提出新要求，智媒时代传播从业者不仅需要坚持"内容为王"，还应提升运用人工智能技术的能力，掌握智媒时代国际传播的规律。在国际传播工作中，需要加快建设复合型人才传播队伍，培养既熟悉传播规律，也擅长使用如ChatGPT等前沿技术的复合型人才。

4. 建立有效激励机制，引导更多民众参与国际传播

以ChatGPT为代表的新技术和平台已经可以嵌入到人类的生活和工作当中，给人类带来效率的提升，撬动最具规模效应的"C端"（消费者）用户[1]，为大众参与国际传播创造了机会和可能性，进一步激发国际传播中的民间力量。我宜建立有效的激励机制，在引导提高民众国际传播素养的同时，在战略上把人力资源优势转变为舆论话语权优势，鼓励更多人有意识地参与精品内容"微创作"、中国故事"广传播"。

---

[1] 李艳丽：《自然语言生成行业深度报告：改变交互方式　商业化前景广阔　传媒行业受益》，《西部证券》2023年3月14日。

第三章

从战略层面加强对外话语体系建设

打造数字中国的国际传播新功能区：
视野、现况与建构路径

浙江大学传媒与国际文化学院教授　洪　宇

浙江大学传媒与国际文化学院博士研究生　韦旖然

【内容摘要】从国际传播秩序重塑的外交视角看，数字中国建设是重要基础，是中国式现代化道路的生动写照，已成为展示中国道路与制度的新的典型形象。讲好数字中国的文化故事，即从本体和功用两个维度提升中国数字媒介软实力的实践路径：第一，主动跳出技术经济主义和技术理想主义的话语范畴，挖掘并阐释我国媒介化进程的社会基础与文化意义；第二，在新技术驱动的传播版图变革背景下，用好我国"一体多元"的传播体系，通过政策手段与合作机制，以中华文化价值观为引导，吸收非公数字文化领域，形成以互联网为牵引的国际传播新功能区，全面提升我国互联网国际传播能力。

【关键词】数字中国；数字文化；数字媒介；互联网国际传播能力

一、国际传播的数字化新界面

文化与传播始终是中国融入世界体系并改变被支配地位的战略领域。从历史来源看，自近代以来，中华民族在实践和话语两个层面，力图摆脱西方凝视下的客体地位，并以主体性出发，将"定义中国"的权力重新掌握到自己手中，成功走出中国式现代化道路，造就人类文明新形态。作为国际体系的重要组成部分，国际传播也在发生相应变化。国际传播体系形成于帝国主义形塑国际关系的历史条件下，服从并服务于资本主义体系的意识形态工程、美国中心主义的帝国视角以及发达资本主义的经济一体化逻辑。然而，在历次反霸权运动的推动下，传媒与文化传播活动已在特定条件下成为抵制帝国式全球主义的重要手段，是宣示国家及区域身份的重要方式。

在历史前因的基础上，当前的国际传播格局已具备截然不同的现实条件。科技产业革命、经济全球化、新自由主义、社会发展赤字，形成历史合力，加剧美式全球秩序的根本矛盾，加快东升西降的总体趋势，加大社会主义在世界范围内的影响力，从而启动国际秩序全面重塑。在大变局现实条件下，中华文化的国际传播离不开自我认知的清晰化与时代化，即中华文化的国际传播要融入中国学的中国化，亦要讲好"数字中国"的文化故事。一方面，自我认知清晰化体现在价值尺度上。当代中国价值观念就是中国特色社会主义价值观念，需要贯穿在国际交流和交往的方方面面。另一方面，自我认知时代化体现在对"数字中国"命题的主动阐释上。从国际传播秩序重塑的外交视角看，数字中国建设是其内政基础，是中国式现代化道路的生动写照，因此成为展示中国道路与制度的新的典型形象。

讲好数字中国故事，亦是提升中国数字媒介软实力的实践之路。当前，科技话题是跨文化传播的新载体，已成为地缘政治较量中不同阐释框架激烈辩驳的新界面。在数字化转型的带动下，中国在科技、传播、文化的交叉领域，形成了一套对外独立于西方权力集团、对内兼收并蓄的传播体系，构成一股有能力、有资格参与数字时代"文明再造"全球工程的政治经济力量。然而，尽管中国在市场与硬件方面已有长足发展，但在复杂的地缘政治环境中，媒体本身的软实力首先需要有章法地塑造。一方面，传统主流传播机构，仍然是国际传播的业界主体；另一方面，在数字文化领域，无论是以网文、动漫、影视为代表的中国文化IP，还是以网游、音乐、短视频及直播为代表的数字文化业态，均已培育出以市场主体为主的产业生态。其中，中国自研游戏的海外销售额突破千亿元，中国短视频国内市场规模达到千亿元。如何运用好我国"一体多元"的传播体系，通过政策手段和舆论手段，引导与培育非公数字文化领域，建设国际传播新功能区（图3-1），对于化解或平衡地缘政治压力尤为重要。

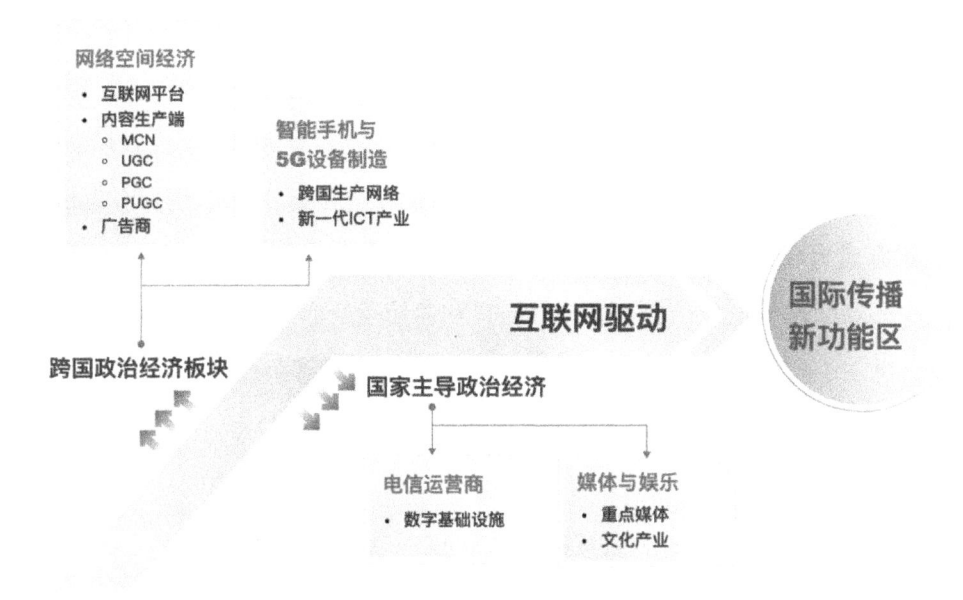

图3-1　建设国际传播新功能区

国际传播正经历数字化变革，集中体现为移动互联网牵引的信息生产及循环的系统再造，这为传承中华文化基因提供了新颖的传播载体、渠道、形态。提高互联网与数字文化承载中华文化价值观的传播力，成为国际战略传播布局的重中之重，是适应全球媒介在互联网时代所经历的数字化、平台化、社交化之趋势的必要举措。在传统国际传播研究中，对于全球媒介情况的考察，容易摇摆于两种类型之间：以媒介机构为对象，或以产品、文本、叙事为对象，造成认识上的局部性和战术上的"走一步看一步"，不利于形成以全局性和预见性为特征的战略方针。为了实现国际传播的战略化重塑，国际传播研究需要采用"移动互联网产业链"（supply chains）、"信息循环系统"（circuitry）、"全球媒介复合体"（assemblage）等这类整体性概念，以此来捕捉数字媒介在参与时空重塑过程中所容纳的基本要素、构成结构、相互联系以及张力与矛盾，从而发现国际传播的战略机遇与风险。①

二、国际传播数字新界面的海外现况

当前，国际战略传播的数字化布局可归纳为几个维度：资本和产品出海、超领土性基础设施建设、国家话语体系建设。

（一）中国数字资本与产品"博弈式融入"美国主导的国际信息结构，逐渐成为一股新全球化力量②

中国互联网的全球化轨迹从硬件出口和通信运营商的全球服务起步。近年来，随着中国互联网平台企业的高度资本化发展，头部企业已通过投资、控股、并购等资本运作方式，占据全球数字市场的一些关键节点。③2014年后，中国企业在全球数字传播领域（科技、通信、娱乐产业）的投资明显增加（图3-2）。从空间上看，大部分投资项目分布在"一带一路"沿线国家（亚非欧地区）；居首位的地区是欧洲，其次是北美。

作为移动互联网的一种基础设施，中国手机在全球范围内的普及，带动了下游移动应用程序的开发。统计资料显示，中国是移动终端的世界工厂与最大出口国。2021年，中国智能手机品牌出货3.29亿台，占全球智能手机市

---

① Semati, M. (ed.), *New Frontiers in International Communication Theory*, Lanham, Maryland: Rowman & Littlefield Publishers Inc., 2004, p. 89.

② Hong, Y. & Harwit, E. (eds.), *China's Globalizing Internet: History, Power and Governance*, London: Routledge, 2022.

③ 张志安、潘曼琪：《抖音"出海"与中国互联网平台的逆向扩散》，《现代出版》2020年第3期，第19-25页。刘鹏：《全球治理转型背景下的中国互联网企业国际化问题研究》，《区域与全球发展》2019年第1期，第39-53、154-155页。

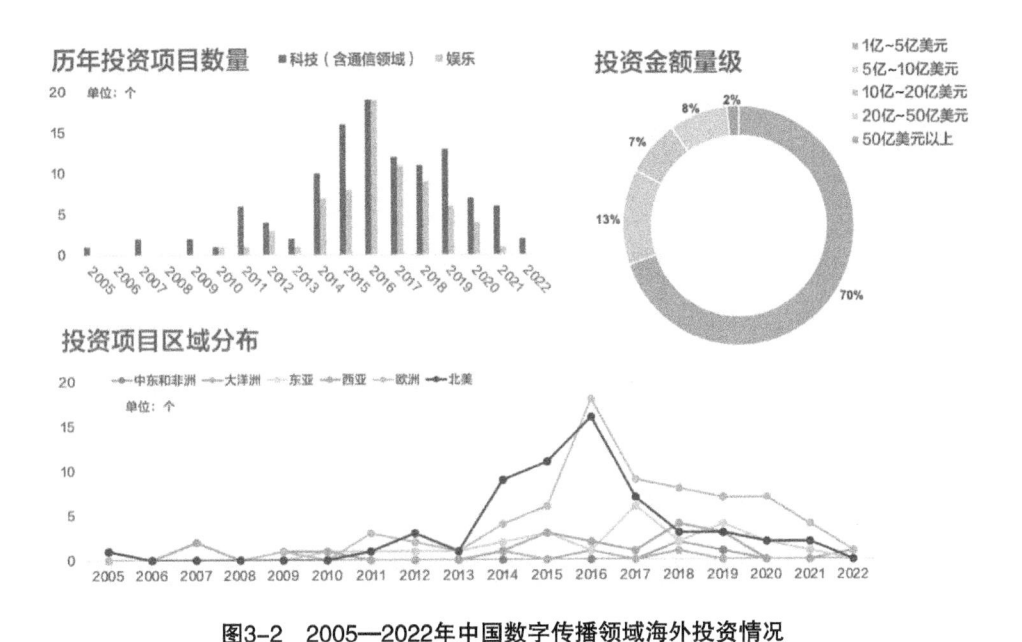

第三章　从战略层面加强对外话语体系建设

图3-2　2005—2022年中国数字传播领域海外投资情况

资料来源：作者根据 The American Enterprise Institute and The Heritage Foundation：China Global Investment Tracker 数据库数据整理制作

场的44%；手机出口量为9.5亿部，即全球手机市场的70%从中国出口。[1]截至2021年，中国手机品牌在亚洲、欧洲、中东和非洲的手机市场已有较高渗透率，而中国移动应用获得较高下载量的地区也相应地集中在东南亚、南亚以及欧洲。[2]从全球范围来看，源自中国的移动互联网供应链的海外影响力持续扩大。在下载量最大的前1000个应用程序中，由中国公司开发的应用程序占比

---

[1] 国家发展改革委高技术司：《2021年全球智能手机行业统计信息》，中华人民共和国国家发展和改革委员会网站，https://www.ndrc.gov.cn/fgsj/tjsj/cxhgjscyyx/202204/t20220422_1322717.html?code=&state=123，2022年4月22日。刘叶琳：《中国手机出口承压》，中国商务新闻网，https://www.comnews.cn/content/2022-03/17/content_4042.html#:~:text=海关总署统计数据，提升超20美元，2022年3月17日。

[2] iResearch & Huawei Developers：《2022年移动应用出海趋势洞察白皮书》，艾瑞咨询网站，https://report.iresearch.cn/report_pdf.aspx?id=3999，2022年5月。

145

从2011年的8%上升到2021年上半年的14%。①尽管中国的智能手机品牌以支持安卓生态为主，但也有许多小型科技企业与独立开发者在iOS应用生态系统中发行其产品；据统计，这些第三方开发者超过500万名，在iOS的应用商店中占23%。②

Tik Tok是"走出去"最成功的中国移动互联网应用，它在2020年以8.5亿次下载量位居全球移动应用榜首，受到美国"净网计划"冲击后，2021年仍然以6.5亿次保持首位。③2021年，Tik Tok宣布全球月活跃用户达到10亿，全球广告收入有望增至120亿美元。④借助其基于算法的滚动推荐以及蓬勃发展的创作者社区，Tik Tok已抓住了具有传播力的海外核心用户。一方面，Tik Tok快速进入了互联网人口大国的社交媒体市场，它在美国拥有1.36亿用户，其次是印尼0.99亿；在被印度封禁前，注册用户达到了2亿。⑤另一方面，Tik Tok在

---

① Chinese apps gain increasing global influence, expand rapidly overseas, *People's Daily Online*, http://en.people.cn/n3/2022/0119/c90000-9947021.html, 2022-1-19.

② Chinese App developers cash in on Apple opportunities, *China Daily*, https://global.chinadaily.com.cn/a/202205/27/WS62902631a310fd2b29e5f4c7.html, 2022-5-27.

③ Koetsuer, J., Here Are The 10 Most Downloaded Apps of 2020, *Forbes*, https://www.forbes.com/sites/johnkoetsier/2021/01/07/here-are-the-10-most-downloaded-apps-of-2020/?sh=46a71ecd5d1a, 2021-1-7. Koetsuer, J., Top 10 Most Downloaded Apps and Games of 2021: Tik Tok, Telegram Big Winners, *Forbes*, https://www.forbes.com/sites/johnkoetsier/2021/12/27/top-10-most-downloaded-apps-and-games-of-2021-tiktok-telegram-big-winners/?sh=2a1d5fa3a1fe, 2021-12-27.

④ 凤凰网科技：《Tik Tok为何成为了美国社交媒体的公敌》，36氪，https://36kr.com/p/1844030613025408，2022年7月26日。

⑤ Countries with the largest Tik Tok audience as of April 2022, Statista, https://www.statista.com/statistics/1299807/number-of-monthly-unique-tiktok-users/, 2022-6-29. Mandavia, M., Tik Tok report shows India sends highest number of user information and content takedown requests, *The Economic Times*, https://economictimes.indiatimes.com/tech/internet/tiktok-report-shows-india-sends-highest-number-of-user-information-and-content-takedown-requests/articleshow/76875109.cms?from=mdr, 2020-7-9.

全球范围内受到了"Z世代"青（少）年的欢迎。当美国的"净网计划"宣布封禁Tik Tok时，美国本土有33%的被调查者反对该禁令，支持的声音主要来自Tik Tok在美国的核心用户——青年与青少年群体（10岁至39岁的用户比例为78.4%）。[1]

（二）培育超领土性的数字资源，持续改善全球数字空间的连接结构

中国互联网全球化已步入最新阶段——数字基础设施走向全球，其核心指标是数据信息流的节点掌握与渠道建设。截至2022年7月，中国拥有登陆点的海底光缆增至19条；尽管在数量上仍然落后于美国（88条）、新加坡（37条）、日本（32条）等跨国通信节点国家，但三年内翻倍增长的速度，已显示出中国在此方面的战略努力。从空间上看，中国增加直接海底电缆连线的首要区域是亚太地区，尤其是与东盟国家，由此开拓出与中亚、西亚、北非乃至欧洲的替代性连接通道。

另一方面，云正在成为全球网络连接的关键基础设施。至2021年，阿里云拥有全球公共云服务市场份额的9.5%，华为拥有4.6%，分别位列全球第三和第五。[2] 值得注意的是，阿里云是亚太地区最大的云供应商，其份额超过亚马逊和微软的总和；腾讯云的海外可用区有五成位于亚太地区。[3] 与硅谷的平台巨头们不同，中国互联网企业不具备国际海底电缆运营资质，因此与国内电信运

---

[1] Roper W., How Americans View Tik Tok/WeChat Bans, Statista, https://www.statista.com/chart/22520/tiktok-wechat-bans/, 2020-8-10.

[2] Gartner Says Worldwide IaaS Public Cloud Services Market Grew 41.4% in 2021, Gartner, https://www.gartner.com/en/newsroom/press-releases/2022-06-02-gartner-says-worldwide-iaas-public-cloud-services-market-grew-41-percent-in-2021, 2022-6-2.

[3] Kumar, V., Alibaba leads Asia's cloud market outshining Amazon and Microsoft, Analytics Insight, https://www.analyticsinsight.net/alibaba-leads-asias-cloud-market-outshining-amazon-and-microsoft/, 2020-5-1. Tencent Cloud Global Infrastructure, Tencent Cloud, https://cloud.tencent.com/act/event/global-base.html, accessed 2021-6-16.

营商共享从亚太地区出发的空间扩展逻辑，能够更好地整合虚拟化基础设施和物理通信结构。通过"公共云地域+国际数据中心"的全球布局，中国互联网企业正从单一的产品输出，转型升级为平台提供者与数字生态构建者，开始扮演深度全球化角色。

（三）在世界话语体系中，建设独立话语体系，培育更丰富的认知谱系

长期以来，中国式现代化道路的立场、观点、方法与成效，始终面临被污名化、片面化、孤立化的风险。在此情况下，数字中国的生动实践难以转化为国际传播的软实力或制度性话语权，难以成为世界性的思想资源。经验研究结果表明：随着我国科技水平的迅速发展，大量涉华科技报道出现在国际舆论空间中，科技形象对于国家形象建构的影响开始逐渐显现；但是，国家形象并未因此摆脱西方媒体的偏见窠臼。以《纽约时报》为例，其涉华科技报道突出"中国崛起"议题，同时又通过与信息安全议题和知识产权保护议题的相互关联，使中国国家形象呈现一种威胁性。《中国日报》提及频次最高的也是中国崛起议题，塑造出中国在科技领域成果丰硕、发展迅速的形象，并与国际合作以及人类命运共同体议题高度重合，但尚未有效回应关于信息安全的政治诘问。[①]

破解这样的困境，根本条件就是上下协同推动新技术条件下的数字文化繁荣发展。一方面，亟需形成关于中国道路与制度的核心理论话语体系，从专业视角阐释中华文化的精髓与根基，形成融通古今中外的核心概念群。另一方面，当移动互联网进入3.0时代，以"国家引领、社会参与"为方法，通过政治经济安排或组织化手段，把基层媒体、网络社群、专业人士等国内外传播主体调动起来，在广泛而持续的新媒体实践中，将核心概念与日常生活经验相结合，转化为生动、丰富的叙事、标签与形象，形成一个为人们所理解、所喜爱

---

① 张宇凡：《中外科技报道中的中国国家形象研究——以〈纽约时报〉和〈中国日报〉为例》，本科论文，浙江大学，2022年。

的体现中国民族性的当代象征世界。

除了根本条件，必要条件就是内外协同，尤其是在推进国际传播制度创新方面做文章。当前，互联网治理不仅是国际战略竞争的博弈点，更是塑造"规则-文化-政治共同体"的增长点。比如，中国的数字经济倡导，一方面承袭新世界信息秩序（New World Information Order）和信息社会世界峰会（World Summit on the Information Society）的历史经验与未竟事业，另一方面将中方话语通过多边合作或倡议转化为数字领域的国际规范性实践（表3-1）。根据皮尤研究中心的调查报告，近年来北美、西欧、亚太邻国对中国多持负面态度，然而在拉美、南欧、东欧的部分地区，民众对中国的好感度明显增强。[1]国际传播领域的制度创新，恰恰是体现中华文化的世界价值、打破封锁中国企图、构建新发展共同体的重要路径。

表3-1 中美参与数字领域国际合作协定/倡议情况

	倡议/协定	时间	主要国家和地区	定位与目标
中国	中非携手构建网络空间命运共同体倡议	2021	中国、塞内加尔、卢旺达、刚果（金）、尼日利亚、坦桑尼亚、科特迪瓦	为中非国家政府、互联网企业、技术社群、社会组织共商共建共享全球网络空间提供合作框架
	区域全面经济伙伴关系协定（RCEP）	2021	中国、日本、韩国、澳大利亚、新加坡、东盟	建立互信的电子商务环境以及促进成员国发展电子商务全合作
	携手构建网络空间命运共同体行动倡议	2020	中国（发起国）	旨在倡导全球共同推进、参与网络空间建设、维护、治理与成果分享
	数字经济伙伴关系协定（DEPA）	2020	新加坡、智利、新西兰、中国（申请加入）	为国际数字经济活动和交流提供多边规则框架

---

[1] Silver, L., Devlin, K., & Huang, C., People around the globe are divided in their opinions of China, Pew Research Center, https://www.pewresearch.org/fact-tank/2019/12/05/people-around-the-globe-are-divided-in-their-opinions-of-china/, 2019-12-5.

续表

	倡议/协定	时间	主要国家和地区	定位与目标
中国	全面与进步跨太平洋伙伴关系协定（CPTPP）	2018	日本、加拿大、澳大利亚、智利、新西兰、新加坡、文莱、马来西亚、越南、墨西哥、秘鲁、中国（申请加入）	为跨境数据流动和数字商品贸易制定多边规则框架
	"一带一路"数字经济国际合作倡议	2017	中国、老挝、沙特、塞尔维亚、泰国、阿联酋	致力于实现互联互通的"数字丝绸之路"
美国	美日数字贸易协定	2019	美国、日本	旨在建立数据自由流通规则并形成国际标准
	美墨加三国协议（USMCA）	2018	美国、墨西哥、加拿大	在特定章节对区域数字贸易进行了专门规定

资料来源：作者根据国家互联网信息办公室、中国银行研究院、赛迪智库等公开信息和研究报告等整理制作

三、全面提升我国互联网国际传播能力

中国互联网历经20年的高速发展，不仅构成一个传播主体泛化、传播渠道倍增、传播形态虚拟化、数字文化蓬勃生长的公共传播新界面，而且也成为推进新全球化的先遣队和主力军。在新技术驱动的传播变革背景下，媒体数字化与全球化是提升我国国际传播能力的两条基本路径。自党的十八大以来，党中央深刻把握时代发展大势和信息化趋势，作出了推动传统媒体和新兴媒体融合发展的重大决策部署，用全媒体扩大主流价值影响，提升我国国际传播力。习近平总书记在中央政治局第三十次集体学习中进一步强调，必须加强顶层设计和研究布局，要构建具有鲜明中国特色的战略传播体系，这为推动我国国际传播转型升级指明了方向。全面提升我国互联网国际传播能力，在思路上，有机联系数字化与全球化的双向命题；在实践上，将有利于打破对外讲述中国故事的传播渠道阻碍，更充分地发挥由新技术发展带来的传播版图变革新影响力，从而在数字化新界面上进一步释放国际传播力。

（一）培育数字文化产业新实体，构筑互联网牵引的国际传播新功能区

近年来，中国主流媒体在海外已形成立体化的传播矩阵，但与之相伴的问题是中华文化的国际传播仍然依靠国家媒体。诚如海外中国研究者的观察结果，这类精心制作的、较为模板化、单向传播的内容与产品并未有效地传达中国的好故事。[①]与此同时，在互联网领域，以影视剧、动漫、网游、短视频为代表的数字文化产品大量地由非公领域的企业、组织、个人提供，其中不少已在海外拥有流量与粉丝。如何规避流量经济逻辑所带来的消费主义、个人主义以及娱乐至上主义，同时又引导数字文化产业适度对接国际传播旨在表达"真实全面、立体多彩"大国形象的根本任务[②]，已是一个战略谋划问题。需要通过各种混改机制、合作机制、激励机制、引导机制，吸收非公实体，建设一个以互联网为牵引的国际传播新功能区。

（二）健全互联网产业链上下游建设，抓住中国移动互联网的海外核心用户

在以平台化为驱动的国际传播数字化变革背景下，基于数字文化"借船出海"与平台媒介"造船出海"的联盟将助力国际传播的效能突围。我国是互联网大国，可以积极运用我国在智能手机方面的全球用户优势，建设以移动互联网为主界面的国家传播能力。通过战略谋划，围绕现存与潜在海外核心用户的认知需求，协同建设数字传播的终端布局、平台布局、网络布局、内容布局、叙事布局、应用布局，健全中国移动互联网产业链上下游，打造以短视频和视频游戏为载体的新型传播渠道，形成可协同、可调用、可依托的重要战略传播

---

① Kim, J., China's Media Go Global but Struggle with Credibility, *The Diplomat*, https://thediplomat.com/2020/01/chinas-media-go-global-but-struggle-with-credibility/, 2020-1-18.

② 姬德强、朱鸿宇：《网红外宣：中国国际传播的创新悖论》，《对外传播》2022年第2期，第54-59页。

资源。

（三）健全互联网信息生产及循环体系，提高数字文化承载中华文化价值观的传播力

以中华文化价值观为引导，鼓励数字文化平台与企业将流量效应转化为携带文化性要素的国际传播力。在路径上，我国网络游戏与短视频行业已对欧美流行文化形态实施逆向工程（reversed engineering），并且基于我国用户的创新动力，初步形成以规模化量产以及中华文化植入为特征的生产体系优势，从而激活全球数字文化产业"中国化"态势。在源头上，海外数字文化产品和传播内容需与中国人民的文化情感以及中国建设实践互为表里。通过数字经济的"双循环"发展与治理，在鼓励市场主体"走出去"的同时，筑牢"走出去"的市场主体在国内的思想根基、内容根基、社会根基、发展根基、治理根基，使国际传播的信息生产与循环系统既能触达海外，又能扎根基底、有本有源。

（四）讲好数字中国文化故事，提升中国媒介软实力

当前，人类社会从数字化生存时代进入到数字化生活时代，算法、大数据、云计算、传感器、人工智能、增强现实、元宇宙等技术在全球疫情期间广泛应用，正在加速全球媒介化进程。但是，全球媒介化进程不等同于普遍主义，中国具有"国家引导、社会参与"媒介化进程的鲜明特征。然而，在中长期战略期下，"中国威胁论"不绝于耳。面对西方话语集团持续输出的关于信息威权性、安全威胁的政治诘问，我们需警惕由技术普遍性推导出的社会普遍性方案，主动跳出技术经济主义和技术理想主义的话语范畴，将我国的技术发展情况与社会文化的发展需求相互结合、相互关照。这即是说，从促进跨文化理解与提升软实力的视角，媒介发展的文化驱动力是核心内涵；中国的国家与社会如何修复平台资本主义局限性、如何推进以人民为中心的媒介创新，理当成为重点挖掘的国际传播选题。

中国特色大国外交视域下建设对外话语体系的原则和路径

中国社会科学院大学国际关系学院副教授　孙西辉
中国社会科学院大学马克思主义学院本科生　李姮烨

摘要：对外传播在一国的外交政策中占有重要地位，日益成为各国塑造国际形象和进行国际竞争的重要手段。在当前西方话语霸权的形势下，我国亟待加强对外话语体系建设。中国特色大国外交为我国对外话语体系建设提供了实践基础、理论架构与话语资源。应坚持对外话语体系为国家发展服务、政治性与理论性相结合、求同存异和互融互通的原则；通过充分发掘和利用中华优秀传统文化，立足中国特色大国外交的丰富实践，依托中国特色大国外交理论，加强民间交往和促进文化交流，加强国际传播能力建设等具体路径，建设具有中国特色的对外话语体系。

关键词：中国特色大国外交；对外话语体系；国际话语权；国际传播能力

随着经济全球化深入发展，各种全球性问题不断凸显，地区冲突和大国博弈加剧，国际形势深刻复杂变化，国家间竞争日趋激烈，国际话语权越来越成为国际竞争的重要领域。对外话语体系在塑造国家形象、提高国家国际话语权、提升国家国际影响力等方面具有重要作用。随着对外开放的不断深入和综合国力不断增强，中国日益走近世界舞台的中央，更好地表达中国，讲好中国故事，传递中国声音，需要我们加强对外话语体系建设，建设具有中国特色的对外话语体系。中国特色大国外交为中国特色对外话语体系的建设奠定了良好的实践基础与理论基础，提供了丰富的话语资源。本文主要探讨中国特色大国外交视域下建设对外话语体系的原则和路径。

一、中国特色大国外交视域下我国对外话语体系现状

（一）中国特色大国外交与对外话语体系

党的十八大以来，在以习近平同志为核心的党中央的团结带领下，我国在外交领域不断采取新举措，推出新理念，展示新气象，走出了一条具有中国特色的大国外交之路。[①]中国特色大国外交是符合我国发展道路、社会制度、价值理念与文化传统的大国之路，是社会主义大国的外交，是发展中大国的外交，是全球性大国的外交，同美西方的大国外交形成鲜明对比。[②]中国特色大国外交坚持独立自主的和平外交方针，坚定不移走和平发展道路，倡导合作共赢理念，致力于推动建设相互尊重、公平正义、合作共赢的新型国际关系与构建人类命运共同体，以推动"一带一路"建设、积极参与全球治理和贡献人类共同价值为抓手，为全球治理提供中国方案，作出中国努力，贡献中国力量。中国特色大国外交的特色在于，其立足于我国现阶段的基本国情；植根于中国特色社会主义理念；发端于博大精深的中华文明；契合于当今世界潮流和时代主题。中国特色大国外交为我国的对外话语体系建设提供了丰富的实践经验、理论架构和话语资源。

对外话语体系是一国向外部世界系统阐述其思想理论体系和知识体系的

---

① 王毅：《探索中国特色大国外交之路》，《国际问题研究》2013年第4期，第2页。
② 王帆：《大国外交》，北京：北京联合出版公司，2016年，第18-19页。

表达形式[①]，是国家政治、经济、文化、军事等各个方面的对外体现。作为国家文化软实力的重要组成部分，对外话语体系也是综合国力的重要表征。对外话语体系建设是一国在国际舞台上抢占话语地位的前提和基础，攸关国家形象的塑造和国际话语权竞争。不同的话语体系体现不同的价值观和意识形态，反映国家利益与意识形态的斗争。中国的对外话语体系是我国国家意志的对外体现，在当今全球语境下，对外话语体系更是中华文明的国际话语呈现。

新时代以来，以习近平同志为核心的党中央高度重视国家对外话语体系建设，把建设中国特色对外话语体系、提升国际话语权摆在前所未有的战略高度，多次强调要"着力打造融通中外的新概念新范畴新表述""精心构建对外话语体系，发挥好新媒体作用，增强对外话语的创造力、感召力、公信力，讲好中国故事，传播好中国声音，阐释好中国特色"。[②]建设我国的对外话语体系，服务于我国的外交战略，有助于提高我国的国际话语权和国际传播能力，塑造国际形象，提升国际影响力，进而为我国的发展和建设创造良好的外部环境。

（二）我国对外话语传播现状

新中国成立以来，我们党领导人民，创造了经济快速发展和社会长期稳定两大奇迹，中国已是世界第二大经济体、制造业第一强国。然而，我国在国际舞台上仍然面临话语权不够、表达不充分的问题。一方面，由于对中国缺乏了解和存在刻板印象，许多国家对中国形象有误解，对中国当代社会认识存在偏见，未能了解真实的中国。另一方面，中国崛起给西方国家带来巨大心理冲击。一些国家不愿意看到中国的崛起，试图"抹黑"中国，歪曲中国的发展理

---

① 王永贵、刘泰来：《打造中国特色的对外话语体系——学习习近平关于构建中国特色对外话语体系的重要论述》，《马克思主义研究》2015年第11期，第6页。
② 《习近平谈治国理政》（第一卷），北京：外文出版社，2014年，第162页。

念；有的国家认为中国崛起无法避免"修昔底德陷阱"，提出各种版本的"中国威胁论"；有的国家将中国发展过程中出现的问题片面夸大，唱衰中国，提出"中国崩溃论"。中国在国际社会上"失语""失声"的现象表明，我国面临对外话语困境，亟待加强对外话语体系建设。

目前我国对外话语传播主要存在以下问题：一是相较于经济、科技等领域，我国在对外话语等软实力建设方面的重视程度不够，持续投入不足；二是话语体系化建设不完善，我国对外话语缺乏整体性的架构，偏零散而非体系化，不利于对外话语传播；三是缺少国际化表达方式，我国话语表达注重排比、用典、比喻，对于本国民众来说这种表达方式优美而富有气势，但给国外民众带来理解困难，难以真正实现表达效果。上述一系列因素导致我国对外话语体系建设的落后。

西方长期占据国际话语权的主导地位，西方话语霸权导致中国话语在国际社会中传播困难。西方何以能够长期控制国际话语权？根本原因在于其强大的综合实力。物质决定意识，经济基础决定上层建筑，一个国家国际话语权的强弱主要取决于其经济和军事实力。西方国家长期在经济、军事和科技领域占据绝对优势，为其获得国际话语霸权奠定了基础。由此看来，中国的综合实力正在持续增强，这为我国提升国际话语权和建设对外话语体系打下坚实基础。

二、中国特色大国外交视域下对外话语体系建设原则

原则是指导行为主体进行决策、判断和行动的依据和标准，具有宏观性和抽象性等特点。在中国特色大国外交的实践和理论基础上，建设中国特色对外话语体系，应坚持以下原则。

（一）对外话语体系为国家发展服务原则

中国外交服务于国家核心利益，在此基础上的对外话语体系建设也应遵循为国家发展服务、维护国家核心利益的原则。一要通过建设对外话语体系塑

造我国的大国形象，不断提升我国的国际影响力。通过建设中国特色对外话语体系，准确系统地传达我国的发展理念，减少或避免西方国家对我国发展理念的误解和偏见，向世界展现一个真实、立体、全面的中国，展现一个和平、友好、负责任的大国形象，提升我国在世界舞台上的影响力。二要通过建设对外话语体系提升我国文化软实力，拓展国际话语空间，改变国际传播中"西强东弱"的局面。在中国特色大国外交理念指导下，加快对外话语体系建设，应对西方话语霸权。三要通过建设对外话语体系为国内发展打造良好的外部环境。着眼国际大局，建设配合中国特色大国外交、服务本国发展利益的对外话语体系，为国内改革发展稳定争取良好的外部环境。

（二）政治性与理论性相结合原则

建设对外话语体系应坚持政治性。作为社会主义大国，我国的对外话语应全面反映我国的政治基础和政治主张，体现社会主义大国的基本立场。在对外话语阐释中以马克思主义为指导，坚持中国特色社会主义的政治色彩，传递好中国特色大国外交理念以及中国作为发展中大国的发展理念，树立好社会主义在国际话语舞台上的红色旗帜，坚守舆论与意识形态阵地，坚决回击污蔑抹黑中国的西方话语。在坚持政治性的同时应注重理论性，做到政治性与理论性相结合。"理论只要彻底就能够说服人"[①]，想要得到外国民众的认可，需要我们加强对外话语的内在逻辑，丰富学理内涵，实现理论的彻底性。传播好中国声音，不仅要有引人入胜的故事，还要有令人信服的理论，在讲述中做到概念精准、范畴科学、逻辑严谨，以合理的方式进行对外话语表达，讲清楚马克思主义的科学性，讲明白中国之治的内在逻辑和人类文明新形态的世界价值。

（三）求同存异和互融互通原则

在对外话语体系的建设中，应坚持求同存异和互融互通的原则，促进中外

---

① 《马克思恩格斯文集》第1卷，北京：人民出版社，2009年，第11页。

话语相互贯通，多强调中外共性，拉近与受众的距离，增进受众对中国声音的认同。在表达内容层面，要把握国外受众的思维习惯，选择易使国外民众产生共鸣的内容。基于世界人民共同利益，围绕国际社会普遍关注的重大议题给出中国观点和中国方案。努力寻找中国文化和世界文化的契合点，强调中外文化的融通性，缩小我国对外话语和国际话语体系之间的差异，增加共性，增进相互理解，减少文化冲突。比如"中国梦"的提出，体现了国际社会普遍的价值追求，更容易得到各国民众的理解和认同。在表达方式层面，不仅要清楚自身所要传递的内容，还要了解受众所在的文化环境，增强受众思维，结合受众的知识水平、文化传统、思维模式，通过受众容易接受的方式讲出来，减少本土化表达，采用国外民众感兴趣、听得懂的方式表达。此外，还应提升对外话语的对象性。针对欧洲、拉美、亚太等不同地区，结合各地区具体情况，采取灵活的表达和传播方式，使我们的对外话语易于传播、易于接受，在潜移默化中促进中国理念和价值观的传播，进而助力中国特色大国外交事业的发展。

三、中国特色大国外交视域下对外话语体系建设路径

建设具有中国特色的对外话语体系，服务于我国的对外交往和国内发展，在实践层面进行落实尤为重要。以原则为指导，我国对外话语体系建设在实践层面应做到以下五点。

（一）充分发掘和利用中华优秀传统文化

文化自信是一个国家、一个民族发展中更基本、更深沉、更持久的力量。[①]中华文明博大精深、源远流长，中国特色大国外交厚植于博大精深的中华文明，充分彰显了文化自信，为我国对外话语体系建设提供了有利契机和话语资源。

[①] 习近平：《决胜全面建成小康社会 夺取新时代中国特色社会主义伟大胜利——在中国共产党第十九次全国代表大会上的报告》，北京：人民出版社，2017年，第23页。

中华优秀传统文化中蕴含着丰富的"和合"理念，中国人自古以来坚持"和为贵"的思想，应积极挖掘中华优秀传统文化中的和平、和谐、合作思想，向世界传递我们的和平发展理念，展现一个和平、友好、负责任的大国形象。此外，传统文化中的义利观是对当今新自由主义和个人主义的有力驳斥，对外话语体系建设应厚植于优秀的传统文化沃土，在体现我们文化根基的同时，展现中华民族血脉相传的义利观。无论是周恩来总理提出的"和平共处五项原则"还是习近平总书记提出的"亲诚惠容"的外交理念，都是对传统文化中"和合"理念以及正确义利观的继承与发展。

坚定文化自信，推动中华优秀传统文化走向世界，向外界展现中国坚定不移走和平发展道路的决心，有助于打消国际社会对中国崛起的顾虑。习近平总书记高度重视中华优秀传统文化对中国话语建设的重要作用，强调宣传阐释中国特色要"讲清楚中华文化积淀着中华民族最深沉的精神追求，是中华民族生生不息、发展壮大的丰厚滋养；讲清楚中华优秀传统文化是中华民族的突出优势，是我们最深厚的文化软实力"。[①]在文化自信的基础上立足中华文明建设对外话语体系，能够丰富我国对外话语体系的话语要素，体现中国风格和中国气派，更好地发挥话语效果，打造中国特色对外话语品牌。

（二）立足中国特色大国外交的丰富实践

建设有中国特色的对外话语体系，讲好中国故事，需要丰富的话语资源。以习近平同志为核心的党中央带领中国特色大国外交破浪前行，不断推进和完善全方位、多层次、立体化的外交布局，打造覆盖全球的"朋友圈"，积极开展主场外交和重大对外活动。习近平主席在出席纪念联合国成立70周年和75周年高级别会议、二十国集团领导人峰会、金砖国家领导人会晤、上海合作组织元首峰会、亚太经合组织领导人非正式会议、世界经济论坛达沃斯年会等重要

[①] 《习近平谈治国理政》（第一卷），北京：外文出版社，2014年，第155页。

多边会议时，就事关世界和平发展和人类前途命运的重大问题深刻阐述中国主张。习近平主席在一系列重大主场外交活动中作出重要讲话，发挥议题主导和舆论引领作用。

2013年，习近平总书记提出共建"丝绸之路经济带"和"二十一世纪海上丝绸之路"的倡议。"一带一路"建设秉持共商、共建、共享原则，践行开放、绿色、廉洁理念，致力于推动政策沟通、设施联通、贸易畅通、资金融通、民心相通，成为全世界广受欢迎的公共产品。①随着"一带一路"建设的顺利实施，中外经贸合作硕果累累，大批民生工程和基础设施工程扎实推进，中国和沿线国家的交往更加频繁，友好合作不断深化。"一带一路"倡议受到国际社会的广泛关注，大大提高了我国对外话语的国际影响力，也为世界全方位了解真实的中国提供了重要平台。作为一种全新的合作模式和共同繁荣发展的方案，"一带一路"倡议是构建人类命运共同体的重要路径，也是中国特色大国外交的伟大实践。

中国特色大国外交为对外话语体系建设提供了源源不断的话语资源，也为对外传播提供了平台和机遇。同时，中国特色大国外交的推进需要建设更完善的对外话语体系。"一带一路"倡议提出以来，一些人质疑中国将借助"一带一路"建设挑战现有的国际秩序，将"一带一路"倡议比作"新版马歇尔计划"。面对这种误解或抹黑，中国亟待加强话语体系建设，更好地表达中国愿景，促进中国特色大国外交顺利推进。借助中国特色大国外交实践所提供的话语平台和资源，对外话语体系建设应在立足实践的基础上，不断推陈出新，传承已有的经典话语，不断创造新的表达方式和表达内容，既要讲好宏观层面的叙事，也要讲好一个个具体的中国故事；既要有官方的话语表述，也要有生动

---

① 国家发展改革委、外交部、商务部：《推动共建丝绸之路经济带和21世纪海上丝绸之路的愿景与行动》，《人民日报》2015年3月29日，第4版。

的言语表达，展现中国特色大国外交的理论深度和实践温度。

（三）依托中国特色大国外交理论

中国特色大国外交理论源于中国特色社会主义理论，是对外话语体系建设的依托。中国特色大国外交是社会主义大国的外交，对外话语体系要具有鲜明的社会主义色彩，讲好我国改革、发展的伟大成就和故事。中国特色大国外交是发展中大国的外交，对外话语体系要反映广大发展中国家的愿望和呼声，彰显发展中国家共同的发展理想和价值追求，体现加强全球发展中国家合作的理念。中国特色大国外交是全球性大国的外交，对外话语体系要体现大国担当、大国风范，积极向世界宣介我国外交思想。

中国外交一直秉持"维护世界和平，促进共同发展"的理念。"构建人类命运共同体"是新时代中国特色大国外交的生动呈现，是我国为实现共赢共享提出的中国方案。经过习近平主席在不同国际场合的多次阐释，"人类命运共同体"已经成为中国特色大国外交的新名片。这一外交新思想的提出，彰显了我国坚持与世界其他各国休戚与共、包容互助、共同发展、合作共赢的发展理念和全球观，充分表明中国积极投身于完善全球治理体系的意愿。它体现了中国关注的不仅仅是自身利益，更是全人类的共同利益，为世界各国共同发展贡献中国智慧，提供中国方案，为我国对外话语体系建设提供话语资源和有利契机。在对外话语体系建设中，我们应加强"人类命运共同体"等中国特色大国外交新理念的对外传播，向世界说明中国的发展惠及各国，说明实现"中国梦"给世界带来的不是挑战和威胁，而是机遇和利益。

（四）加强民间交往和促进文化交流

国之交在于民相亲。建设对外话语体系和加强对外传播效果，应努力增进国外民众对中国的了解。除了媒体宣传、官方外交以外，应重视民间交往和文化交流。"小球推动大球"，中美"乒乓外交"打开了隔绝22年的中美交往的大门，推动了中美两国关系正常化，非官方外交往往在国家间的交往中起到润滑剂的作用。相较于媒体宣传，民间交流能使外国友人对中国现状有更真实、更深入的了解。相较于官方交往，民间交往更为灵活方便。大力开展民间交流，培养民间话语主体，可以使外国民众在一定程度上也能成为中国故事的讲述者，从而实现国家故事民间化，提高对外话语的可接受性和话语传播的效果。

习近平主席在给北京大学的留学生们回信中鼓励留学生们多到中国各地走走看看，更加深入地了解真实的中国，同时鼓励他们把在中国的想法和体会介绍给更多的人，为促进各国民众民心相通发挥积极作用。[①]我们应欢迎更多的留学生来华学习，邀请更多的外国学者来中国访问，吸引更多的外国游客来中国旅游，推动中外贸易往来、文艺交流、科研合作等多方面的非官方交往，持续扩大对外开放的大门，开放且真诚地面对世界。欢迎更多外国友人来中国，通过亲身体验，了解更加真实、全面、立体的中国，推动"中国声音"在他国进行本土转化，带动外国人讲中国故事，增强对外话语的影响力和说服力。

（五）加强国际传播能力建设

在话语体系建设过程中，一方面，要加强对外话语体系的理论建设，丰富对外话语内涵，建设一系列传递中国特色社会主义思想的新范式、新表达；另一方面，要加强国际传播能力，将中国之声传递到世界，做到理论建设与实践传播相结合。《中共中央关于全面深化改革若干重大问题的决定》强调，加强国际传播能力和对外话语体系建设，推动中华文化走向世界。[②]

媒体在对外宣传中起着重要作用，强化国际传播能力，主流媒体责无旁

---

① 《习近平给北京大学的留学生们的回信》，新华网，http://www.xinhuanet.com/2021-06/22/c_1127586707.htm，2021年6月21日。
② 《中共中央关于全面深化改革若干重大问题的决定》，《人民日报》2013年11月16日，第1版。

贷。英国BBC和美国VOA等西方主流媒体对中国的污名化引起不少国外民众对中国的误解，严重影响了中国的国际形象。我国新华社、CGTN、《中国日报》等媒体积极致力于宣介中国改革发展，为讲好中国故事、传播好中国声音发挥了重要作用。习近平总书记指出，负责对外传播的媒体要"牢记联接中外、沟通世界的职责，把握大局大势，创新对外话语体系，构建全媒体传播格局，建设高素质队伍，不断提高国际影响力，更好介绍中国的发展理念、发展道路、发展成就，更好展示真实、立体、全面的中国，为促进中国和世界交流沟通作出新的贡献"。[1]我国媒体在对外宣传中要树立全球传播战略意识，完善我国的全球话语体系，打造全球一流媒体，切实改变西方媒体设置中国议题、国际受众通过西方媒体了解中国的不利局面，让国外民众通过中国媒体获取一手的、真实的中国资料和信息，了解一个真实、立体、全面的中国。

此外，还应重视新媒体的对外话语体系建设。近年来，随着互联网的联通，新媒体蓬勃发展并成为新的国际舆论场。讲好中国故事应该积极运用网络新媒体传播手段推动对外传播，以信息技术为依托，借助互联网拓展对外传播渠道，创新对外传播手段，形成线上线下、多位一体的对外传播模式，提升中国话语的影响力。

四、结语

中国特色社会主义进入新时代，中国特色大国外交正在全面推进，我国国际影响力、感召力、塑造力显著提升，但国际形象还受到"他塑"的较大影响，实现从"他塑"向"自塑"的转变任重道远。对外话语体系建设对于提高我国国际话语权，推进中国特色大国外交具有重要意义。新时代的外交工作

---

[1]《习近平致中国日报创刊40周年的贺信》，中国政府网，http://www.gov.cn/xinwen/2021-05/27/content_5613036.htm，2021年5月27日。

者、新闻工作者、中国故事的感知者、中国特色社会主义建设的参与者和见证者，都应该成为中国声音的传播者，都应形成合力，结合我国外交特色，立足我国国情，契合时代条件，顺应时代发展，建设有中国特色的对外话语体系，拓宽对外宣传的途径，拓展对外传播的思路，塑造好文明大国、东方大国、负责任大国、社会主义大国的形象，助力中国特色大国外交行稳致远。

全球发展倡议国际传播的共同建构研究

中国外文局当代中国与世界研究院治国理政研究中心助理研究员　陈　超

摘要：全球发展倡议作为中国向国际社会提供的重要公共产品，是对全球发展合作的"再动员"，通过唤起国际社会对发展问题的重视，加强全球发展伙伴关系，推动实现2030年可持续发展目标。中国已经成为全球发展的倡导者和发展合作的行动派，进一步凸显了全球发展倡议国际传播的重要性和必要性。做好全球发展倡议的国际传播，要从话语体系的政治建构、学术建构和共同建构出发，处理好行动与目标、短期和长期、整体和局部的关系，推动和引领全球发展合作的话语体系、知识交流、范式研究和有益实践，立足于中国之治，为推动实现更加强劲、绿色、健康的全球发展，构建人类命运共同体凝聚起强大合力。

关键词：全球发展倡议；可持续发展议程；共同建构；话语体系；知识体系

近年来，以习近平外交思想为引领的新时代中国特色社会主义外交，鲜明提出构建人类命运共同体、共建"一带一路"、全球共同发展等重要思想和重大倡议，为破解发展难题、解决发展赤字提供了中国智慧、中国方案、中国力量。同时要看到，中国外交话语体系还存在着"短板"，"北强南弱"的局面仍未从根本上改变，特别是针对发展问题的话语竞争尤为明显。这为我们从中国作为倡议发起国的角色定位和逻辑起点出发，探究全球发展倡议的时代背景、重要意义和实施路径提出了新的时代命题。

一、全球发展倡议提出的时代背景

（一）国家间发展失衡正在历史性扩大，全球发展赤字愈加严峻

习近平总书记指出："当今世界正在经历百年未有之大变局。这场变局不限于一时一事、一国一域，而是深刻而宏阔的时代之变。"[①]从历史上看，从工业社会到知识社会，客观存在北方国家和南方国家权力不平等和利益分配不均衡的历史基因及当代遗产。西方发达国家先是通过以英国为主的殖民主义，继而通过美国的去殖民主义、发展等不同叙事强化了西方与非西方、发达和非发达、先进和落后等二元结构。[②]国际社会正面临治理赤字、信任赤字、和平赤字、发展赤字四大赤字。发展赤字作为全球治理面临的客观表象，且赤字越来越严重，其背后实际上是发展陷阱问题、现代化的陷阱。为什么有些国家没有发展起来？为什么国与国之间的发展差距越来越大？从过去西方殖民主义到今天所谓的现代化多是依附性发展，发展中国家长期发展不起来，普遍存在经济基础落后而上层建筑西化的二元性特征。既有的知识体系加剧了国际权力格局分化，国家之间出现了知识侵略、知识殖民、知识霸权等新的政治欺压现象。[③]甚至拥有知识的多寡也决定了国家行为体在国际分工体系中的地位，知识相对落后的国家甚至成为拥有先进知识国家的附属，全球贫富差距背后体现的是"知识赤字"。

---

① 习近平：《坚定信心 勇毅前行 共创后疫情时代美好世界——在2022年世界经济论坛视频会议的演讲》，《人民日报》2022年1月18日，第2版。
② 徐秀丽、李小云：《平行经验分享：中国对非援助理论的探索性构建》，《世界经济与政治》2020年第11期，第117—135页。
③ 黄凤志：《知识经济兴起对南北关系的影响》，《吉林大学社会科学学报》2001年第6期，第110—115页。

（二）全球发展进程遭受严重冲击，发展中国家和发达国家均面临发展挑战

联合国《2021年可持续发展目标进展报告》显示，新冠疫情造成2030年可持续发展议程下的17个目标进度均放缓，有的领域还出现倒退。2021年7月联合国秘书长古特雷斯表示，2020年，全球有7.2亿至8.11亿人面临饥饿，比2019年增加了约1.61亿人。①数据表明，在2030年实现可持续发展目标方面，世界"在很大程度上未在既定轨道之上"。②人类发展指数30年来首次下降，过去10年的全球减贫成果可能被吞噬，联合国2030年可持续发展议程面临着停滞、倒退乃至失败的风险，全球发展进程遭受严重冲击。

发展中国家仍然是全球发展问题的"多发地"，国际话语权力长期缺失。世界银行2022年《全球经济展望》指出，全球增长放缓态势预计将延续至2023年，发展中国家"硬着陆"风险上升。③发展中经济体的债务总额创下了50年来的新高，不仅发展中国家债务问题远未解决，部分国家和地区甚至因疫返贫、因疫生乱，国家治理失效频发增加了全球发展赤字的复杂性。到2023年，发展中经济体的经济产出水平仍将比疫情前预测的水平低4%④，在落实2030年可持续发展议程上面临严峻挑战。俄乌局势引发的危机持续传导到低收入和中等收入经济体，全球供应链紊乱加剧。

不仅发展中国家原有发展进程停滞倒退，发达国家也同样面临新的发展

---

① 《联合国报告：实现可持续发展目标的努力因疫情受重挫》，新华网，http://www.xinhuanet.com/2021-07/07/c_1127632370.htm，2021年7月7日。

② 《联合国秘书长：实现2030年可持续发展目标"未在既定轨道之上"》，联合国网站，https://news.un.org/zh/story/2021/07/1087862，2021年7月12日。

③ 《世界银行最新〈全球经济展望〉指出：今明两年全球经济增长放缓》，国家发展和改革委员会门户网站，https://www.ndrc.gov.cn/fggz/fgzh/gjzzychyjdt/gjzzyjdt/202201/t20220129_1313832.html?code=&state=123，2022年1月29日。

④ 同上。

挑战。新冠疫情以来，世界经济疫后复苏步履维艰，部分发达国家通胀水平上升至多年高位，美欧加息给全球经济带来滞胀挑战。发达国家中也有不少民众生活陷入困境，社会问题频发。乌克兰局势持续动荡对欧元区经济造成严重影响，国际能源和粮食价格不断走高。英国零售联盟发布报告指出，由于食品、服装、燃料和能源价格持续飙升，英国民众正面临一场严重的生活成本危机。报告称，最不富裕家庭承受的压力最为显著，2022年家庭平均可支配收入下降19.5%。[①]南北各方对于全球发展赤字仍存在"认知赤字"，割裂的全球意识成为制约全球发展合作的主要障碍。

（三）中国的国际地位没有变，作为最大发展中国家持续贡献中国方案和理念

改革开放以来，党的十一届三中全会确定了改革开放的总方针，明确了外交的根本任务是为中国的社会主义建设争取有利的国际环境，确立了独立自主的外交路线。和平与发展成为时代主题，党和国家工作中心转向经济建设。在这一背景下，中国对国际组织和国际多边机制的态度发生变化，转为建设性的逐步参与，中国强烈支持联合国在冷战结束后维护国际秩序和冲突解决中的核心角色。1994年，中国在全世界190多个国家中第一个发布了本国的可持续发展行动计划——《中国21世纪议程》。进入21世纪，中国作为发展中大国的地位没有改变，急他国之所急、想他国之所想的共情之心没有改变。

党的十八大以来，中国继续奉行互利共赢的开放战略，主动将自身发展经验同世界各国分享，欢迎各国搭乘中国发展"顺风车"，实现共同发展。特别是2013年9月和10月，中国国家主席习近平在出访中亚和东南亚国家期间，先后提出共建"丝绸之路经济带"和"21世纪海上丝绸之路"重大倡议，推动"共商共建共享"成为新型全球治理原则。2016年二十国集团杭州峰会上，中

---

① 《持续高通胀加重英国民众负担》，《人民日报》2022年4月11日，第17版。

国利用主场外交优势,首次将发展议题置于全球宏观经济政策框架之中,将其纳入"2030可持续发展计划",得到国际社会高度关注和积极响应。同时,在发展合作理念上持续创新,提出构建人类命运共同体思想以及正确义利观、真实亲诚、亲诚惠容等重要理念,中国已经从发展倡议的积极参与者向提供者和引领者转变。

因此,从全球发展倡议提出的时间维度来看,世界进入新的动荡变革期,疫情已经深刻改变了人类社会。"面对疫情带来的严重冲击,我们要共同推动全球发展迈向平衡协调包容新阶段。"[①]因此,全球发展倡议提出的时代背景已经出现了新变化:国家间和各国内部发展不平衡、不充分问题尤为突出,发达国家和发展中国家的发展差距进一步拉大,人与自然原有矛盾更加突出,造成全球发展的多边协同不够、创新驱动不足、资源投入欠缺,2030年可持续发展目标的实现更加紧迫。

二、全球发展倡议国际传播体系建构的重要性和必要性

习近平总书记高度重视对外话语权体系建设,多次提出着力打造融通中外的新概念新范畴新表述,掌握话语权,提高影响力。2021年9月21日,习近平主席在第76届联合国大会一般性辩论期间提出全球发展倡议,这是中国以自身为观照,以时代为观照,向国际社会提供的又一重大公共产品。从2013年提出"一带一路"倡议到2021年提出全球发展倡议,一系列具有中国特色、面向全球发起的倡议对形成同我国综合国力和国际地位相匹配的国际话语权意义重大。

(一)有助于提升国际话语权和"心联通"

话语权是国家综合国力重要组成部分,代表国家的国际影响力和感召力。

---

① 《习近平在第七十五届联合国大会一般性辩论上发表重要讲话》,新华网,http://www.xinhuanet.com/politics/2020-09/22/c_1126527647.htm,2020年9月22日。

话语权背后隐含着国与国之间地位、实力的角逐，记录了国家利益与意识形态的较量。①外交话语一般认为"主要是主权国家，为表达自己在一定历史时期内的国际战略与外交政策所使用的语言"。②可以存在于正式文件、领导人讲话、双边声明、对外宣言和国际倡议等多种载体中。近年来，中国就发展问题积极贡献理念、提出方案，在联合国、二十国集团、亚太经合组织、金砖国家、上合组织等一系列全球性和地区性平台上，中国都是发展议题的积极引领者。中国积极分享自身发展理念的出发点，同国际关系史上并不鲜见的"大国傲慢"形成了鲜明对比。中国主要通过在国际制度中提出倡议，将中国的经验分享给世界各国，进而增强对国际规范的影响力。③全球发展倡议作为中国为全球提供的方案，把促进共同发展置于突出位置，形成了新发力点和新结合点，不仅契合了各方发展阶段和发展任务，符合全球发展规律，也为新时代发展合作提供了战略引领和根本遵循。

（二）有助于展现负责任全球性大国担当

发起倡议成为中国主动影响和设置国际议程的鲜明特征。针对21世纪人类面临的共同挑战，全球发展倡议体现了中国走出近代、告别西方，对自身在全球发展维度的重新定位。事实上，发展领域一直是国际话语竞争的高地，个别国家甚至预先设置话语陷阱。在长达百年的发展历程中，西方发达国家形成了大量关于发展和援助的成果，这些系统化的知识体系成为西方国家主导国际发展合作治理体系的理论基础。以美国为例，从"门罗主义"到"泛美主义"，美国视拉美地区为"后院"，视加勒比地区为"第三边界"。在美国政府有

---

① 杨洁勉：《中国特色大国外交和话语权的使命与挑战》，《国际问题研究》2016年第5期，第18-30页。
② 金正昆：《现代外交学概论》，北京：中国人民大学出版社，1999年，第114页。
③ 凌胜利、李汶桦：《全球治理变革背景下的中国国际制度创建》，《国际关系研究》2021年第5期，第3-23页。

意识的包装和大力推广下，相关倡议成为区域层面和国际社会话语体系的标准版本和基本共识。2019年，美国正式发布"美洲增长倡议"（Growth in the Americas），宣布与除委内瑞拉、古巴和尼加拉瓜等3个所谓"独裁国家"之外的30个拉美和加勒比国家在"美洲增长倡议"框架下开展合作。美国前总统特朗普在第七十三届联合国大会发言表示，"在西半球，我们致力于维护独立，不受外国扩张主义势力的侵扰。自门罗总统执政以来，我国的一项正式政策就是反对外国干涉本半球和我们自己的事务"。然而，西方的知识体系无法直接观照发展中国家的实际，通常以俯视的姿态复制西方模式，而不是推动发展中国家自主发展。

（三）有助于凝聚增强协同发展的国际共识

作为全球发展的贡献者，中国已经不仅仅是国际倡议的参与方，而是更多地从倡议的发起方和全球发展的贡献者出发，推动在理念和方案上向国际社会提供公共产品。发展是解决一切问题的总钥匙，也是各国民心所向。中国是发展中大国，政治和外交基础根植于发展中世界，中国发起倡议、设置议程和塑造规范成为中国在多双边场合外交的重要方式。对外话语体系构建须超越自我定位及本国与世界关系的描述，超越自我中心的"软实力"诉求，着眼于世界领导型国家的新身份，着眼于解决21世纪国际社会面临的共同问题和人类的共同关切。[1]需要指出的是，全球发展倡议的核心理念和原则彰显了中国在当今世界的道义力量，具有独特的优势。五千年连绵不断的文明和文化传承，不忘初心的改革精神，生机勃勃的发展模式，不断扩大的朋友圈，都为发展中国家加快发展、实现共同繁荣注入了强劲动力，推动全球发展迈向平衡协调包容新阶段。

---

[1] 冯峰：《美国国际话语权的生成逻辑》，《中央社会主义学院学报》2020年第5期，第71-86页。

三、推进全球发展倡议国际传播的实施路径

习近平总书记指出："要注意加强话语体系建设。在解读中国实践、构建中国理论上，我们应该最有发言权。"[①]全球发展倡议重在推动全球、区域、国别发展合作的协同增效，一经提出就得到国际社会积极响应，已有100多个国家和包括联合国在内的多个国际组织支持倡议，近70个国家加入"全球发展倡议之友小组"。因此，全球发展倡议的国际传播体系建构是一项复杂的系统工程，不仅涉及国内的方方面面，还具有国际的多向互动，因此全球发展倡议走深走实必须考虑其内部建构、外部建构和共同建构。

一是内部建构：以自主知识体系建构推动形成与2030年可持续发展议程高度契合的知识体系。知识体系是学科体系、学术体系和话语体系的基础和凝练。国际社会越来越能看到，中国倡导的发展倡议为各国应对现实发展挑战提供了思想和学术引领。从知识分享的实践来看，2015年7月1日，中国成为经合组织（OECD）发展中心成员。经合组织秘书长古里亚称之为"互惠互利、知识共享的历史性变革机遇"。中国改革开放探索出的"有为政府+有效市场"的经济发展模式，同时实现了经济增长和经济发展，同时发挥了后发优势与先发优势，具有巨大的吸引力。全球发展倡议与2020年联合国发布的"行动十年"规划彼此呼应，共同聚焦减贫脱贫、粮食安全、经济复苏、教育卫生等当前发展中国家面临的最紧迫问题，提供"21世纪的解决方案"。过去的国际发展的学术议程以西方为重心，少数发达国家把持规则制定权、议程设置权，将发展实验引入知识体系。可以预见，随着中国自身实践不断开拓新境界，中国发展理念也必将在国际上收获更多认可与重视。中国将可持续发展具体目标纳入国家中长期发展规划，在重点专项规划中予以明确和细化，推动可持续发展

---

① 《习近平在哲学社会科学工作座谈会上的讲话》，人民网，http://politics.people.com.cn/n1/2016/0518/c1024-28361421.html，2016年5月17日。

议程与"十四五"规划和2035年远景目标有效对接。经过持续奋斗，中国实现了第一个百年奋斗目标——全面建成小康社会，提前10年完成联合国2030年可持续发展议程减贫目标。大力开展新时代对外援助和国际发展合作，为构建人类命运共同体提供重要合作平台。

二是外部建构：打造与新发展理念相适应的话语体系。全球发展倡议服务于国家核心利益，着眼于各国特别是发展中国家面临的紧迫挑战，推动国际社会将发展置于全球宏观政策框架的突出位置。其核心要义是推动共同发展，坚持发展优先、以人民为中心、普惠包容、创新驱动、人与自然和谐共生、行动导向，最终构建全球发展命运共同体。2030年议程是全球193个国家的谈判共识，充分表达了世界各国的关心关切，为全球发展倡议提供了共同的话语体系。

一方面，显示了中国主动承担大国责任的积极作为，在国际上使用和传播中国特色大国外交话语，必须强调中外的共性，避免过于意识形态化、本土化的话语方式。全球发展倡议坚持共商共建共享原则，将中国的理念与世界的需求相结合，以联合国多边平台积极应对国际治理的缺位，并以新的模式和理念为全球广大发展中国家积极提供区域性和全球性公共产品。

另一方面，也是中国努力改善和提升全球发展治理的尝试，并得到了广大发展中国家认同，包括传统发达国家的再审视。全球发展倡议体现了创新、协调、绿色、开放、共享的新发展观，中国同世界各国分享这一发展理念，不仅是中国在引领自身发展、落实可持续发展议程中的发展实践，也为促进全球发展事业提供参考方案，代表了一种更具道义基础的发展取向，在文化上体现了鲜明的中国特色。中国倡议作为向全世界开放的公共产品，提升广大发展中国家在国际事务中的代表性和发言权，充分展现了中国重视共同发展、推动实现全球发展的坚定决心。

三是共同建构：完善与全球发展合作进展相匹配的传播能力。 国际传播能力需要"文化-思想-知识体系"支撑。[1]全球发展倡议最核心的理念是以人民为中心，中国倡导的新发展理念和全球发展倡议都是以人民为中心的发展思想，着眼的是依靠全体人民的努力、满足全体人民的全方位需求，让发展的成果真正服务于人类整体进步。不少旧有发展理念只见"物"不见"人"，更不见人民，资本逻辑通常排在首位。"全球共同发展"在表达方式上坚持了普遍性原则，从而较容易获得各国人民的理解和认同。

一方面，中国在发起倡议和发展议程上的努力对现有可持续发展议程产生了一种"倒逼改革"的作用，中国与国际和地区组织尤其是联合国系统携手合作，《关于推进"一带一路"倡议和2030年可持续发展议程的谅解备忘录》《落实联合国2030年可持续发展议程行动计划》《二十国集团支持非洲和最不发达国家工业化倡议》等文件已经转化为务实行动，促使现有全球治理体系进行改革提高效率，增强发展中国家的代表性和话语权。

另一方面，全球发展倡议和"一带一路"倡议等倡议具备广泛的国际共识，契合各方和全球发展合作的优先事项，具备行稳致远的基础。围绕为什么要发展、发展为了谁、发展依靠谁、如何发展等一系列基本问题，全球发展倡议可以发挥协同增效的作用，"一带一路"倡议也可发挥重要平台作用助力全球发展倡议落地走实，推动实现全球可持续发展目标。同时，其他国家对中国发起的国际倡议积极参与和响应，有助于提升中国的国际声誉。倡议需要中国和外国共同建构，中国外交话语只有做到被国际认同和国际通用，才能由"权利"转变为"权力"，发挥一个全球性大国的影响和作用。

---

[1] 张维为：《加快推动知识体系话语体系和传播能力建设》，《中国社会科学报》2022年1月21日，第2335期。

四、对策建议

全球发展议程已经进入倒计时，17项可持续发展目标和169项具体目标必须在2030年之前实现。全球发展倡议由中国提出、属于世界，把握全球发展脉搏和迫切需求，得到国际社会积极响应和广泛支持，需要从以下三个维度全面提升全球发展倡议国际传播的效能。

一是针对发展中国家，强化"受众思维""他者视角"，进一步释放南南合作潜力。 在南南合作框架内为其他发展中国家落实2030年可持续发展议程提供力所能及的帮助，尊重发展中国家平等的发展机会和权利。遵循务实合作的行动指南，把握数字经济、疫苗合作、互联互通和绿色发展等领域发展机遇，开展联合自强。坚持"共同但有区别的责任"等原则，要求发达国家言行一致，支持发展中国家绿色低碳转型。探索新经济形态和新发展模式，帮助广大发展中国家促进经济和社会恢复与发展。不仅考虑到"一己之力"，更加重视"他山之石"。

二是针对发达国家，抢占新公域新话语制高点，进一步缩小南北发展鸿沟。 发达国家在疫后加速经济复苏采取的措施和国际发展承诺将决定未来五年甚至十年的发展道路，直接影响2030年可持续发展目标的实现。敦促发达国家落实发展援助承诺，实施负责任宏观经济政策，遏制高通胀向全球蔓延，减少对发展中国家的负面外溢效应。共同反对任何国家和个人搞技术封锁、科技鸿沟、发展脱钩，及时跟踪国际社会对"中国倡议"的政策回应。欢迎包括欧美国家在内的各方参与全球发展倡议，推动南北合作和三方合作，携手向世界提供更多的优质公共产品，实现好发展、真发展。

三是针对多边机构，将践行多边主义理念贯穿在国际发展合作的各方面。 加强和发挥联合国作用，继续推动联合国将发展置于议程核心位置，旗帜鲜明地反对单边主义和保护主义，反对以意识形态划线和发展问题政治化。坚持国际上的事大家商量着办，在多边发展框架内推动和引领全球发展合作的话语体系、知识构建、范式研究。精准有效地开展对外阐释，不断扩大国际社会共谋发展的舆论共识，推动私营部门、非政府组织、专家智库、媒体等积极参与落实2030年可持续发展议程。

总之，全球发展倡议的国际传播要处理好行动与目标、短期和长期、整体和局部的关系，推动和引领全球发展合作的话语体系、知识构建、范式研究和有益实践。中国的发展是世界的机遇，立足于中国式现代化理论和实践，为推动实现更加强劲、绿色、健康的全球发展，构建人类命运共同体凝聚起强大合力。

在讲好中国红色故事中构建中国红色文化国际话语体系

四川外国语大学马克思主义学院副教授、硕士生导师、博士　刘建锋

摘要：多年来，中国红色文化的魅力和影响力得到了国内外受众的交口称赞，却也时常被一些西方机构、传媒、政要，乃至个别西方政府妄加揣度与恶意污蔑，映衬出对外讲好中国红色故事所面临的话语困境。构建中国红色文化国际话语体系面临的困境不仅涉及中国红色文化话语结构，而且还牵涉西方由来已久的看低、看轻、看衰、看不懂中国红色故事的主观成见。因此，中国应号召各方众志成城、同心合力，借助提升自豪感与号召力、使命感与凝聚力、归属感与作用力、纵深感与推动力、责任感与公信力、层次感与暴发力等路径，在讲好中国红色故事中构建中国红色文化国际话语体系。

关键词：中国红色故事；中国红色文化国际话语体系；构建路径

习近平总书记强调："共和国是红色的，不能淡化这个颜色"[1]，需要"传承红色基因，赓续红色血脉"[2]。中国红色文化是中国共产党领导全国人

---

[1] 习近平：《在看望参加全国政协十三届二次会议的文化艺术界、社会科学界委员时的讲话》，《人民日报》2019年3月5日，第1版。

[2] 习近平：《高举中国特色社会主义伟大旗帜 为全面建设社会主义现代化国家而团结奋斗——在中国共产党第二十次全国代表大会上的报告（2022年10月16日）》，《人民日报》2022年10月26日，第1版。

民在革命、建设和改革开放时期实现民族独立和国家富强过程中凝聚成的，以中国化马克思主义为核心的红色遗存和红色精神；也包括近代中国开放以来历代仁人志士自强不息、救国拯民、反对内外强权压迫过程中形成的革命解放基因和中华民族复兴的伟大精神。"十三五"时期，我国"文化事业和文化产业繁荣发展"[1]，同时，党的十九届五中全会提出开启全面建设社会主义现代化国家新征程，结合"中华民族伟大复兴战略全局和世界百年未有之大变局"[2]，要求我们"必须坚定文化自信，牢牢把握社会主义先进文化前进方向，激发全民族文化创造活力，更好构筑中国精神、中国价值、中国力量"[3]，实现"繁荣发展文化事业和文化产业，提高国家文化软实力"[4]。在《中共中央关于制定国民经济和社会发展第十四个五年规划和二〇三五年远景目标的建议》中再次强调："以讲好中国故事为着力点，创新推进国际传播，加强对外文化交流和多层次文明对话。"[5]在党的十九届六中全会上通过的《中共中央关于党的百年奋斗重大成就和历史经验的决议》要求："永远以党的旗帜为旗帜、以党的方向为方向、以党的意志为意志，赓续党的红色血脉，弘扬党的优良传统。"[6]然而，某些西方政府、要员及媒体等，要么戴着有色眼镜主观臆断，要么出于某些不可告人的目的与缘由，妄加揣度与恶意污蔑中国红色文化，既有损中国红色文化的国际形象塑造，也不利中国红色文化走向世界。

---

[1] 习近平：《十九届五中全会公报》，《人民日报》2020年10月30日，第1版。
[2] 同上。
[3] 习近平：《十九届四中全会公报》，《人民日报》2019年11月5日，第1版。
[4] 同[1]。
[5] 习近平：《中共中央关于制定国民经济和社会发展第十四个五年规划和二〇三五年远景目标的建议》，《人民日报》2020年11月3日，第1版。
[6] 习近平：《中共中央关于党的百年奋斗重大成就和历史经验的决议》，《人民日报》2021年11月17日，第1版。

第三章　从战略层面加强对外话语体系建设

众所周知，中国红色文化"具有强化红色记忆、传承精神根脉、增强文化自信的文化价值""具有增进国家认同、促进民族团结、铸牢中华民族共同体意识的政治价值""具有整合价值分歧、引领社会风尚、促进社会稳定的社会价值""具有促进经济发展、推动脱贫攻坚、实现共同富裕的经济价值"[1]，然而却时常面临把控、驾驭或操纵话语权的一些西方机构、媒体、政要，乃至个别西方政府的妄加揣度与恶意污蔑，其深层次的缘由需要认真斟酌和加以鉴别。因此，习近平总书记强调，需要"加强国际传播能力和对外话语体系建设，推动中华文化走向世界"[2]。中国红色文化走向世界所遭遇的困境，衬托了西方主流媒体与学界对中国话语体系一直以来抱有的陈旧僵化的思维方式与阐释程式，展示出中国形象在西方"话语霸权"下被误读与污蔑。在讲好中国红色故事中构建中国红色文化国际话语体系，中国就需要走出类似束手束脚、受制于人的不利境况，在全球打造真实可信的国家形象，首要任务就是要讲好中国红色故事，构建独特的中国红色文化国际话语体系。

一、构建中国红色文化国际话语体系的新时代新征程背景

一直以来，西方从官方到民间、从上层到下层，都对中国或多或少地有着曲解和误导。尤其在苏东剧变后，中国成为世界上硕果仅存的社会主义大国，特别是进入新时代新征程以来，由于中国"已转向高质量发展阶段，制度优势显著，治理效能提升，经济长期向好，物质基础雄厚，人力资源丰富，市场空间广阔，发展韧性强劲，社会大局稳定"[3]，加上党的十九届五中全会在确立开启全面建设社会主义现代化国家新征程强调"全面提高对外开放水平，推动

---

[1] 李记岩、杨伟丽：《红色文化资源的价值意蕴》，《中国社会科学报》2020年12月9日，第1版。
[2] 习近平：《十八届三中全会公报》，《人民日报》2013年11月13日，第1版。
[3] 习近平：《十九届五中全会公报》，《人民日报》2020年10年30日，第1版。

贸易和投资自由化便利化，推进贸易创新发展，推动共建'一带一路'高质量发展，积极参与全球经济治理体系改革"①，这些必然会引起那些醉心于昔时荣光，妄想永久掌控、操纵和驾驭全球经济政治秩序的西方发达资本主义国家的不满与嫉恨。由此，造谣、中伤、误读、污蔑、曲解，甚至妖魔化中国的舆论四下泛滥，主要表现为"中国威胁论"与"中国崩溃论"。

细化到中国红色文化上和中国红色故事中，一些西方势力别有用心地采用了如下恶意的方式与手段："第一种是公开的反对派，公开反对党的领导和社会主义制度；第二种是披上合法的外衣，用隐蔽的方法向我们党和社会主义制度进攻；第三种是利用历史和现实中的个别事件，攻其一点，不计其余，以偏概全；第四种是把学术问题与政治问题交织在一起，以学者的面孔出现，实质上兜售反动思想。""用编造和歪曲的材料误导读者，迷惑性很大。""其污蔑的内容越来越多元化，手段越来越多样化，手法也越来越隐蔽化。"②

二、中国红色文化国际话语体系的基本构架

"话语体系是一个国家软实力和巧实力的集中体现，蕴含着一个国家的文化密码、价值取向、核心理论，决定其主流意识形态的地位和国际话语权的强弱。话语与话语体系为话语权服务，是话语权的基础。话语权的巩固与提升，既取决于国家的硬实力，又直接体现为话语的成熟和话语体系的完善。"而"当代中国话语体系，主要指中国特色哲学社会科学话语体系，包括对内和对外两个方面。对内话语权即主流意识形态话语权，主要在于巩固马克思主义在意识形态领域的主导和引领地位；对外话语权则是指中国在国际上的话语权力

---

① 习近平：《十九届五中全会公报》，《人民日报》2020年10月30日，第1版。
② 张全景：《弘扬红色文化，掌握意识形态工作主动权》，《红旗文稿》2014年第22期，第11-12页、1页。

和话语能力"①。

如今,中国红色文化国际话语体系的基本构架建立在由党引领下以区域特色文化为基础来予以推动推行推广,其重点与聚焦点表现在如下几个方面:一是强调与突出"思想政治教育理论与实践为主题",借助各级各类特色红色文化载体以形成中国红色文化有为作为善为的格局;二是强调与突出全媒体时代的特征,融其全程、全息、全员、全效于一体的无处不在、无所不及、无人不用的特点,运用其强大的传导力、引领力、影响力与公信力实现中国红色文化的同心同向同行,让中国红色文化得到受众群体的首肯与接纳;三是强调与突出开展中国红色文化品味品鉴品评活动,凸显中国红色文化国际话语体系表达的特性。

当然,尽管中国红色文化国际话语体系的架构彰显出以党为引领的众多的特质与优势,但是依旧存在不容忽视的问题。一是当前中国红色文化国际话语体系表达在本质上以"填鸭式灌输"为主,呈现"一元化"模式。②这种单向的说教方式无法有效实现受众对所传播信息的高度认同,在一定程度上削减了中国红色文化的感染力。③二是借助新媒体所传播的中国红色文化在内容上较为单薄④,未能高效提炼与探究中国红色文化深层次的文化底蕴与精神内涵,尚处于静态式说明、脚注与架构的进程。三是出于对中国红色文化的碎片化解

---

① 韩庆祥、陈远章:《建构当代中国话语体系的核心要义》,《光明日报》2017年5月16日,第15版。
② 陆山华:《红色文化的传播现状》,《科学与财富》2017年第36期,第292-293页。
③ 张立、李兴选:《全媒体视阈下高校"红色文化"有效传播的多维探析》,《社科纵横》2017年第8期,第147-151页。
④ 吕春艳:《高校思想政治教育载体创新研究———基于新媒体传播红色文化的视角》,《湖北函授大学学报》2018年第16期,第15-17页。

读，当代青年群体将中国红色文化的价值定位窄化①，未能高效提炼与把握中国红色文化内涵与外延的整体性认知，最终引发将中国红色文化歪曲与误解为绝对化、抽象化与政治化的浮泛文化。综上所述，上述问题的形成发生发展与对中国红色文化国际话语体系的密切关注不够有关。同时，在讲好中国红色故事时，让中国红色文化国际话语体系表达引发某种程度的困扰。倘若应对欠妥，必然引发中国红色文化国际话语体系的有效表达不畅不顺不利，也会引发西方受众长久以来对强党的领导怀有的提防与不信任，对强党的领导的话语体系产生疏离感与戒备心。倘若不能深刻把握中国红色文化国际话语体系的国际表达格局，不遵循中国红色文化国际话语体系的国际表达规律，必然无法讲好中国红色故事。

因此，如何基于中国红色文化话语的文化性、语用性以及人际性特点来探索中国红色文化传播的有效机制，是当下政治传播领域绕不过去的一个话题。②中国红色文化急切需要构架效率为先的话语表达体系，"加强话语体系建设，集中讲好中国故事，不断增强中国国际话语权，让全世界都能听到听清听懂中国声音，让世界认识一个立体多彩的中国"。③

三、讲好中国红色故事遭遇的国际话语体系困境

当下，西方罔顾中国红色文化的本源、内涵与价值，借助"西强我弱"的话语权态势，妄图对中国红色文化造谣、中伤、谩骂、污蔑、曲解、打压，甚至妖魔化的恶劣行径，让国人深刻认识到：虽然多年来中国在红色文化的整

---

① 张立、李兴选：《全媒体视阈下高校"红色文化"有效传播的多维探析》，《社科纵横》2017年第8期，第147-151页。
② 曾杰：《论红色文化传承中的当代话语转换》，《贵州社会科学》2017年第11期，第29-33页。
③ 王莉：《中国话语体系构建的基本维度》，《光明日报》2017年9月25日，第15版。

体形象的架构与打造上成绩显著，中国的国际声望与国际地位不断攀升，中国红色文化国际话语体系表达也得到了国际社会的充分肯定与认可，然而在国际舆论场景中，"西强我弱的信息流不平衡现象依然存在，中国还未走出'被动挨批'局面"[①]，中国要摆脱话语权的弱势地位，就"要根据形势需要，把握时、度、效，及时调整斗争策略。要团结一切可以团结的力量，调动一切积极因素，在斗争中争取团结，在斗争中谋求合作，在斗争中争取共赢"[②]。而在讲好中国红色故事的进程中，中国遭遇的话语体系表达的现代困境与冲击为：

（一）西方看低中国红色故事

进入新时代以来，"中国前所未有地走进世界舞台中心，对国际社会尤其是周边国家的舆论引导力逐步彰显"。[③]然而，一些西方机构、媒体、政要，乃至个别西方政府，或者因依旧戴着有色眼镜主观臆测而看低中国及中国红色文化，或者沿袭西方陈旧过时的价值观念与话语体系思维来打量与看低中国及中国红色文化，对中国及中国红色文化未能予以最基本的认知与尊重，不认可中国红色文化国际话语体系取得的成效，即"通过对维护政治合法性的表达，维持了社会政治秩序的稳定""通过对引领社会思想文化的表达，巩固了主流意识形态的一元化""通过对规制个体价值判断的表达，强调了社会价值评价的标准"[④]，固执己见地倒行逆施，背道而驰，走向问题的反面。初看上去让人觉得不可思议，然而斟酌再三，方可发现其深层次的原因。

---

① 吴瑛：《十九大后国际舆论的新格局与新走势》，《对外传播》2018年第4期，第4–6页。
② 《习近平在中央党校（国家行政学院）中青年干部培训班开班仪式上发表重要讲话：发扬斗争精神　增强斗争本领　为实现"两个一百年"奋斗目标而顽强奋斗》，《人民日报》2019年9月4日，第1版。
③ 吴瑛：《十九大后国际舆论的新格局与新走势》，《对外传播》2018年第4期，第4–6页。
④ 李飞、李涛：《变迁社会中红色文化话语体系的表达、困境与重构》，《理论导刊》2019年第11期，第68–72页。

（二）西方看轻中国红色故事

基于国际话语权表达，怎样获得国际上最大多数人的认可与接纳，及时有效地发声与进言，越发显得尤为关键。基于此，中国在对外讲好自身红色故事的进程中，忽视了西方看轻中国红色故事的重要诱因，表现为：一是对外讲好中国聚焦于内涵式发展的能力还不足；二是对外讲出具有时代感、带入感与共鸣感的故事的能力还不足；三是对外怎样最大程度地获得最大多数人的认可与接纳的能力还不足；四是对外把中国红色文化、红色故事讲细讲实讲透，实现入眼入耳入脑入心的能力还不足；五是将中国红色文化国际话语体系表达由"理"深入到"人"的能力还不足；六是保持中国红色文化国际话语体系的魅力与张力还不足。

（三）西方看衰中国红色故事

随着互联网运用普及和大数据等技术快速发展，人类步入到海量信息的时代，怎样高效务实地让中国红色文化和红色故事成为国内外受众的聚焦点和着力点，是对外讲好中国红色故事的题中应有之义。让中国红色文化和红色故事成为国内外受众的聚焦点和着力点，从主体来讲，不仅事关受众的数量多少与地域分布的深度和广度，而且也事关受公众关注的持续性与延续性。基于此，中国对外在讲好自身红色故事的进程中，西方看衰中国红色故事的重要诱因表现为国外受众已经形成并固化的文化价值观与中国红色文化价值观之间可能存在冲突，导致中国红色文化在进入国外后，国外受众觉得与己无关，因漠不关心而出现看衰；在进入国外之后，国外受众觉得中国红色文化缺少借鉴价值，本国本地区的文化比中国红色文化更先进、更科学、更可行，因而看衰中国红色故事。

（四）西方看不懂中国红色故事

在对外讲好中国红色故事的进程中，让国外受众看得到、看得清、看得懂是非常重要的一环，囿于语言表达、文化背景、价值体系、国际话语表达能力、红色文化产品的国际竞争力与国际化表达方式的差异，导致众多国外受众不太认可与接受中国红色故事的表达表述方式，看不懂中国红色故事的内涵，也理解不了这些故事所阐释的理念与精神实质。最终，自说自话、自抒己见，导致所讲的中国红色故事，让国外受众感到不明就里、一头雾水。所以，"履不必同，期于适足；治不必同，期于利民"，怎样精准、高效地呈现与表述中国理念和中国故事，站在有助于国外受众认可与接纳的立场与出发点上，以便于找到讲好中国红色故事的切入点与着眼点，选取适合的故事题材、表达方式，这非常有助于讲好中国红色故事。

四、在讲好中国红色故事中构建中国红色文化国际话语体系的实现路径

习近平总书记强调："要下大力气加强国际传播能力建设，加快提升中国话语的国际影响力，让全世界都能听到并能听清中国声音"[1]，"向世界展现真实、立体、全面的中国，提高国家文化软实力和中华文化影响力"[2]。这为我们讲好中国红色故事，构建中国红色文化国际话语体系指明了前进的方向与根本的坚守。在讲好中国红色故事中构建中国红色文化国际话语体系，需要"建构融通中外的话语体系，需要以新概念、新范畴、新表达来向世界解读人类命运共同体理念中的标识性概念和核心话语，这是一个庞大而艰巨的系统工程"[3]，需要强调"坚持政府主导、社会参与、重心下移、共建共享"[4]的全方位、多角度通力协作，同心同向同行。

---

[1] 习近平：《在党的新闻舆论工作座谈会上的讲话》，《人民日报》2016年2月19日，第1版。

[2] 《习近平出席全国宣传思想工作会议并发表重要讲话》，《人民日报》2018年8月23日，第1版。

[3] 佟晓梅：《构建对外话语体系 更好传播人类命运共同体理念》，《光明日报》2019年8月18日，第15版。

[4] 同[2]。

（一）从认识上找差距，进一步提升讲好中国红色故事的自豪感与号召力

面对那些毫无实据的揣测与污蔑，甚至是主观上带有"落井下石"目的的"断言"，中国应从认识上找差距，以大量无可辩驳的理据与成果，让西方造谣、误读、污蔑、曲解，甚至妖魔化中国的舆论与恶行不攻自破，顿显原形。新时代以来，在党的领导下，在讲好中国红色故事中构建中国红色文化国际话语体系成效明显。新时代新征程的常态化工作中，中国需要慎终如始、知难而进，方可增进与提升、继承与发扬在讲好中国红色故事中构建中国红色文化国际话语体系所取得的累累硕果，展现出在常态化工作场景下讲好中国红色故事中构建中国红色文化国际话语体系所施行的行之有效的路线、方针与政策，实现进一步提升讲好中国红色故事的自豪感与号召力。

（二）从工作上找短板，进一步提升讲好中国红色故事的使命感与凝聚力

中国要实现中华民族伟大复兴中国梦，必须要增加国际社会对中国的了解和理解，营造良好的外部环境，这也是新时代文化建设应当担负起的重大使命。[①]因此，进一步提升讲好中国红色故事的使命感与凝聚力，从工作上找短板，必然要以习近平新时代中国特色社会主义思想为指导，以新时代新征程的实践为出发点，以深化发掘标识性概念为着眼点，以强化学术创新性为突破口，持续增进和提升话语体系的核心要义和内在逻辑。要向国内外受众讲清楚，在讲好中国红色故事中构建中国红色文化国际话语体系取得明显的成效关键是，"我们走自己的路，具有无比广阔的舞台，具有无比深厚的历史底蕴，具有无比强大的前进定力"。[②]

---

① 刘瑾、刘波：《新时代"兴文化"的使命任务》，《光明日报》2018年8月31日，第6版。
② 习近平：《在纪念毛泽东同志诞辰120周年座谈会上的讲话》，《人民日报》2013年12月27日，第1版。

（三）从措施上找弱项，进一步提升讲好中国红色故事的归属感与作用力

新时代新征程，对外讲好红色故事的先决条件首先是中国红色故事国际话语体系主动权的把控与驾驭。所以，应从措施上找弱项，应该积极踊跃地提升全媒体融通，利用全媒体融通的特质，转变思路，抢抓机遇，紧跟新时代新征程。而积极踊跃地提升全媒体融通，应做到精准施策。一是要从"准、细、实"入手，在实现"分众化、差异化"上下功夫，结合受众国家与受众人群的特质做到准、细、实的分类研究及有针对性的施策，可以思考"一国一议"或是"一国多析"的施策路径，做到因势而谋、应势而动、顺势而为、精准施策，进一步提升讲好中国红色故事的归属感与作用力。二是要从题材内容打造上下功夫，做到解放思想、实事求是、与时俱进、求真务实，积极踊跃从内涵与外延处人手，"强化互联网思维，坚持传统媒体和新兴媒体优势互补、一体发展，坚持先进技术为支撑、内容建设为根本，推动传统媒体和新兴媒体在内容、渠道、平台、经营、管理等方面的深度融合""形成立体多样、融合发展的现代传播体系"。[①]

（四）从人才上找突破，进一步提升讲好中国红色故事的纵深感与推动力

在讲好中国红色故事中构建中国红色文化国际话语体系，人才扮演着不可或缺的角色。因此，应从人才上找突破，进一步提升讲好中国红色故事的纵深感与推动力。中国要围绕"培养什么人、怎样培养人、为谁培养人"这一根本问题，重点在"致力于培养一大批熟悉党和国家方针政策，了解我国国情、具有全球视野、熟练运用外语、通晓国际规则、精通国际谈判的专业人才"[②]

---

① 《习近平主持召开中央全面深化改革领导小组第四次会议并发表重要讲话》，《人民日报》2016年8月19日，第1版。

② 彭龙：《办"中国的"外语教育》，《光明日报》2017年4月13日，第14版。

上下功夫；重点在"不唯地域引进人才，不求所有开发人才，不拘一格用好人才，在大力培养国内创新人才的同时，更加积极主动地引进国外人才特别是高层次人才"①上下功夫；重点在中国红色文化的过去、现状及愿景上下功夫，感受中国红色文化国际话语的力度、温度、厚度和浓度，梳理出独具一格的中国红色文化国际话语体系，在实现"共商共建共享"中唱响构建中国红色文化国际话语体系的主旋律，进一步提升讲好中国红色故事的纵深感与推动力。

（五）从落实上找问题，进一步提升讲好中国红色故事的责任感与公信力

习近平总书记指出："我们有本事做好中国的事情，还没有本事讲好中国的故事？我们应该有这个信心！"②因此，中国应从落实上找问题，强调中国故事最精彩的主题，是讲清楚中国共产党为什么"能"、马克思主义为什么"行"、中国特色社会主义为什么"好"。要主动宣介习近平新时代中国特色社会主义思想，主动讲好中国共产党治国理政的故事、中国人民奋斗圆梦的故事、中国坚持和平发展合作共赢的故事，让世界更好了解中国。"③中国应积极主动地与遵循合作共赢的全世界友好媒体和外国驻华传媒"通过坦诚深入的对话沟通，增进战略互信，减少相互猜疑，求同化异、和睦相处"④，以构建中国红色文化国际话语体系绘就各国间"合作共赢"的"同心圆"，并向全世界分享在讲好中国红色故事中构建中国红色文化国际话语体系的经验与感受，展示恢宏的世界胸怀、坚定的大国担当，进一步提升讲好中国红色故事的责任

---

① 习近平：《在外国专家座谈会上的讲话》，《人民日报》2014年5月23日，第1版。
② 习近平：《推动社会主义文化繁荣兴盛——关于新时代中国特色社会主义文化建设》，《人民日报》2019年8月6日，第1版。
③ 习近平：《推动社会主义文化繁荣兴盛——关于新时代中国特色社会主义文化建设》，《人民日报》2019年8月6日，第1版。
④ 习近平：《在亚洲相互协作与信任措施会议第四次峰会上的讲话》，《人民日报》2014年5月23日，第1版。

感与公信力。

（六）从多维发力上找盲点，进一步提升讲好中国红色故事的层次感与暴发力

习近平总书记强调，加强对外话语体系建设，创新对外话语表达方式，打造融通中外的新概念新范畴新表述，增强文化传播亲和力，让当代中国形象在世界上不断树立和闪亮起来。①因此，应从多维发力上找盲点，在主体、受众、路径、机制等方面实现精准聚焦、协同发力，进一步提升讲好中国红色故事的层次感与暴发力。从观照国际话语体系的主体来说，应"坚持政府主导、社会参与、重心下移、共建共享"②的全方位、多角度通力协作，同心同向同行；从观照国际话语体系的受众来说，应以受众群体的焦点、难点、痛点、痒点为核心，打造能充分激发受众群体关注点的红色故事；从观照国际话语体系的路径来说，应以IT技术、大数据和社交媒体等为路径，打造融通中外的新媒体新技术新表述；从观照国际话语体系的机制来说，应实现以跨国连省市遍区域的互助协作、汇聚为合力。

（七）从构建上找着力点，进一步提升讲好中国红色故事的紧迫感与内聚力

"舆论引导重在早、贵在快，特别是面对重大事件和突发事件，要快速反应、及时发声，做到抢先一步、先声夺人。"③因此，应从构建上找着力点，充分借助全球知名传媒和人士为中国红色文化话语体系构建摇旗呐喊、擂鼓助

---

① 习近平：《推动社会主义文化繁荣兴盛——关于新时代中国特色社会主义文化建设》，《人民日报》2019年8月6日，第1版。
② 《习近平出席全国宣传思想工作会议并发表重要讲话》，《人民日报》2018年8月23日，第1版。
③ 杨振武：《做好新形势下舆论引导工作的科学指南（深入学习贯彻习近平同志系列重要讲话精神）——深入学习贯彻习近平同志关于舆论引导的重要论述》，《人民日报》2014年5月28日，第7版。

威，把脉国际舆论大势与走向，打造良性的中国红色文化话语体系构建氛围。在讲好中国红色故事和构建中国红色文化国际话语体系的进程中，一要主动与国内外的专业团队共谋划、齐构建，以整合其资源、发挥其优势与长处；二要主动与世界知名企业、创新产业公司和士绅名流开展多层次的沟通，引导他们主动配合从积极的方面推介中国红色文化；三要全面调动港澳同胞、海外侨胞和在华外籍人士的广泛融入，让他们同享共融中国红色故事，增进提升话语体系构建的主动性；四要落实深度的国际协作，打造国际媒体融合命运共同体，让西方造谣、中伤、误读、污蔑、曲解，甚至妖魔化中国的舆论与恶行不攻自破，顿显原形。

从减贫纪录片看中国主流媒体的对外传播话语策略

华南农业大学艺术学院传媒系副教授　胡　辉

【摘要】加强对外传播能力建设，既需要宏观层面的战略规划，也需要话语体系和话语策略的具体而微的探索和实践。2020年以来诞生的以《中国减贫密码》《摆脱贫困》《人民的小康》为代表的减贫类纪录片不断创新对外传播的话语策略，在文本结构、叙事角度和话语表达等层面努力做到"讲好中国故事"，其创作实践具有启发意义。

【关键词】减贫类纪录片；对外传播；话语策略

新世纪以来，伴随着中国日益走近世界舞台的中央，提升国际传播影响力已成为中国对外传播的重要战略。在2013年"8·19"重要讲话中，习近平总书记首次提出"推进国际传播能力建设"，要求 "讲好中国故事，传播好中国声音"。[1]之后的"十三五"规划纲要明确了"加强国际传播能力建设"的表述，标志着国际传播能力建设正式成为国家发展战略。党的十九大报告进一步指出要推进国际传播能力建设，展现真实、立体、全面的中国，提高国家文化软实力。

---

[1]　张峰：《习近平总书记"8·19"重要讲话的八大亮点》，中国共产党新闻网，http://theory.people.com.cn/n/2013/0905/c112851-22812319.html，2013年8月5日。

对外传播能力的建设离不开充分且有效的国际话语权。"在当前国际舆论格局下，一个国家能否拥有话语权，关键在于其能否充分发挥话语表达权利，并通过设置针对性议题构建自己的国际话语权。"[1]毋容置疑，2020年中国脱贫攻坚取得胜利，恰恰构成了中国进行对外传播最有力的议题。这一年，伴随着现行标准下近1亿中国农村贫困人口全部脱贫的数据公布——人类历史上规模最大、力度最强的脱贫攻坚战在中国取得了全面胜利，成就之辉煌令世界惊叹。中国的减贫成果也为世界减贫事业作出了巨大贡献。因此，如何抓住这一影响世界发展的重大议题进行积极有效的对外传播，让"中国智慧""中国方案"连同"中国减贫故事"一起成为扩大中国国际影响力的主打内容，无疑是检验中国主流媒体国际传播力的极好实践。

也正是在这样的背景下，2020年以来新华社、人民日报社、中央广播电视总台等中央级主流媒体相继推出多部介绍中国减贫事业的纪录片如《中国扶贫在路上》《中国减贫密码》《摆脱贫困》《人民的小康》等，这些纪录片以创新性的叙事话语取得了对外传播的良好效果。例如2020年6月23日，人民日报社推出扶贫纪录片《中国扶贫在路上》，已被译成英语、法语、德语、日语、韩语等5个外语版本，在世界各国陆续播出；由中央宣传部指导中央广播电视总台摄制的八集脱贫攻坚纪录片《摆脱贫困》于2021年2月18日在央视播出，通过44种语言向海外200余个国家和地区推送，覆盖全球800多家视频媒体，累计触达海外受众6.96亿人次[2]；再如新华社国家高端智库2021年2月28日以中英文向全球发布了全球智库报告《中国减贫学》，同时，由新华社制作的纪录片《中国减贫密码》，也以中、英、法、西、日、俄等多语种同步播发，随之这部50分钟的纪录片便被中国多个

---

[1] 杨威：《拓展中华文化国际传播路径的若干核心问题》，《山东师范大学学报（社会科学版）》2021年第5期，第15页。

[2] 邢斯馨：《〈摆脱贫困〉海外持续热播 网友赞脱贫人民笑容最美》，央视网，https://news.163.com/21/0304/13/G48FIQ9F000189FH.html，2021年3月8日。

驻外使领馆作为介绍中国减贫经验的权威材料推介给外方人士；同年8月2日，由易烊千玺担任宣传人的五集纪录片《人民的小康》在央视播出后，短短一周时间，节目主话题"人民的小康"阅读量达2.6亿，讨论量达23.6万，相关视频在国外的Tik Tok、YouTube、Twitter上广泛传播。可以说，这几部作品均全景呈现了中国共产党带领全国各族人民精准扶贫、精准脱贫，全面建成小康社会的历史成就，以历史维度、全球视角、理论与实践结合、政论与纪实融合的多维多元叙事鲜明体现出"讲好中国故事"的思想意旨和话语实践。这些作品所展现的"中国减贫故事"恢宏大气而又具体生动，其讲述手法充满中国气质而又兼具国际表达，成为兼顾国内和国际传播的成功案例。在加强中国对外传播的现实背景下，上述作品中体现出的对外传播话语策略尤其值得关注和分析。

一、"宏大叙事"与"小微叙事"相结合的文本结构

所谓宏大叙事，是指对社会、文化、历史的总体性、根本性、系统性的解释，以及由此而推导出的为建构理想社会所应进行的行为阐述。"宏大叙事"（Grand Narrative）最早是由法国后现代哲学家让·弗朗索瓦·利奥塔在《后现代状况：关于知识的报告》一书中提出的核心概念。利奥塔认为"宏大叙事"是人类对现代性"合法性"追求的必然结果，表现为启蒙解放叙事与哲学思辨叙事两种形态。[1]很显然，宏大叙事在呈现关乎人类历史发展规律并以此解释相关历史现象和事件中具有独特的作用。作为人类历史上一次规模巨大的减贫行动，中国的脱贫攻坚无疑具有以"宏大叙事"进行阐释的学理和实践基础。

2000年，联合国千年首脑会议上，各国领导人通过了以减贫为首要目标的

---

[1] ［法］让·弗朗索瓦·利奥塔：《后现代状况：关于知识的报告》，车槿山译，北京：生活·读书·新知三联书店，1997年，第2页。

千年发展目标。这样的背景更彰显出中国作为全球最大的发展中国家摆脱贫困的意义所在。按照世界银行国际贫困标准，我国减贫人口占同期全球减贫人口70%以上。可以说，中国所取得的消除绝对贫困的巨大成就不但实现了中华民族全面建成小康社会的"第一个百年奋斗目标"，提前10年实现《联合国2030年可持续发展议程》减贫目标，而且为全球减贫事业作出了重大贡献。如此恢宏成就无论从政治还是经济、国内还是国际的角度，都是一个足以载入史册的伟大贡献，这样的伟大实践只有"宏大叙事"才可以承载其中的历史意义、现实意义以及全球意义。

可以看到，作为全面深入展现我国减贫成就的纪录片，以《摆脱贫困》为代表的这几部作品在叙事架构、叙事角度和表述风格等方面，都鲜明地体现出"宏大叙事"的特点。例如《人民的小康》通过"一诺千钧""脱贫攻坚"等5个篇章从历史回溯、攻坚奋战、成果展示、未来展望这一历史发展进程角度，系统阐述了小康社会的历史渊源、思想体系、科学内涵，全景展示了中国人民脱贫攻坚的艰辛历程和取得的伟大成就；再例如《摆脱贫困》则由"庄严承诺""精准施策"等八集内容构成，八个篇章分别从不同层面表现了中国在摆脱贫困道路上的伟大实践，既有习近平总书记为整体打赢脱贫攻坚战擘画路线、指引方向的正确领导，有"六个精准""五个一批""两不愁三保障""三区三州"等扶贫政策方略，也有广大党员干部吃苦耐劳、攻坚克难的执行和落实。该片对中国在消除贫困这一世界难题过程中所展现出来的极具原创性、独特性的重大举措给予了全面诠释，如"异地搬迁扶贫""精准扶贫"等，并从政治、经济、文化等多元角度揭示了在这些过程中"中国方案"和"中国智慧"的实质。总之，上述作品对于中国"脱贫攻坚"这一伟大历史实践的呈现是宏观全景的，同时也是科学系统的，唯其如此，"中国扶贫故事"的"讲述"才会逻辑严谨而又恢宏大气。

当然，在讲求个性化、故事化叙事的国际传播环境下，上述纪录片并没有陷入通篇政策解读、理念阐述的叙事模式，而是在"宏大叙事"的铺排中将个体化、人文化和情感化的"小微叙事"容纳进来，从而达到了宏大主旨阐述和个体故事感染相融的叙事效果。例如在《摆脱贫困》中，几乎每一集都有具体而生动的"扶贫个体"的故事讲述。该片第六集《家国情怀》集中呈现了多位优秀扶贫工作者的故事，包括攀悬崖、溜索道，为云南怒江丙中洛镇居民送诊的医生管延萍；免费教种植、直播带货，用土豆带领云南澜沧乡亲们脱贫的中国工程院院士朱有勇等；《人民的小康》也讲述了多个发生在中国大地上的典型扶贫故事，如湖南花坛县十八洞村、河南光山县东岳村、三亚黎族博后村等地的农民摆脱贫困走上致富路的故事；《中国减贫密码》中也记述有西藏那曲市藏族牧民普次仁通过异地搬迁安置政策改变贫困、海南渔民陈志东依靠海产养殖发家致富的故事。这些充满烟火气息的扶贫故事，让受众在具体而微小的人与事的日常中体悟中国人在脱贫攻坚奔向小康过程中的付出和收获、艰辛和喜悦。这正如有论者指出的"中国特色和中国理论的'自塑'需要通过'讲故事'的方式落地""把价值观和理念内隐在人文故事中才能深入人心，把陈情与说理结合才会有良好的国际传播效果"。[1]

正是依靠"宏大叙事"和"微小叙事"相结合的文本结构，这几部作品既彰显出中国共产党带领人民为实现国富民强的中国梦的奋斗历史以及为世界减贫事业所作出的巨大贡献，又体现出在脱贫攻坚历史进程中从国家领袖到普通个体的日常点滴，堪称人类摆脱贫困的鲜活影像史。

二、历史维度和全球视野相结合的叙事角度

消除贫困是贯穿人类社会的历史命题，也是中华民族一直以来的梦想，因

---

[1] 马缘园：《国际传播视域下外宣主流媒体提升国际舆论引导力路径与策略研究》，《新闻爱好者》2021年第10期，第26页。

此，中国在2020年完成脱贫攻坚的艰巨任务既是对困扰中华民族几千年的绝对贫困问题的历史性解决，也直接推动了全球减贫事业进程，给全世界消除贫困带来了巨大信心。因此，中国的减贫事业是始终位于纵向的历史维度和横向的全球视野之中的，基于此，以《摆脱贫困》为代表的优秀减贫类纪录片都选择了这两种角度相结合来进行叙事，从而呈现一个更为丰富立体的纪录片话语空间。

从历史的维度而言，这些作品将中国消除贫困的进程放置在了中国历史乃至世界历史的大背景之下，并始终坚持以历史的眼光来看待和评价中国的"脱贫攻坚"实践，如此，摆脱贫困之于中国和世界发展的意义就清晰可辨。例如《中国减贫密码》的第一句就指出"贫困，困扰世界千年的难题"；而《人民的小康》第一集《一诺千钧》则从文献考证的角度，指出无论是《诗经·大雅·民劳》中最早出现有关小康的字眼"民亦劳止，汔可小康"，还是汉时期的《礼记·礼运》中将小康描述为走向"大同"的理想社会状态等，都反映出中国人自古以来对幸福安康生活的向往。正是通过这样的历史回溯，使得减贫事业中国化表述的"小康"有了极为清晰和系统的阐述，同时也在千百年的历史进程映照下彰显出中国共产党带领中国人民全面建成小康社会成就的巨大意义；再例如《摆脱贫困》的第一集《庄严承诺》也在开篇回顾了中华民族几千年来一直在和贫困抗争的历史事实，并截取了从1840年鸦片战争到新中国成立前后及至改革开放和2021年开启全面建成小康社会的新征程的历史片段，短短几分钟就阐述清楚了消除贫困、改善民生、逐步实现共同富裕是中华民族一场伟大的接力。可以看到，类似这样的历史维度始终贯穿在该片的叙事话语之中，既包括中国脱贫攻坚的历史叩问、实现之艰难和历史意义，同时也包括一代中国人为之奋斗的个人生活历史、精神历史。如该片第一集中还呈现了这样的段落：1969年，年仅15岁的习近平到陕北小山村梁家河当知青。该片在这一段落的结尾指出："也正是在那个时候，使得习近平对于贫困有了深入的思考。"个人历史与国家历史有了具体而生动的交融。

正是依靠这样的维度，这些纪录片为他国民众提供了一种观察认知中国人民与贫困斗争的历史视角，同时也为"中国智慧"和"中国方案"的形成建构起充分的历史依据和实践依据。

当然，历史维度并不仅仅是回顾历史，还应包括以发展的眼光前瞻未来。上述作品都不同程度地对中国的未来发展给予了展望，如《摆脱贫困》最后一集对扶贫攻坚结束之后的一系列新问题的思考：刚脱贫摘帽的地区怎样才能缩小发展差距？伴随快速的城市化和工业化进程，是否会催生新的贫困人口？而针对这样的问题，片中解说词回应道："创造了人类历史上前所未有减贫奇迹的中国，已经开始精心布局，长远谋划。"该片还引用国家乡村振兴局局长王正谱的话，指出了未来工作的三个衔接：工作衔接、政策衔接和队伍衔接。可以说，正是因为从历史维度以发展的眼光来呈现、看待和评价中国的"脱贫攻坚"的实践，该片所表现出来的观点、观念才具有辩证的力量；而在《人民的小康》中，则不但从多个角度展现了中国未来已来的现实图景，如无人驾驶农机设备带来的农业发展的新景象、中国纵横交错的发达交通网络和先进的5G技术所体现出的"人悦其行，物优其流"的现实等，还确切回答了对未来中国发展蓝图的追问。中国古人云"不谋万世者，不足谋一时；不谋全局者，不足谋一域"，这是中国人关于历史和发展的辩证观，这种历史发展观在上述作品中得到了充分的展现。

中国的对外传播，曾经走过"以西方为方法、中国为目的的道路，而中国只是作为西方话语体系和方法下的一个个案和一个研究对象"。[1]在今天的国际传播中，中国需要建构起国际传播的主体性，"将那些蕴含着中国独特文化基因的新价值取向、经过实践检验的成功经验传播出去，从而打破国际传播

---

[1] 武心波：《走"以中国为方法、世界为目的"的中国道路》，《中国战略报告》2016年第2期，第57页。

领域日益固化的西方结构性知识权力体系"。①其中，建构出具有全球性的价值认同理念和认同话语至关重要。"中国故事"也只有融汇在全球认同的价值理念和话语表述中才会获得巨大的穿透性和感召力。"在价值观传播为王的国际传播领域，中国提出的'人类命运共同体'理念可以作为中国国际传播话语体系建设的重要突破口，其摆脱了西方固有话语体系的局限，突破了对立、矛盾、冲突的思维模式，在世界发展新态势和多样性的格局中提出了一种人类社会共同的价值观。"②从这个角度而言，中国减贫事业的对内对外实践和贡献恰是中国提出的"人类命运共同体"这一具有全球性的价值认同的最好体现。

可以看到，以《摆脱贫困》为代表的几部纪录片都呈现出全球化的视角和话语来阐述中国减贫事业是"人类命运共同体"的生动实践及其获得的他者认同。

例如《中国减贫密码》围绕共建"一带一路"倡议，讲述中国帮助相关国家更好实现减贫发展的故事，内容涉及中国通过搭建平台、组织培训、开展智库交流等多种形式，分享减贫经验。该片还讲述了在东非的坦桑尼亚，由中国创办的剑麻农场，帮助包括奇特马在内的众多当地人改变贫困生活面貌的事例；同样，在《摆脱贫困》中，全球性视角也在论述和实例相互支撑中得到了体现，《摆脱贫困》的第七集，基本上是拿出一整集来探讨中国扶贫经验对他国的影响和帮助，该集呈现了中国在湄公河流域的老挝、柬埔寨、缅甸三个国家建设的六个减贫示范村，使六个村庄的村民生活发生巨大变化的实例，真正做到了有理念也有故事。上述内容充分彰显了中国不但是"人类命运共同体"的提出者，而且还是积极行动的践行者。

当然，价值认同和话语认同绝非自说自话就可以实现的，《中国减贫密

---

① 刘涛：《新概念　新范畴　新表述：对外话语体系创新的修辞学观念与路径》，《新闻与传播研究》2017年第2期，第32页。
② 李玉洁：《中国国际传播的逻辑转向与话语升级》，《河南大学学报（社会科学版）》2021年第6期，第131页。

码》和《摆脱贫困》还分别切入他者视角和引用他者的评价，使得中国减贫的世界意义得以呈现出全球性的价值反馈。如《中国减贫密码》在开端就引用多位国际政要，包括联合国秘书长古特雷斯、国际劳工组织总干事盖伊·赖德以及泰国国家智库顾问苏拉西等对中国减贫事业的积极评价，使得"中国智慧"和"中国方案"国际化意义表达得直接而充分，如联合国秘书长古特雷斯认为"这是历史上最伟大的脱贫成就"、国际劳工组织总干事盖伊·赖德的评价为"这是无与伦比的成就"等；在《摆脱贫困》中也先后出现了包括联合国秘书长在内的多位国际政要接受采访的画面，如联合国开发计划署驻华代表、世界银行中国局局长、法国前总理、澳大利亚前总理等。毋庸置疑，这样以"外国人眼中的中国减贫经验"论证"中国智慧"的全球价值的做法，显然更符合国际传播和跨文化传播中的"认同"理论，因此会极大地提升作品所传递信息的可信度和说服力。

如是，当"中国故事"浸润了"人类命运共同体"的全球认同价值后，"中国方案"和"中国智慧"的阐述就具有了超越国界的话语力量和价值感召力，这无疑是中国进行国际传播能力建设的有益尝试。

三、中国气质和国际表达相结合的话语风格

不可否认，讲述者的自信会直接影响到故事讲述的效果。因此，在追求讲述技巧的同时，保持应有的话语自信至关重要。从这点上来说，上述作品充分展现出具有中国气质的"道路自信""理论自信""制度自信""文化自信"，并将这种自信气质与国际性的表达巧妙结合起来，从而使得纪录片的话语风格更具从容性、开放性和包容性。

中国气质首先体现在作品中大量出现的富有中国传统文化内涵和治理观念的话语表述上，如"民亦劳止，汔可小康""今日长缨在手，何时缚住苍龙""万山磅礴，必有主峰""郡县治，天下安""不破楼兰终不还""闻令

而动，尽锐出战""但愿苍生俱饱暖，不辞辛苦出山林""青山一道同云雨，明月何曾是两乡"。这些蕴含中国先人智慧的诗词警句和至理名言不但提升了作品解说词的文化意蕴，更体现出中国智慧的博大精深和深厚渊源，恰是我们文化自信的源泉。习近平总书记多次强调，中华文化所蕴含的价值内涵，不仅是中国精神的内核，对于解决人类问题也有重要价值。因此，要把中华优秀传统文化中蕴含的"具有当代价值、世界意义的文化精髓提炼出来、展示出来"。[1]不可否认，历经历史和时间积淀的中国传统话语本身就是人类文明智慧的重要组成部分，在加强国际传播的当下，建构中华文化国际传播话语体系的价值导向，在世界多元文化谱系中发出中国声音无疑具有重要意义。上述几部减贫纪录片的创作实践也在充分验证这一点。

当然，在多边趋势为主流，国际交往日益加深的情况下，想要让他者也能够读懂和接受"中国故事"，仅仅依靠国情阐述的自说自话和情感感召是远远不够的，国际化的表达既需要生动鲜活的故事讲述，也需要用科学理性的数据、证据说话。

可以看到，上述三部作品在"理念的阐述"和"故事的讲述"之余，均列举和引用了大量权威数据，实现了"中国减贫故事"的"数据化"。例如《摆脱贫困》第一集就用数据把中国的扶贫事业放在了全球背景之下："按照世界银行每人每日生活费1.9美元的标准测算，1990年，全世界极端贫困人口接近19亿，其中80%的极端贫困人口集中在东亚和太平洋地区以及南亚地区……世界贫困版图被改写，最根本的推动力，来自中国。""2012年在中国，还有着9899万的农村贫困人口，这个数字比2012年世界人口排名第12位的国家的人口总数还要多。"这些翔实数据不但显示出中国脱贫攻坚的任务艰巨，同时更体现出中国减贫事业的成败不仅关乎自身，也关乎世界减贫事业；《人民的小

---

[1] 《习近平谈治国理政》（第三卷），北京：外文出版社，2020年，第314页。

康》最后一集中也有数据列举："根据国际货币基金组织统计，2019年共有69个国家和地区人均国内生产总值超过1万美元，包括中国14亿多人口，总数约为28亿人。中国全面建成小康社会使得世界上人均国内生产总值超过1万美元的人口数量翻了将近一番。"而针对"中国减贫经验"的对外输出，"数据说话"依然发挥着重要作用，如《摆脱贫困》第七集《命运与共》呈现的数据："60多年来，中国向166个国家和国际组织派遣60多万援助人员，其中700多名中国好儿女为他国发展献出了生命，共计提供了近4000亿元人民币援助，先后7次宣布无条件免除重债穷国和最不发达国家到期的政府间无息贷款债务。"

如果说个体的事例和舆论评价或许还带有主观性，那么翔实具体的数据则具有无可辩驳的客观性和科学性。这样的数据彰显出中国政府和中国人民的担当精神，中国提出的"人类命运共同体"理念，不仅仅停留于口头，而是一直在用实际行动亲自践行、用具体成果科学印证，也因此才会逐渐成为全球共识，获得全球认同。

习近平总书记指出，讲中国故事是时代命题，讲好中国故事是时代使命。何谓"中国故事"？"中国故事是凝聚了中国人共同经验与情感的故事，并从中可以看到中华民族的特性、命运和希望的故事。"[1]在传播力决定影响力的国际传播中，我们既需要推进对外传播能力建设的宏观战略规划，也需要对外传播话语体系和话语策略的具体而微的探索和实践。以《中国减贫密码》《摆脱贫困》和《人民的小康》为代表的中国减贫类纪录片的创作和传播实践表明，讲好中国故事，要做到国际国内视角贯通、表达共融，这样才会取得良好的效果。

---

[1] 李云雷：《如何讲好中国故事之人民日报文艺观察：何谓"中国故事"》，《人民日报》2014年1月24日，第24版。

中国国际话语权建构探析

浙江工商大学公共管理学院副教授　张　铤

摘要： 新中国成立以来，中国国际话语权经历了"新创"、逐渐提升和有效增强的发展历程。当前，中国国际话语权仍然与国家实力、大国地位不太相称，有较大的提升空间。在当今世界激烈的国际话语权竞争中，中国国际话语权建构面临多重挑战的同时，亦存在重要的战略机遇。新时代中国国际话语权建构是一个"系统工程"。要在辩证分析中国国际话语权建构面临挑战与机遇的基础上，统筹兼顾，采取多维路径有效提升中国国际话语权，主要有：加强国家顶层设计，实施国际话语权提升战略；讲好中国精彩故事，加快构建对外话语体系；提高中国话语质量，增进中国话语国际认同；主动设置国际议程，提高国际舆论引领能力；建设国际传播人才队伍，拓展国际传播渠道；积极参与全球治理，增强国际规则话语权。

关键词： 中国；国际话语权；建构；对外话语体系

当今世界，国家之间的竞争不仅包括硬实力的比拼，更包括以国际话语权为代表的文化软实力的较量。党的十八大以来，在党和国家的高度重视下，我国着力提升国际传播能力，打造具有国际影响力的媒体集群，积极推动中华文化走出去，有效开展国际舆论引导和舆论斗争，国际话语权建构有显著进步。然而，在少数西方发达国家主导的国际舆论格局中，中国国际话语权仍然与中国的国家实力、大国地位不太相称，有较大的提升空间。建构新时代中国国际话语权，将中国的发展优势和综合实力更好地转化为国际话语优势，对展示中国良好的国家形象，营造有利中国发展的国际舆论环境，助力社会主义现代化强国建设，实现中华民族伟大复兴的中国梦，具有重大而深远的意义。为此，本文聚焦中国国际话语权，拟在考察新中国成立以来中国国际话语权发展历程的基础上，深入分析中国国际话语权建构面临的挑战与机遇，进而论述新时代中国国际话语权建构的多维路径。

一、话语权、国际话语权的内涵解析

话语是一种被表述出来的语言，话语既可以用来表达思想和描述事实，也可以用来建构事实，建构思想，甚至建构人的身份和国家形象，这种用话语的表达、描述和建构产生的影响力，就构成一种"话语权"，一种与硬性的强制力不同的软权力。19世纪末20世纪初，西方哲学上的"语言转向"引发了人文社会科学诸多学科对语言问题的关注和研究，法国后现代主义思想家米歇尔·福柯（Michel Foucault）最早将"话语权"作为独立概念提出。1970年，福柯在当选法兰西学院院士时发表了题为"话语的秩序"的就职演讲，在此次演讲中他提出了"话语即权力"的命题。福柯认为话语的本质是权力。话语与权力密切相关，甚至可以说话语本身也是一种权力。[1]福柯揭示了话语权在现实生活中的影响力和支配力。此外，葛兰西（Antonio Gramsci）、哈贝马斯（Jurgen Habermas）及布迪厄（Pierre Bourdieu）等学者都从不同视角探讨了话语与权力的关系，为我们研究国际话语权问题提供了有益启示。

话语权是一种独特的权力表现形式，它能以非暴力、非强制的话语方式产生独特的影响力。将这种话语权主体换成国家，就构成了国际话语权，同样可

---

[1] 辛斌：《福柯的权力论与批评性语篇分析》，《外语学刊》2006年第2期，第1-6页。

以构成一种以非暴力、非强制的方式影响改变他人他国思想、行为和国际关系运行的强大力量。①尽管福柯最初对话语权强调的是权力，但本文认同国际话语权包含两个层面的含义：一是"能够发声"的权利（right），强调主权国家在国际事务中发出声音、表达观点等主体权利；二是"发声有效"产生的权力（power），主要指主权国家的话语、价值理念和主张在国际上的感召力和影响力。国际话语权以"言说者"的影响力和"倾听者"接受、认同为基本标志，并不具有强制性，是一种文化软实力。国际话语权本质上体现了一个国家在国际社会权力结构中的地位和影响力。需要指出的是，国家综合实力是国际话语权的基础，但是国际话语权的大小与国家综合国力并不成正比，因为国际话语权的建构涉及国家战略、话语质量、传播能力等多种因素，国际话语权并不按照综合国力分配。从国际话语传播的基本链条看，国际话语权的主体结构包括国际话语主体、国际话语内容、国际话语对象和国际话语反馈等基本要素。

二、新中国成立以来中国国际话语权的发展历程

新中国成立以来，中国国际话语权经历了"新创"、逐渐提升和有效增强的发展历程。近些年，在党和国家的高度重视下，我国进一步理顺内宣外宣体制，初步构建起多主体、立体式的大外宣格局，国际传播能力有效增强，国际话语权建构取得了较大进步。但总体上看，中国国际话语权仍与国家实力、大国地位不太相称，亟待建构和提升。

中华人民共和国成立初期，中国国际话语权"新创"并得到较快发展。这一阶段，中国提出了一系列关于国际关系的新理念、新主张，如"和平共处五项原则"、"求同存异"主张和"三个世界"划分理论等，对世界政治格局

---

① 陈正良：《国际话语权对国家软实力影响效用探赜》，《观察与思考》2017年第1期，第35–43页。

和国际关系演变产生影响。中国积极参加国际会议，如1954年参加了日内瓦会议，1955年参加了万隆会议，等等。在这些国际会议上，中国积极阐述中国态度和主张，反对帝国主义、殖民主义和霸权主义，为发展中国家"发声"。1971年，中国恢复在联合国的合法席位。中国上述争取国际话语权的努力取得了成效。但是，由于新中国成立相当长时期内经济基础薄弱，缺乏强大的国力支撑，国际话语力量有限。总体上，中国这一时期的国际话语权受制于落后的经济技术条件，未能形成一种自觉的国际话语权的战略意识，缺乏战略上的整体筹划。

自中国改革开放开启到党的十八大召开，这一时期中国经济实现了长期快速增长，综合国力显著增强，国际话语权逐渐提升。20世纪80年代末90年代初，世界局势发生重大变化，东欧剧变，苏联解体。面对国际上的复杂情况，邓小平提出"韬光养晦、有所作为"的战略方针，成为主导中国外交多年的原则。21世纪初，中国开始重视文化软实力建设。2007年，"文化软实力"写入党的十七大报告。这一时期，中国陆续提出"和平发展""和谐世界"等有中国特色的外交理念和外交主张，举办了2008年北京奥运会、2010年上海世博会等重大国际活动和会议，扩大了国际影响力。然而，这一时期，在诸多国际事务中，中国国际话语权总体上仍然处于"弱势"地位，中国的国际话语权同日益增强的中国经济实力相比仍然存在较大的"落差"。

党的十八大以来，党和国家高度重视国际传播能力建设，将国际话语权建构上升到整体外交层面，采取了系列措施提升中国国际话语权，中国国际话语权得到有效增强。一方面，中国相继提出"中国梦""一带一路""新型大国关系"、"亲诚惠容"周边外交理念、"人类命运共同体"等一系列在世界上具有广泛影响力的新理念和新议题，国际社会反响强烈，其中"人类命运共同体"理念多次被写入联合国文件。另一方面，中国开展了一系列"主场外交""特色外交"，先后主办了亚太经合组织峰会、中非合作论坛峰会、二十国集团领导人峰会、金砖国家领导人峰会等重大国际活动和会议，向世界阐述中国立场、提供中国方案，拓展了中国话语国际传播平台。中国积极参与全球治理，推动双边和多边合作机制建设，深化与世界各国、国际组织的务实合作，有效增强了国际话语权，提升了国际影响力。

三、当前中国国际话语权建构面临的挑战与机遇

在当今世界国际话语权竞争中，中国国际话语权建构面临多重挑战的同时，亦存在重要的战略机遇。我们需要辩证分析中国国际话语权建构面临的挑战与机遇，善于抓住机遇，突破挑战，方能在激烈的国际话语权竞争中胜出。

（一）中国国际话语权建构面临的主要挑战

当前，中国国际话语权建构面临多重挑战。其一，西方国际话语霸权的压制。美国等少数西方发达国家凭借国际传播资源优势掌控国际舆论风向，对中国在国际事务中的话语权进行压制。近年，面对正在崛起的中国，一方面，美国等少数西方发达国家操纵国际话语霸权，在国际上屡屡抛出"中国威胁论""中国崩溃论"等不实言论，正如有学者指出："中国崛起态势的彰显恰是在冷战后时代，国际政治结构和舆论结构的失衡使得和平崛起的中国遭遇严重的国际话语困扰。"[1]另一方面，美国等少数西方发达国家凭借学术话语体系优势，加大对中国的意识形态渗透，散播"历史终结论""文明冲突论""民主和平论"等，试图"西化""分化"中国。其二，中国国际规则制定权的缺乏。西方发达国家凭借国际话语优势建立了符合自身利益的国际规则体系，中国一定程度上受到西方发达国家主导的国际规则体系的制约。如有学者曾对中美两国的国际规则制定权进行量化分析，中国国际经济规则制定权约

---

[1] 张志洲：《和平崛起与中国的国际话语权战略》，《当代世界》2012年第7期，第12—27页。

为美国的1/5，国际政治规则制定权约为美国的2/3，总体国际规则制定权是美国的43.1%。[①]近年，中国推进"主场外交""特色外交"，主办了一系列重大国际活动和会议，积极参与国际规则的制定，国际规则制定权有所增强。但总体上看，中国在国际规则制定方面发挥的主导作用不够。其三，中国软实力与硬实力发展的失衡。文化软实力在综合国力竞争中具有重要作用。当前，中国文化软实力与硬实力的发展存在一定程度的失衡。国际话语权是文化软实力的重要组成部分。客观而言，以国际话语权为代表的文化软实力，中国与美国等少数西方发达国家相比，存在一定的差距。因此，中国在提升经济、军事等硬实力的同时，要更加重视文化软实力建设。其四，中国自身国际话语能力建设的不足。当前，中国国际话语能力建设存在一些不足。一是对外话语体系亟待构建。中国要形成与国家实力、大国地位相称的国际话语权，亟待构建一套具有中国特色，能被国际社会理解和接受的对外话语体系。二是国际话语质量有待提升。当前，中国国际话语总体质量不高，主要表现为国际话语表达创新不足、国际议程设置能力不强等。三是媒体国际传播能力有待提升。与西方发达国家的一些跨国媒体集团相比，中国媒体影响国际舆论的能力亟待提升。四是国际传播队伍稍显薄弱。中国亟需加强国际传播人才培育，建设一支高质量的国际传播队伍。

（二）中国国际话语权建构存在的战略机遇

当前，中国国际话语权建构面临多重挑战的同时，亦存在重要的战略机遇。其一，中华民族正走向伟大复兴。经历一百多年的不懈奋斗，尤其是改革开放40多年的探索，中华民族走上了国家富强之路，迎来了伟大复兴的光明前景。现今，中国的经济总量稳居世界第二。纵观世界历史，从未有过如此大规模的传统农业国家这么快实现了向工业化、信息化的跨越，从未有过数以亿计

[①] 阎学通、徐进：《中美软实力比较》，《现代国际关系》2008年第1期，第24-29页。

的人口在几十年内摆脱了贫困。应当讲，近代以来，中国从未像今天这样接近中华民族的伟大复兴，中华民族伟大复兴的进程正在走向成功，这为中国向世界讲述中国故事、传播中国话语提供了坚实的事实基础。其二，中国特色社会主义正趋向成熟。在中国共产党的领导下，中国将马克思主义基本原理与中国实际结合，开拓了中国特色社会主义道路，创立了中国特色社会主义理论体系。新中国成立70多年，中国的跨越式发展成就举世瞩目，在世界范围内产生了广泛影响。经过长期的不懈探索，中国特色社会主义积累了宝贵的实践经验，中国特色社会主义正趋向成熟。中国道路扎根中国现实，具有中国自身的独特的实践经验。不仅如此，中国道路亦具有可供世界其他国家和民族发展借鉴的合理性价值。在此意义上，植根于中国道路的中国理论、中国制度和中国文化为中国话语国际传播提供了深厚的思想基础。其三，全球治理体系正经历深刻变革。当今世界各国相互联系和依存，利益高度融合，加强全球治理是应对全球性挑战的主要途径。然而，当前全球治理体系仍然存在诸多不合理之处，推动建立一个更加公正、合理的全球治理体系的改革是大势所趋。近年，随着以中国等新兴大国为代表的发展中国家的整体崛起和国际力量对比的巨大变化，数百年来以西方发达国家为中心的国际治理格局和治理体系正在发生深刻的变化。一定意义上讲，大国的国际话语权博弈由传统话语权转向全球治理话语权。中国作为世界上最大的发展中国家和负责任大国，正走向世界舞台的中心，在全球治理中发挥重要作用，这为中国国际话语权建构和提升提供了战略机遇。

四、新时代中国国际话语权建构的多维路径

习近平总书记多次强调要努力提高国际话语权，加强国际传播能力建设，精心构建对外话语体系。新时代中国国际话语权建构是一个"系统工程"。要在辩证分析中国国际话语权建构面临的挑战与机遇的基础上，统筹兼顾，采取

多维路径有效提升中国国际话语权。

（一）加强国家顶层设计，实施国际话语权提升战略

提升国际话语权是一个长期的过程，经济实力的增强并不意味着国际话语权的自然提升。以美国为例，早在1894年，美国的经济总量就超过了英国，成为世界第一经济强国。然而，美国经过半个多世纪才成为一个国际话语权大国，其政策议程、学术议程和媒体议程等都经历了长期的塑造和提升过程，涉及政治、经济、社会、文化等多个维度。[1]中国应清晰认识国际话语权建构的国内基础、外部形势及自身优势、劣势。在此基础上，中国要加强国际传播体制和机制的顶层设计，实施中国国际话语权提升战略，在政治、经济、文化、外交等多个层面有针对性地采取提升中国国际话语权的有力举措，久久为功，系统性、整体性和协同性推进新时代中国国际话语权建构，增强中国的国际传播能力，扩大中国的世界影响力。

（二）讲好中国精彩故事，加快构建对外话语体系

如何讲好中国精彩故事，加快构建中国对外话语体系，是中国国际话语权建构面临的重要现实课题。讲述中国故事要立足中国大地，用国际话语讲深讲透中国特色社会主义的伟大实践和改革开放的成功经验，促进当今世界对中国发展的理解和认同。讲述中国故事要善于运用国际化语言，让国外受众能听懂中国故事，乐于接受中国故事的讲述方式。[2]提升中国国际话语权，不仅要讲好中国故事，更要加快构建中国哲学社会科学话语体系，促进中国价值理念、思想文化的对外传播。中国哲学社会科学界要增强原创性、时代性，在不断总结中国经验的同时，直面人类社会的重大问题，在有效解决当今世界的共同挑

---

[1] 李新烽、冯峰、张萍：《美国新生大国转型期的国际话语权建构》，《世界经济与政治》2018年第7期，第69—91页。

[2] 张铤：《讲好中国故事的时代价值与传播策略》，《中国出版》2019年第13期，第54—57页。

战和发展难题中提供中国方案，贡献中国智慧。要促进中国文化从"走出去"到"走进去"，提升中国文化的国际传播能力，推动中国文化以更快的步伐走向世界，为世界文化交流与发展作出重要贡献。

（三）提高中国话语质量，增进中国话语国际认同

话语质量是获得国际话语权的重要条件。中国与世界对话时，要具有行之有效的表达或言说方式，不仅能"讲"，而且要"讲"得受听。[①]互联网时代中国话语国际传播的受众已不再是被动的接受者，传统的"宣传灌输式"中国话语国际传播范式亟待改进。为此，要充分利用网络新媒体等传播渠道，善用国际社会易于接受的话语表达和传播方式传播中国话语。中国话语国际传播应多采用轻松活泼的言说方式，利用图像、视频、音频等形式，从"独白式"向"对话式"、从"抽象式"向"形象式"国际话语转型。可根据国外受众的群体、区域和国别等差异，实施国际分众传播策略，促进中国话语的精准对外传播。此外，中国话语要贴近受众地风俗和文化，尊重国外受众的宗教信仰，善于运用跨文化传播技巧，提升对外传播效能，增进国外受众对中国话语的认同。

（四）主动设置国际议程，提高国际舆论引领能力

国际议程设置能力是国际话语权的重要体现，一个国家拥有较强的国际议程设置能力往往能在国际舆论中占据主动，抢占国际舆论先机。美国等少数西方发达国家之所以拥有较强的国际话语权，善于主动设置国际议程来引领国际舆论，是一个重要因素。中国应着力增强国际舆论引领能力，在国际议程设置中变"被动应付"为"主动引领"。主动设置国际议程也是中国抢占国际舆论先机、反击部分境外媒体对中国不实报道的"利器"。例如，此次新冠疫情期间，一些西方政客和媒体公然违背事实指责中国。面对美国等少数西方发达

[①] 韩庆祥：《全球化背景下"中国话语体系"建设与"中国话语权"》，《中共中央党校学报》2014年第5期，第47–50页。

国家的国际舆论攻势，中国不仅在国际上发出中国声音，快速报道事实真相，对其予以有力反驳，而且主动设置国际议程，掌握国际舆论的主导权，在打赢"抗疫战"的同时，打好国际"舆论战"。

（五）建设国际传播人才队伍，拓展国际传播渠道

人才是国际传播之本，是中国国际话语权建构的重要基础。一方面，中国要加强国际传播人才队伍建设，重视国际传播队伍沟通中外的外语能力和融会贯通的复合能力的培养，着力建设一支高质量的国际传播人才队伍。另一方面，要完善对外宣传和传播制度。国际话语权提升涉及外宣、外交、外联等诸多部门，要进一步整合这些部门的对外传播渠道和资源，加强部门联动，构建国际话语权协同提升机制。在重视官方对外传播的同时，要进一步发挥民间主体的作用，加强公共外交和人文交流，增强国际传播"官方"和"民间"合力。在媒体建设层面，要从"单一媒体"向"综合媒体"、从"本土媒体"向"跨国媒体"转型，促进传统媒体与新媒体的深度融合，逐步实现国内媒体的国际化，建设一批在国际上有较大影响力的一流媒体。中国媒体在加强自身建设的同时，要加强与国外媒体平台的合作，善于借助国外成熟的媒体平台拓展国际传播渠道。鉴于智库在国际舞台发挥越来越重要的作用，中国应加强智库建设，壮大智库力量，让中国智库在国际上积极发声，助力提升中国国际话语权。

（六）积极参与全球治理，增强国际规则话语权

中国应抓住全球治理体系变革的历史契机，在坚定支持多边主义、深入参与全球治理中增强国际规则话语权，扩大国际影响力。一方面，中国要继续广泛开展"特色外交""主场外交"。"特色外交""主场外交"对中国国际话语权建构和提升具有显著的作用，中国要发挥自身优势推进"特色外交""主场外交"。另一方面，要深化双边和多边合作机制建设，借此阐述中国态度、传播中国主张，增进与他国的相互信任。中国要加强与联合国、欧盟、世贸组织等国际组织的合作，巩固和发展中国推动建立的国际组织、机构，如上海

合作组织、亚洲基础设施投资银行等。此外，中国要在主动参与世界贸易、金融等传统领域国际规则制定和修改的同时，善于发挥发展中国家的"集群效应"，积极参与全球互联网治理等新兴领域的国际规则的制定，提升中国在全球治理中的制度性话语权。

综上所述，新中国成立以来，中国国际话语权经历了"新创"、逐渐提升和有效增强的发展历程，进步来之不易。中国特色社会主义进入了新时代，对中国国际话语权建构提出了更高的要求。新时代中国国际话语权建构肩负新的历史使命，应有更大作为。世界正处于"百年未有之大变局"，国际政治经济秩序在深刻变革和转型过程中。新时代中国国际话语权建构面临多重挑战的同时，亦存在重要的战略机遇。我们要站在历史高度，在当今中国和世界的巨大变化中，不惧挑战，把握机遇，奋发有为，有效建构和提升中国国际话语权，促进中国话语、中国声音、中国理念和中国实践在世界广泛深入传播。

从"公共外交人员配备计划"
看美国对外传播战略的动向与实施

中国外文局当代中国与世界研究院副研究员　刘　扬
中国外文局当代中国与世界研究院研究实习员　张瀚月

摘要："美国公共外交人员配备计划"是近年来美国公共外交领域改革的重大事件，根据新形势重新划定了美国驻外使团中本土雇员的职责，以进一步拓展当地人脉、推动精准传播、服务美国对外政策。通过对该计划进行分析，不仅可以管窥今后一段时期美国公共外交的走向和特点，也可以观察美国重要传播战略从设计到落实的全过程。

关键词：公共外交人员配备计划；美国；传播战略；转变；实施

2021年12月，美国公共外交咨询委员会（U. S. Advisory Commission on Public Diplomacy）发布了题为《政策与受众优先——公共外交的转变》（*Putting Policy & Audience First: A public diplomacy shift*）的特别报告（以下简称"《转变》报告"）。该报告主要介绍了"美国公共外交人员配备计划"（the Public Diplomacy Staffing Initiative，以下简称PDSI）的内容与执行情况。对于美国外宣与公共外交研究，PDSI值得关注和研究，主要有两个原因。一是该报告中强调"PDSI是自1999年美国新闻署（USIA）被裁撤、相关职能被并入美国国务院以后，美国公共外交海外行动中最重要的转变之一"[1]。美国新闻署成立于1953年，是美国公共外交（对外宣传和对外交往）最主要的执行机构。1999年，随着冷战结束，为了减少政府开支，美国新闻署被裁撤，其大部分职能被归入国务院。这成为美国公共外交历史上最重要的事件之一。PDSI能与美国新闻署裁撤相提并论，其重要性值得关注。二是根据2021年4月美国国务院督察长办公室（Office of Inspector General）发布的《关于美国公共外交人员配备计划的审查报告》（*Review of the Public Diplomacy Staffing Initiative*，以下简称"《审查》报告"），PDSI相关规划于2014年启动，截至2020年10月，美国在全球的186个驻外使团中，仅有36个完成了该计划，占使团总数的19%。根据计划，到2024年前，所有美国驻外使团都要全部落实该计划。[2]该计划的执行过程经历了近十年时间，其复杂性和可能产生的深远影响不言而喻。对PDSI进行研究，不仅可以了解今后一段时期美国公共外交的走向，也为观察美国对外传播战略从设计到落实的全过程提供了难得的机会。

一、PDSI的缘起及主要内容

美国驻外外交使团中的公共外交部门负责美国对外宣传与对外交往的"最后一公里"。在20世纪70年代，根据彼时美国政府对公共外交内涵的理解和需要，相关部门按照信息传播与文化交流业务将公共外交部门划分为七大类岗位——公共事务类、摄影类、艺术与图画类、文化事务类、信息类、发布类、图书馆与信息中心类。但美国国务院认为，这种划分已经过时。借用美国公共外交咨询委员会执行主任薇薇安·S. 沃克（Vivian S. Walker）的话说就是，在

---

[1] U.S. Advisory Commission on Public Diplomacy, *Putting Policy & Audience First: A public diplomacy shift*, 2021, p. 3.

[2] Office of Inspector General United States Department of State, *Review of the Public Diplomacy Staffing Initiative*, 2021, pp. 3-4.

这半个世纪里，全球通信基础设施经历了巨大变革，而关于公共外交职责的表述还停留在"前数字化"时代。①

在美国驻外外交使团公共外交部门中，除美国政府直接派驻人员（约700人）外，大部分都是在当地的本土雇员（约2600人）。②美国国务院认为，从美国直接派驻的人员会随着任期而出现变动调整，而本土雇员则相对更加稳定，因此对后者岗位进行重新界定会对美国公共外交产生更加持久的影响。最终，这演变为PDSI，以本土雇员岗位界定为起点和关键点，但其目的超越了对本土雇员岗位描述，而是要实现美国公共外交的更新换代（modernization）。根据美国国务院政策规划办公室的初衷，PDSI要实现三个主要目标：

1. 以政策为中心，围绕受众、内容和资源，为每个海外公共外交部门打造人员配备体系；创建准确的本土雇员职能描述。

2. 优化结构性能力，以在战略行动、接触、规划和效果评估方面推动内部协调以及跨国协作。

3. 形成以受众和战略目标为中心聚合雇员的结构。③

《转变》报告称，PDSI改变了以往美国公共外交以传播功能和项目为中心的视角，转为以政策为驱动、以受众为导向，跳出过去以信息传播与文化交流为中心的功能框架，更加看重如何满足美国对外政策需要、如何锁定当地目标受众。为此，PDSI打破了以往美国驻外外交使团公共外交部门七大类的岗位划分，推出了三大工作集群（clusters）下14个具体职能描述（14 Framework Job Descriptions，以下简称FJDs）（见表3-2）。

---

① 王晓真：《人员配置变革影响美国公共外交实践》，中国社会科学网，http://www.cssn.cn/skgz/202209/t20220916_5517896.shtml，2022年1月28日。

② U.S. Advisory Commission on Public Diplomacy, *Putting Policy & Audience First: A public diplomacy shift*, 2021, pp. 6-9.

③ 同上。

表 3-2　工作集群及职能描述

工作集群	职能描述（推断，非准确名称）
接触公众 Public Engagement	1. 接触当地知名意见领袖；2. 接触当地潜在、新兴意见领袖；3. 接触当地新闻媒体；4. 接触当地其他媒体；5. 面向当地的英语教学；6. 面向当地的教育交换；7. 当地美国高校校友管理；8. 面向当地的体验式学习；9. 教育拓展；10. 当地美国文化中心运行
战略性内容协调 Strategic Content Coordination	1. 跨部门战略性内容协调；2. 数字生产；3. 社群管理（数字接触）
资源协调 Resource Coordination	跨部门资源协调

三大工作集群中，接触公众集群被赋予的新职能数量最多，主要反映了PDSI以受众为中心的变化。该集群重点面向传统意见领袖、新兴意见领袖、新闻及其他媒体，设置了10个新职能，超过了FJDs新职能总数的2/3。该工作集群看重本土关键人物的成长，特别凸显了对本土新兴意见领袖的重视。关于该集群的设计，报告特别举例进行了说明。

例如，一位当地年轻人参加了赴美教育交换项目后，回到本国成为一名潜在、新兴的意见领袖，随着时间推移，他成为当地一名知名的意见领袖。以受众为导向的延展和接触设计能够让相关岗位上的本土雇员与这些关键联系人建立并保持长期联系，并让这种关系随着这些关键联系人的兴趣、能力和影响力变化而不断得以发展。负责新闻媒体和其他媒体的岗位则能够兼顾短期宣传和长期影响需要，不断延展其与受众的接触。[①]

战略内容协调集群和资源协调集群则体现了融合特点，强调了跨部门协调整合，将传统的垂直分工变为更加灵活的水平合作。与结构和职能重新设定相

---

① U. S. Advisory Commission on Public Diplomacy, *Putting Policy & Audience First: A public diplomacy shift*, 2021, pp. 6-9.

适应，美国驻外使团内部公共外交部门职位名称也发生变化，取消了传统上的文化事务官（Cultural Affairs Officer）和新闻官（Information Officer）等职位，分别归入公共事务官（Public Affairs Officer）和公共外交官（Public Diplomacy Officer）等职位。

2021年4月发布的《审查》报告强调，PDSI应重点关注八类主要实践。（1）确保最高领导推动转型。（2）建立一个连贯的使命和综合的战略目标来指导转型。（3）在转型开始时，专注于一系列关键原则和优先事项。（4）设定实施目标和时间表，从第一天开始就明确方向并说明进展。（5）设立一个实施团队来管理转型过程。（6）建立一个传播策略，创造共同的期望，并报告相关的进展。（7）让员工感受转型的主导权。（8）使用绩效管理系统。

二、PDSI的执行与进展

根据《审查》与《转变》两份报告的描述，2013年，美国国务院公共外交和公共事务副国务卿办公室对海外公共外交行动和基础设施进行调研，重点了解本土雇员的岗位职责内容。通过调研，明确了美国公共外交应该予以关注和解决的四个主要问题：改进受众分析和细分、加强部门内部和任务内部的协作、明确围绕战略任务目标的政策重点、更好地通过公众参与实现战略内容落地。

2014年，美国国务院政策规划办公室开始对本土雇员岗位职责进行重新划分，编制FJDs。美国公共外交咨询委员会2017年10月发布的年度综合报告称，"重新编制本土雇员职能描述的任务持续取得进展……职能描述进入最后审查阶段并将（已）于2017年7月首次推出"。[①]在FJDs的基础上，2018年，美国国务院决定借此机会将其扩大为PDSI计划，全面推动美国海外公共外交部门的业

---

① U. S. Advisory Commission on Public Diplomacy, *2017 Comprehensive Annual Report on Public Diplomacy and International Broadcasting*. 2018. p. 42.

务、流程、格局的改革。

不同驻外使团实施PDSI的时间长短各不相同，主要取决于使团的规模和结构，一般需要两年左右的时间。整个过程通常都会分为四个阶段：准备阶段历时2~4个月；实施阶段历时3~4个月；确定人力资源岗位阶段历时2~4个月；后续工作阶段历时12个月。在准备阶段，政策规划办公室会为准备实施计划的驻外使团组织召开一次研讨会，说明新结构中涉及的主要概念和管理方式的变化，同时会邀请已落实计划的驻外使团代表介绍相关经验。在实施阶段，政策规划办公室指定的培训师会实地指导驻外使团相关人员一起讨论新的结构，确定各个职位描述，明确本地雇员的具体工作内容。在确定人力资源岗位阶段，对职位描述进行评估，从人力资源管理层面上确定所有新职位的等级和分类。在后续工作阶段，本地雇员开始按新结果进行工作，培训师则在美国通过远程方式对各驻外使团进行指导和支持。

2020年10月，美国驻外使团中，有36个试点完成了该计划，即落实了新的职位描述。2021年4月，有49个试点完成。2021年10月，62个驻外使团（占总数的34%）已经完成了PDSI，49个（27%）正在进行中（即已形成新的组织结构但尚未落实新的职位描述）。根据规划，2023年年底之前，所有美国驻外使团都将完成PDSI。《转变》报告中的数据地图显示，美国驻华使团都已完成PDSI。

三、从PDSI看美国公共外交的发展方向

1999年，美国新闻署被撤后，美国公共外交经历重大转折。但2001年的"9·11事件"让美国政府认识到，公共外交在冷战结束后依然重要。为此，美国开始加大在世界范围内特别是中东地区的公共外交投入，设立了新的电台、电视台，发行新的外宣杂志，投入了大笔资金。但是缺乏"冷战"背书的美国公共外交的效果不断受到质疑，而且成为两党斗争的重点话题之一。

2010年，美国共和党资深参议员罗伯特·卢格牵头提交报告《美国的国际广播是否有人在听？——保持美国与外部世界的连接》（*U. S. INTERNATIONAL BROADCASTING—IS ANYBODY LISTENING?—KEEPING THE U. S. CONNECTED*）。其中就提出，虽然美国对外广播通过播放流行音乐吸引了大批中东年轻受众，但是这对于实现美国在中东的战略意图没有意义，质疑美国公共外交特别是以传播内容为中心的对外广播模式。2018年，美国全球媒体署（USAGM）的成立是从媒介技术角度对这种质疑的回应。美国公共外交学者朗达·扎哈娜（R. S. Zaharna）在2010年出版的专著中便指出，公共外交已经从对抗发展到桥接，跳出了长期关注媒介与内容的传播战略。从PDSI中也能够观察到美国公共外交更加强调关系的建立与维系。

强调精准传播。"卢格之问"对国际关系新形势和新技术条件下的美国公共外交的投入与收效提出了新要求。以印刷品、广播、电视等的到达率、覆盖率为基础的效果评价体系受到挑战。因此，PDSI提出了"以受众为中心"，体现之一就是要改进受众分析和细分。薇薇安·S.沃克在一次访谈中也指出，"没有一项战略性传播计划可以针对所有受众……你试图影响的人越多，你能真正影响的人就越少，因为他们之间的兴趣和关注点非常广泛"。[1]PDSI通过重新划定职能，将精准传播思想贯穿其中。

关注本土力量。美国公共外交重视对本土各方力量的使用。例如，美国公共外交咨询委员会2017年度综合报告就显示，美国在撒哈拉以南非洲的50个驻外使团的派驻人员和当地雇员共同工作，重点联系当地年轻人、妇女、边缘群体、企业家、记者、公民社会领袖、可信的温和声音、学者，以及美国的侨民

---

[1] Vivian S. Walker, How Strategic Communication Can Counter Disinformation: Interview, Academia, 2017. https://www.academia.edu/35370157/How_Strategic_Communication_Can_Counter_Disinformation_Interview.

和非洲主义听众。①从俄乌危机中反映的情况来看，美国不仅没有直接参与对俄军事行动，也没有直接参与对俄舆论攻击。所有的行动都是由当地或其他相关国家代理人来完成的。根据PDSI，美国公共外交将更加重视调动本土力量，物色和培养代理人。

注重关系维系。根据设计者的解释，PDSI充分考虑了本土意见领袖的成长全周期。在传播理论方面，美国公共外交仍然信奉的是多级传播特别是二级传播模式，即特别强调意见领袖的作用。但PDSI说明美国公共外交不仅要将关键信息送达本土意见领袖，而且要从成长的角度发现、扶持意见领袖，助其成长并保持同他们的长期关系发展。因此，当被问到新冠疫情给美国公共外交带来的最主要挑战时，沃克首先提到的是教育交换计划因为出入境限制和签证发放限制受到影响。②因此，建立并维系与本土精英联系在美国公共外交中越发重要。

强化部门协作。PDSI除了强调以受众为中心，还强调以政策为中心，主要体现在，为了有助于实现特定的政策目标，驻外使团打破了沿袭几十年、按照媒介类别和交流形式划分的公共外交职位，转而简化为公共事务官和公共外交官两类，并以政策任务项目为单位，对相关人员进行组合，从"烟囱"式的垂直分工变为水平的、"即插即用"式的分工组合。在强化内部协同的基础上，未来部门间、不同区域间的协作势必也会得到加强。

四、从PDSI看美国战略传播政策的制定与落实

围绕美国政策制定与执行，两个问题值得研究：如何在涉及多个部门的情

---

① U. S. Advisory Commission on Public Diplomacy, *2017 Comprehensive Annual Report on Public Diplomacy and International Broadcasting*. 2018. p. 42.

② Vivian S. Walker, Diplomacy a Vision for 2021 and Beyond, YouTube, 2020, https://www.youtube.com/watch?v=Ez7GgmVewhs.

况下能够保持部门间的协调？如何在两党交替执政的过程中保持政策的稳定与一致？PDSI从2014年起步设计到2024年前最终落地完成，经历了奥巴马政府、特朗普政府和拜登政府。该计划涉及美国国务院内部多个部门和美国驻各国外交使团中的公共外交人员，因此是观察美国政策，特别是传播战略政策从制定到落实全流程的重要案例。通过回顾PDSI落地过程，可以从中发现几个关键特征，利于协调与统一。

明确改进的方向。2014年到2020年，负责制订、指导计划实施的美国国务院政策规划办公室不断经历着人员变动，特别是，在此期间该办公室先后迎来并送走了五位经正式任命或暂时代理的主任。但是，无论是政府更迭，还是具体负责的人员变动，都没有给PDSI的方向带来影响，因为从一开始，政策规划办公室就明确了主要问题以及要实现的目标，进而明确了主要的步骤和动作。

加强人员的培训。让身处其中的人员明白计划的目标、方案和意义，才会激发他们主动配合的积极性，利于计划的顺利执行。在美国国务院督察长办公室的建议下，政策规划办公室建立了专项工作组，面向公共外交人员现代化的目标，为公共外交专业人员制订长期培训计划。该小组由教育、文化事务局和全球公共事务局等跨党派机构组成，同时纳入外交事务研究所和国务院下属各个区域局，以更好地协调培训工作。同时，国务院还建立了培训平台，以满足一些基础设施条件不良区域、业务过于垂直岗位的培训需求。2020年7月，政策规划办公室向美国各外交使团发送了三封电报，解释了PDSI规划和致力于公共外交现代化的努力。

循序渐进的拓展。越是面向长远的计划，越需要用耐心来推动，使其逐步扩展。计划在执行中，调整不可避免。美国传播战略的实施是一个不断拓展和修正的过程，如涟漪一般逐层外展，当碰到石头等障碍物时，波纹随之发生变化，但是并不改变其不断向外扩展的方向。就计划本身来看，最初只是计划对从事公共外交的核心人员职位进行重新描述，以适应21世纪公共外交环境的变化。但随着计划的设计和落地，政策制定者看到了其可以进一步上升为对美国公共外交结构性调整的机会，因而才扩展成为PDSI。而在具体的执行中，政策规划办公室反复强调，任何新职位的过渡都是一个持续的、渐进的过程，需要时间。

执行过程中的审核。 在关键时间点进行审查保证了PDSI按规定的时间和方向得以落实。PDSI在不同阶段都在接受不同形式的审核。2021年4月督察长办公室在调研基础上发布了《审查》报告，从四大方面提出10个需要加强和改进的建议。随后，政策规划办公室逐条进行了答复。为了说明PDSI取得了实质性进展，美国公共外交咨询委员会于2021年5月至7月间，利用线上访谈的形式采访了与PDSI相关的100个人，听取他们关于计划实施的看法。2021年5月至6月间，委员会又举办了24场焦点组讨论，其中，为本土雇员和美国外派雇员设置的讨论各占12场，最终形成的《转变》报告也说明了PDSI实施过程中存在的问题和改进建议。同时，根据计划，2022年年底前，美国国务院对所有已落实PDSI的驻外使团再次进行审查。

"9·11"之后美国历届政府战略传播体系的构建及其对我启示

上海外国语大学博士研究生　郑　婉

广州大学新闻与传播学院教授、博士生导师　王玲宁

【内容提要】 美国是全球首创国家战略传播的国家且发展体系成熟，其国际传播和公共外交依托政府组织的跨部门协作，在组织体系和实践操作中形成了上下联动、合纵连横的运作机制，并取得显著效果。本文以布什政府、奥巴马政府、特朗普政府和拜登政府的执政时期为分界点，梳理"9·11"之后美国历届政府战略传播体系的组织架构、运作机制和具体举措，总结分析美国战略传播体系构建的特点。结合我国国际传播现状，美国战略传播体系的构建对我国的启示是，我国战略传播应从优化国家战略传播环境、布局国家战略传播体系和强化国家战略传播技术，即环境、布局和技术三方面进行建设和转型。

【关键词】 战略传播；美国政府；国际传播能力建设

一、"9·11"之后美国历届政府战略传播体系的构建

2001年10月，美国国防科学委员会发布《管理信息传播报告》，首次使用"战略传播"一词指代国家公共事务、公共外交和宣传活动的总和。[1]2004

---

[1] Washington, D. C., *Report of the Defense Science Board Task Force on Managed Information Dissemination*, 2001, p. 10.

年,该委员会发布《战略传播报告》,首次对"战略传播"进行界定,提出"战略传播是美国国家安全的重要组成部分"。[1]2010年,白宫发布《国家战略传播架构》明确"战略传播"的定义:旨在对目标受众进行传播和接触的计划和活动,包括那些由公共事务、公共外交和信息运营专业人员实施的计划和活动,强调言行的同步性以及目标受众对其的看法。[2]

(一)布什政府:从价值共享到输出民主

冷战结束后,由于苏联、东欧社会主义阵营消失解体,美国所面临的威胁不再,美国在外交方面的预算开始大幅缩减,以美国对外宣传机构——美国新闻署(U.S.Information Agency,USIA)被整合为例——1999年,克林顿政府撤销美国新闻署,将美国新闻署等机构整合为美国广播理事会(Broadcasting Board of Governors,BBG),美国的国际传播受到影响。"9·11"后,布什政府重启冷战时期外宣手段,配合美国"反恐战略"和"民主化战略"目标,以单边主义、先发制人的策略重塑美国国际形象。布什政府第一任期(2001.1.20—2005.1.20)的战略传播体系构建,是围绕一个计划多渠道宣传,通过两办协作,智库和非政府组织出谋划策,走中东路线进行的。2001年,布什政府构思了一项规模宏大的宣传计划——价值观共享倡议(The Shared Value Initiative)。该计划的主要目标是为美国政府的反恐战略服务,通过电视广告片的形式宣传穆斯林在美国自由自在的生活,向伊斯兰国家的普通民众证明,美国是一个宽容、多元和自由的社会,以树立良好的国际形象。2001年在阿富汗军事行动早期,布什政府在华盛顿、伦敦和伊斯坦布尔建立联合信息中

---

[1] 程曼丽:《谈战略传播视角下的议题设置——以美国涉外舆论为例》,《对外传播》2016年第8期,第4-7页。

[2] The White House, *The National Framework for Strategic Communication*, 2010, p. 2.

心[①],这些中心的建立为美国提供了一个快速反应能力,针对不正确的新闻故事,提前处理在海外产生负面影响的新闻报道。2004年2月美国国会资助了面向中东电视观众的自由一台(Al-Hurra);同年,在伊朗启动了波斯语播出的法达电台(Farda Radio)并将播音时间延长至24小时;在伊拉克,美国国防部雇用了哈里斯网络电台公司(Harris Corporation),开办伊拉克网络系统,并通过临时政府建立的广播系统将自己的信息传递给伊拉克公众。布什政府在2002年《美国国家安全战略报告》中指出要调整外交机构以加强和他国的沟通,白宫成立"全球外交办公室"(Office of Global Diplomacy)和"战略影响办公室"(Office of Strategic Influence)[②],前者是为了把美国的积极形象传播至全球,向"反美主义"发动信息战,后者是为了协调各种不同的信息活动,配合美国在海外的军事行动。

但是该策略忽略了目标受众的看法,并没有让美国的民主被国际社会认可,"战略影响办公室"的矛头既指向友好国家又针对非友好国家特别是伊斯兰世界,遭到各方抨击。[③]布什政府第二任期(2005.1.20—2009.1.20)的核心理念转变为输出民主——建立"快速反应系统",广泛设"点",依靠民众力量,围绕四个"E"政策,即"Engage"(接触)、"Exchange"(交流)、"Educate"(教育)和"Empower"(授予权力)。[④]加大资金投入开展战略传播。时任副国务卿的卡伦·休斯上任后很快建立了"快速反应系统",用以

[①] United States Government Accountability Office, *U. S. Public Diplomacy: Interagency Coordination Efforts Hampered by the Lack of a National Communication Strategy*, 2005, p. 4.

[②] United States Government Accountability Office, *U. S. Public Diplomacy: State Department Expands Efforts but Faces Significant Challenges,* 2003, p. 9.

[③] 唐小松、王义桅:《美国公共外交研究的兴起及其对美国对外政策的反思》,《世界经济与政治》2003年第4期,第22-27页、77-78页。

[④] 毕研韬:《从战略传播看我国海外利益保护》,《公共外交季刊》2020年第2期,第56-63页、124-125页。

实时了解世界各地媒体对美国的舆论动向，及时应对国外舆论对美国政策的曲解和误解。转型战略出台后，公共事务局监视国外报道和检测出台每日报告，同时对国际媒体普遍关心的热点问题统一政策立场，尽量避免驻外官员在对外传播中言论不一致。从增加美国驻外使领馆和人员数量到在各个地区建立"美国驻外点""信息网络系统"，从颜色革命、印尼棉兰试点到通过联合国教科文组织设立"国际青年机会基金"，从改善中东及其他穆斯林国家的公共教育等一系列"输出民主"的操作到后续的一系列政治操控，布什政府均朝着转型外交战略的方向发展。与此同时，公共外交作为战略传播的子范畴，动用民间力量进行文化交流，进行价值观、意识形态的隐蔽性输出。卡伦提出了公共外交政策四个"E"，通过外交官宣讲、长期性人员交流、开展教育项目以及发动美国民众等手段，促使公共外交在国际社会中发挥更大影响力。除上述外，布什还加大对国际广播方面的投入。2008财年，他要求将7.7亿美元专门用于国际广播。[1]据统计，2008年美国国际广播网已经覆盖全球57种语言，约15.5亿人。[2]

（二）奥巴马政府："新媒体外交"和"全民网络外交"

布什政府时期，美国的单边主义、肆意干涉他国内政、强行推广美国政治制度和价值观，遭遇了包括传统盟国在内的世界各国人民的反美情绪。奥巴马以"变革（Change）"为口号，开启了美国战略传播的新格局。

奥巴马政府以"巧实力"外交为整体方针，由国务院牵头，涉外部门联合协作构建"新媒体外交"和"全民网络外交"的战略传播体系。"巧实力"外交实质上是将美国传统强大的政治、经济和军事等硬实力与美国文化软实力结

---

[1] Congressional Research Service(CRS) Report for Congress, *State, Foreign Operations, and Related Programs: FY2008 Appropriation.*, 2007, p. 5.

[2] James K. Glassman, *Hearing on Nomination as Under Secretary of State for Public Diplomacy and Public Affairs,* 2008, p. 2.

合起来，挽回美国受损的国际形象，共同为美国对外战略目标服务。军事上提出"亚太再平衡战略"，经济上提出"跨太平洋伙伴关系协定"，并在实施过程中提出五个要点[1]：第一，积极从地区、国家和全球各个层面扩大美国国际传播的影响力，主动把握时机塑造美国的国际形象。为此，奥巴马政府建立了新部门——全球媒体副秘书处（Deputy Assistant Secretary of State for International Media Support），它受美国国家公共事务局领导，负责协调美国国内媒体，并关注国外媒体动态[2]；第二，提高国际传播在个人与个人层面上的效用，即通过教育、文化等形式加深公民个人在公共外交中的参与度；第三，强化国际传播应对国际恐怖主义和极端主义挑衅所起的积极作用，提高其反应效率和应对能力。根据奥巴马签署通过的《波特曼-墨菲反宣传法案》，国防部在2017财年获得更多预算，专门建立反外国宣传和虚假新闻中心，以对抗外国对美国的宣传；第四，加强国务院和各驻外使领馆对国外信息的把握和处理能力，以便能够对公共外交政策的制定有更大指导作用；第五，根据有限目标的变化，重新调整和配置公共外交战略资源，确保其效用。

奥巴马上台后大力提倡"新媒体外交"和"全民网络外交"。首先，内部调整。奥巴马十分重视Web2.0对信息控制的重要作用，他设立新媒体主管专门负责媒体舆论管理；按照"沟通、透明、参与"三原则改版白宫网站，直播其在世界各地的演讲视频；并增设Facebook、YouTube、Twitter、Google Map的链接。奥马巴在Facebook和Twitter上都有自己的个人账号，粉丝数达千万；包括

---

[1] *Statement for the Record by Under Secretary for Public Diplomacy and Public Affairs Judith McHale before the Senate Foreign Relations Committee, Subcommittee on International Operations and Organizations, Human Rights, Democracy, and Global Women's Issues*, https://www.foreign.senate.gov/imo/media/doc/McHaleTestimony100310p.pdf, 2010, p. 3

[2] 唐小松、龚群子：《奥巴马政府的公共外交战略评析》，《战略决策研究》2011年第1期，第8-12页。

白宫在内的30多个联邦机构加入Facebook发布各部门信息，增强与国内外公众的互动与交流；国务院也在Twitter平台用阿拉伯语、波斯语、中文、印地语和俄语等开设账号，强化美国与世界的联系。同时，国务院还建立由阿拉伯语、波斯语和乌尔都语人才组成的数字外联小组（Digital Outreach Team）参与伊斯兰世界的网站及聊天室讨论。其次，外部输出。奥巴马不仅十分注重借助新媒体互动平台与世界各国进行网络国际传播，同时与国务卿亲自出马进行对外公开演讲，与外国公众面对面接触，宣传美国内外政策。如2009年3月20日，奥巴马向伊朗发起"YouTube外交"，录制名为"新年新开始"的视频信息，在伊朗传统新年诺鲁孜节（Nowruz）之际发布，并专门附有波斯文字幕。

（三）特朗普政府：利用网络战和信息战直接出击

特朗普执政以来（2017.1.20—2021.1.20），"美国例外论"和"单边主义"倾向又再次拉开序幕：美国减少承担国际责任，大范围退出国际组织和国际条约；在气候变化、开放市场等议题上放弃国际承诺。美国调整公共外交战略重点，试图将抗击外国政府发动的信息战确定为新的战略目标。[1]特朗普看重的是国家硬实力，"以实力换和平"远远优先于通过公共外交提升美国软实力，战略传播也由奥巴马的"巧实力"转向了"直接出击"。

特朗普政府的战略传播体系是将新媒体外交进行到底，通过全球接触中心全面运作，展开全球网络战和信息战。特朗普政府更加重视社交媒体平台的信息传播技术，评估数字技术对实现美国对外政策目标的影响，截止到2017年5月，美国国务院在Facebook上约有400个账号，在Twitter上约有360个账号。当监测到Facebook平台出现峰值流量，美国国际信息项目中最受欢迎的内容会通过这些账号同步传播，以对抗可能由外国政府制造的信息洪流。特朗普还使用

---

[1] 欧亚、吉培坤：《"后真相"与"假信息"：特朗普执政以来美国公共外交的新动向》，《国际论坛》2019年第6期，第112-124页、159页。

自己的账号与广大网民频繁交流，在任时期，他几乎每天都要发数条推特，最多时一天发了123条推文。

2016年3月，美国国务院设立"全球接触中心"（Global Engagement Center），负责协调面向外国公众的跨部门反恐沟通交流工作。特朗普政府对该中心投入大量资金发展技术和分析能力，利用最新的工具和软件对抗虚假信息传播。2018年，美国国防部宣布设立对外舆论信息作战行动的联合人工智能中心（Joint AI Center，JAIC），国防部特种作战人员可以在全球实时信息环境下，将AI应用于对外传播实践，开发、研究和部署新型舆论心理战作战方式。[①]2019年8月，全球接触中心推出首个技术测试平台"Disinfo Cloud"，美国政府可以使用这个平台搜索特定的需求以更有针对性地甄别和回击外国政府散布的假信息。同时，国际媒体署（Agency for Global Media）与"美国之音"（Voice of America）、"自由欧洲电台"（Radio Free Europe）合作上线俄语电视和数字网络"当前时间"（Current Time），分别推出英语网站"Polygraph"和俄语网站"Factograph"等事实核查网站来甄别错误或误导性信息。2018年1月，美国国防部相隔十年再次发布《国家网络战略报告》，在内容上均涉及对网络战和信息战的高度重视，并把中国和俄罗斯视为竞争对手。[②]

（四）拜登政府：联合盟友维护西方民主价值体系，强化数字技术

2021年1月20日，约瑟夫·拜登就任美国第46任总统，他对特朗普的外交政策提出严厉批评，在他看来，如果想恢复美国的领导力，就必须修复和重新振兴美国自己的民主体制，进而强化世界上的"民主国家联合体（Community of Democracies）"。"民主国家联合体"一方面致力于应对疫情、气候变化、

---

① 原玥：《美国对华舆论战及我国的应对策略》，《国际关系研究》2021年第2期，第134—154页、159页。
② Washington, D. C., *National Cyber Strategy of the United States of America*, 2018, p. 9.

跨国犯罪等全球性挑战，一方面推动成员国在维护本国民主体制方面采取共同行动，应对"威权主义竞争者"。拜登希望通过"民主国家联合体"，恢复美国对国际机制和国际规则的主导力，包括在5G、人工智能等产业和技术领域建立符合西方价值观的规则体系，应对来自中国等国的竞争。

拜登政府的战略传播是联合西方盟友挑起与中国等国家的叙事之争，维护其民主价值体系，加强数字现代化建设，恢复美国全球领导力。当下西方大国间的战略协调正走向复苏，共同应对"中国挑战"与共同维护"基于规则的国际秩序"已成为西方用于缓和利益矛盾的重要合作领域。美国正回归以"少边主义"（Mini-lateralism）为特征的大国协调路线。美国国务院2020年3月发布的《全球信息治理报告》明确指出：当前美国战略传播的主要任务就是要"减轻并消除中国、俄罗斯等国通过全球社交平台散布虚假信息给自由世界所带来的负面影响"。[1]美国将遏制中国的信息和科技影响力与国家安全挂钩，宣称美国要应对数字威权主义，预防中国通过机器学习、人工智能与数据科学，实现大规模社会操纵。

在机构设置上，2021年美国国务院成立网络空间安全和新兴技术局（Bureau of Cyberspace and Digital Policy，CDP），旨在解决外交中新兴的技术问题，重点关注国家网络安全、信息经济发展和数字技术三大领域，应对"中国及其他网络与新兴技术竞争对手对国家安全的挑战"，这是美国首次将中国列为网络与新兴技术领域头号竞争对手。[2]2022年4月CDP正式落地，其宗旨是"领导和协调国务院在网络空间和数字外交方面的工作，鼓励负责任的国家在

---

[1] The Global Engagement Center, *Leading the United States Government's Fight Against Global Disinformation Threat*, 2020, p. 3.

[2] U. S. Department of State, *Secretary Pompeo Approves New Cyberspace Security and Emerging Technologies Bureau,* https://2017-2021. state. gov/secretary-pompeo-approves-new-cyberspace-security-and-emerging-technologies-bureau/index.html, 2021-1-20.

网络空间活动，推进保护互联网基础设施的完整性和安全性，服务于美国利益，促进竞争力和维护民主价值观"①。

二、美国战略传播体系构建的特征

"9·11"之后，伴随信息技术的革新，美国的战略传播活动迅速复兴，机制框架也逐步完备，体现出非常典型的机制特征。②

（一）服务于国家战略的需要，尤其是国家安全战略

美国的战略传播服从于国家内政外交的需求，其根本目的都是服务于国家战略需要，尤其是国家安全战略。以美国对华战略为例，美国对华战略转型发端于奥巴马政府第二任期，当时奥巴马针对中国提出"亚太再平衡战略"。2017年特朗普执政标志着美国对华战略开始重塑。2017年年底特朗普政府发布《国家安全战略报告》，第一次将中国定位为"修正主义国家""美国的战略竞争对手"。③在美国国家安全战略与对华战略发生重大转变的推动下，特朗普政府在涉华舆论上开始设置议题，推出"锐实力论"，散布所谓中国"影响力威胁论"。2020年随着新冠疫情大暴发，美国从对华战略竞争转向战略对抗，制造疫情政治化与污名化的国际舆论。拜登上台后，基本延续了特朗普政府的竞争性对华战略，将中国设定为全方位、多领域发起挑战的竞争者，强调"价值观"乃至"意识形态"竞争④，并从共同价值观的基础联合西方盟友，在人权、种族等领域挑起中西意识形态之争，在涉疆、涉港议题上展开对华舆

---

① https://www.state.gov/bureaus-offices/deputy-secretary-of-state/bureau-of-cyberspace-and-digital-policy/, 2023-2-25.
② 李格琴：《美国国家战略传播机制的特征及特朗普政府涉华战略传播》，《武汉大学学报（哲学社会科学版）》2021年第3期，第100-110页。
③ Washington, D. C., *National Security Strategy of the United States of America*, 2017, p. 9.
④ 刁大明：《2020年美国大选的特殊性及其影响》，《现代国际关系》2020年第8期，第9-16页、61页。

论攻击。所以，美西方涉华舆论表面上看是一个个孤立的舆情，其背后是随着国家战略和政策调整而变化，有着明确的目标指向和战略意图。

（二）在实践操作中形成从政府到社会上下联动、合纵连横的运作机制

战略传播的本质是由政府主导的体制化系统化的宣传活动。美国历届政府的战略传播特点虽各有侧重，但整体框架形成了"政府-社会"的联动传播模式，在实践操作中形成了上下联动、合纵连横的运作机制。

美国的战略传播力求整合各个部门，把和宣传有关的各个要素，包括公共事务、公共外交和国际广播理事会等非军事部门同军事部门统合调配，通过多渠道向公众传达"可信和一致的信息"。在机构间政策委员会（Interagency Policy Committees, IPCs）[①]的统筹与协调下，美国各重要权力部门负责人定期协商，形成政府多部门参与的传播网络。社会层面，美国政府通过公共事务、资助和捐款等方式培养大批亲政府立场的民间智库、学术机构、非政府组织和关键意见领袖，在政府需要时为其背书、站街与助威。另外，美国政府还建立了成熟的、与社会系统协调关系的公关体制，重点协调与独立媒体之间的关系，争取获得媒体在国家战略议题方面的支持。

（三）社交媒体成为战略传播主战场

社交媒体使公共外交具有突破时间和空间限制、收集和传播舆情更快捷精准、实时与他国民众形成互动等特性。美国历届政府的战略传播都高度重视网络信息传播，社交媒体的网络舆论场成为宣传的主要领域。布什政府早在建立"全球外交办公室"时就开始了互联网外交的初探，成立网络司令部作为主导

[①] 2010年奥巴马政府发布《国家战略传播架构》，报告中提出建立以国家安全委员会为决策核心，以常设"机构间政策委员会"为跨部门协调的战略传播机制，将安全、外交、国防、情报、发展援助等部门进行统筹安排，全部纳入到战略传播整体框架中。其他具有特定主题和传播相关的部门或机构，可根据需要被加入到该框架中。The White House, *National Framework for Strategic Communication,* 2010, p4-5.

信息战略的部门，制定争夺网络空间主导权的战略重点。2006年设在国务院总部的美国数字化信息部队开始通过网络向一些目标地区展开攻势。例如，推出不同语言版本的专题网页和电子杂志，吸引更多的海外读者。到特朗普和拜登执政时，社交媒体已成为战略传播的主战场，通过发布战略规划、完善组织架构、创新网络信息技术和开设社交媒体账号等方式促进公共外交活动。美国全球智库构建以官方网站为基点的一站式思想聚合平台，以各种社交媒体为传播链条，结合文字、图片、视频和音频等多元化传播方式在全球网络舆论空间扩散其影响力。[①]美国政府正是看到个人或组织在社交媒体中不可忽视的强大力量和对传播环境的情感渲染，通过与民众和技术的联手合作，将美国战略传播延伸至世界各个角落。

三、对构建中国特色战略传播建设的启示

习近平总书记在2021年5月31日下午主持中共中央政治局第三十次集体学习时的讲话中强调："必须加强顶层设计和研究布局，构建具有鲜明中国特色的战略传播体系，着力提高国际传播影响力、中华文化感召力、中国形象亲和力、中国话语说服力、国际舆论引导力。"基于对"9·11"后美国历届政府战略传播策略和实践的分析，我国应从战略传播的环境、布局和技术三方面进行建设和转型。

（一）优化国家战略传播环境

我国战略传播就传播环境而言，内部环境优势多于劣势，外部环境机会少于威胁。优势是飞速发展的信息传播技术和保守防御型文化，劣势是亟待完善的新闻传播制度；机会是来自于国际战略的友好引导，威胁是国际传播格局和

[①] 王莉丽、戈敏、刘子赢：《智库全球治理能力：理论建构与实践分析》，《中国人民大学学报》2022年第2期，第91-102页。

传播秩序地位不高，以及被动不友好的涉华舆论环境。[①]我们亟待内部完善新闻传播制度，外部提升国际话语权和传播影响力。战略传播强调意识与战略的协调，重视目标受众的传播效果。我们应将信息传播活动的规制者从单一化转向多样化，并进一步扩大，确保信息传播的话语权有更多组织，尤其是非政府组织和个人分享，从传统的外交部独家发言和CGTN单个发声，转向扩展和鼓励新媒体下各类"讲中国故事"的组织和个人多场景表演。与美国相比，中国缺乏具有较强公信力和影响力的国际媒体，也并没有真正的"互联网主权"。因此要拓宽传播渠道，培育具有较强公信力与说服力的国际传媒集团和能够走向国际舞台的互联网平台。

（二）布局国家战略传播体系

美国战略传播体系中突出的机制特征是"政府-社会"联动运作。当前，我国也急需从国家战略层面研究中国战略传播的总体规划。由国家安全部门、外交部、中宣部以及国防部等相关部门作为顶层设计机构，主要媒体、互联网平台和智库等作为具体实施单位[②]，发动学术界提供话语叙事资源，构建我国"政府-媒体-社会（公众）"三位一体多元战略传播主体架构，深入探索全媒体国际传播体系构建过程中不同主体之间的协同机制，形成一个从上至下，从政府到平台、媒体、智库、非政府组织和个人的系统运作机制，改变长期以来我国国际传播参与主体比较单一的局面，建立更加适应全球治理需要的多元主体协同发声的"大合唱"式格局，降低或消除来自国际舆论场不必要的质疑和抵触，增强国际传播效果。

---

① 崔汝源：《后9·11时代中美国家传播战略比较研究（2001—2015年）》，博士论文，华中科技大学，2017年。

② 史安斌：《推动国际传播上升为战略传播》，环球网，https://m.huanqiu.com/article/43PEoc6u00n，2021年6月5日。

(三)强化国家战略传播技术

超级数字平台在全球信息流动、关系再造、文化生成和地缘关系中发挥着越来越具主导性的作用,互联网平台社会对国际传播带来深刻影响。伴随信息生产与传播形态革新,网络空间已成为多元思想的交汇地和国际舆论的生成地,新媒体尤其是社交媒体平台成为西方国家制造舆论的新型阵地。尽管美国互联网平台依靠发展先机仍旧主宰着全球传播秩序,但随着互联网技术的更新迭代,以中国为代表的发展中国家基本上与发达国家站在同一起跑线上,甚至由于政策等有利因素而走在发达国家的前列。这种一开始便具有的平等性,将可能帮助创建一种全新的信息传播资源分配逻辑,在此基础上为重构国际传播新秩序提供契机。因此,我们要把握机遇,在战略传播体系构建中,大力发展数字技术和人才培养,加强数字基础设施建设,通过数字技术创新,突破与中国传统文化的嫁接障碍,真正实现两者的深度交融,进而巧用跨文化、跨语种传播,使中国之声从封闭走向开放、从单一走向多元、从小众走向大众,把互联网这个最大的变量转化为最大的增量,推进中国故事和中国声音的精准传播。

第四章

新时代国家形象塑造与城市国际传播

系统性、复杂性与实践性：
全媒体时代国际传播规律探析

中国外文局当代中国与世界研究院副研究员 费雯俪

摘要：随着世界格局的变迁及全球进入后疫情时代，国际传播正在经历一场"百年未有之大变局"的新媒介技术与国际舆论环境的耦合。在新时期发展阶段，国际传播工作需要分析政治学、经济学、新闻传播学等交叉学科与国际传播之间的相互关联和共同关切，凝练国际传播规律，完善国家战略顶层设计与布局安排。只有明确了国际传播的系统性、复杂性和实践性，才能勾勒出全媒体时代国际传播规律，为解决长期浸润在全媒体环境下的国际传播问题提供理论依据与方法论。

关键词：全媒体；国际传播；战略思维；传播规律

规律是事物之间存在着的不以人的主观意志为转移的联系，其必然性决定事物发展的方向和进程。正如马克思所言，人类社会如同自然进化一样，有其内在规律。[1]恩格斯也在《反杜林论》中指出，"现代唯物主义把历史看作人类的发展过程，而它的任务就在于发现这个过程的运动规律"。[2]一个领域或一

---

① 《马克思恩格斯选集》第4卷，北京：人民出版社，2012年，第275页。
② 《马克思恩格斯选集》第3卷，北京：人民出版社，2012年，第400页。

门学科的探索与研究，在于解释相关对象的内在机制、本质关系或运行规律。只有达到规律层次的认知，其形成的观念见解、理论学说才符合逻辑自洽和经验证据支撑，在实践中发挥有效的指导作用。[1] 2021年5月31日，习近平总书记在主持第十九届中共中央政治局第三十次集体学习时强调，我们要加强国际传播的理论研究，掌握国际传播的规律，构建对外话语体系，提高传播艺术。[2] 诚然，打造与我国经济社会发展水平和国际地位相匹配的国际传播能力，不仅需要官方和智库运用战略思维积极完善顶层设计、布局安排、体系构建，还要尊重规律、把握规律、研究规律，从而为国际传播的各项工作提供重要的方法论。如何用好辩证唯物主义的立场、观点和方法，来探寻国际传播的规律、抢占国际舆论制高点，成为新时代的新要求。

一、国际传播的系统性——宏观战略布局的多维思考

"系统"最初是航天工程的方法论，随后由技术路径上升到社会的系统工程领域，涉及治国理政的顶层设计思想与理论逻辑。[3] 为了实现预期目标演化，系统内部必须保障各个元素遵循共同价值与原则规范，形成协同创新效应。反之，系统内各个元素之间的关联性会对整个系统产生负面影响，甚至带来一定的风险。[4] 美国传播艺术与科学教授罗伯特·福特纳在1993年出版的《国际传播：全球都市的历史、冲突及控制》一书中提出，"国际传播日趋复杂，

---

[1] 杨保军：《新闻规律论》，北京：中国人民大学出版社，2019年，第2页。
[2] 《习近平在中共中央政治局第三十次集体学习时强调 加强和改进国际传播工作 展示真实立体全面的中国》，《人民日报》2021年6月2日，第1版。
[3] 蒋东旭、胡正荣：《系统思维与顶层设计：新时代国际传播布局的逻辑与实践》，《当代传播》2022年第2期，第25页。
[4] 唐润华、刘昌华：《大变局背景下国际传播的整体性与差异化》，《现代传播》2021年第4期，第79页。

主要动因在于其结构的系统性。[①]用系统思维对我国国际传播进行创新，本身就是个系统工程，它不仅包括顶层设计系统、国际传播资源配置系统，还涵盖了国际传播话语系统等众多子系统，从而构成相辅相成、缺一不可的大系统。

（一）顶层设计系统创新

国际传播的系统性体现在统筹国内国际两个大局中的地位与职责，有效地规划中长期和短期目标及其实施路径，明确多元主体的任务分工，合理整合有效资源，建立顶层设计系统的创新机制。

一方面，面对世界百年未有之大变局与新冠疫情后疫情时代的双重考验，国际秩序在经济全球化与政治多极化的发展中不断更迭演进，利益表达的多元化使话语空间不断扩展，国际传播格局发生巨变。自新冠疫情在全球暴发以来，美国及其西方盟友运用所谓的"中国威胁论""中国崩溃论""中国不负责任论"等舆论战手段，使得中国的国家形象跌至历史最低点。据美国皮尤研究中心（Pew Research Center）在2022年发布的《全球中国形象》调查报告显示，在西方发达国家中有超七成的人对中国存在负面印象，并且该种负面印象再创新高，特别是美国对中国的负面看法占主导地位，高达82%的美国人对中国持负面看法。[②]以美国为首的西方国家所形成的价值观更具目的性，全球舆论格局逐渐形成以本国利益至上的舆论微观环境。

另一方面，统筹中华民族伟大复兴战略全局是国内大局，既要实现国家富强、民族振兴、人民幸福，又要运用国际传播系统性思维推动构建新型国际关系，构建人类命运共同体，为世界的和平与发展贡献中国智慧。党的十九届五中全会审议通过的《中共中央关于制定国民经济和社会发展第十四个五年规

[①] 罗伯特·福特纳：《国际传播：全球都市的历史、冲突及控制》，刘利群译，北京：华夏出版社，2000年，第19页。

[②] Pew Research Center：Global image of China，2022.

划和二〇三五年远景目标的建议》，将"坚持系统观念"作为"十四五"时期我国经济社会发展必须遵循的五项原则之一，强调要加强前瞻性思考、全局性谋划、战略性布局、整体性推进。① 总而言之，顶层设计系统创新无论是对我国经济社会发展，还是对国际传播体系建构都具有关键性指导作用。在两个战略大局的范畴中将科技、文化、人才等因素有机结合起来，形成创新性、高效性、可持续性的系统动力机制，实现一体联动。

（二）国际传播资源配置系统创新

国际传播资源配置与运行系统从战术走向战略与战术并重，从"全面铺开"走向"精准传播"，从"内外有别"到"内外协同"，从"走出去"到"走进去"的转变，主要体现在以下三个方面。

一是借助对象国的传播资源，达到"借船出海"的目的。一方面，深耕数字媒体，将数字媒体舆论评估与算法相融合，推动中国更多社交媒体平台"出海"。以抖音海外版（Tik Tok）在海外的广泛传播为例，根据大数据公司感应塔的数据显示，截至2021年7月，Tik Tok的下载量已超过30亿次，点击量超过了美国搜索引擎谷歌（Google）。② 另一方面，深化多领域多维度的交流合作。由于受到网络新媒体技术的冲击，不少发达国家传统媒体遭受重创，中国媒体可通过投资入股、购买版面或栏目等形式借用西方媒体现有平台和渠道开展对外传播。

二是跨国制作的优化组合，加强本土化传播能力。为了更好地推进中国故事和中国声音的全球化表达、区域化表达、分众化表达，增强国际传播的亲和力和

---

① 《中共中央关于制定国民经济和社会发展第十四个五年规划和二〇三五年远景目标的建议》，新华网，http://www.Xinhuanet.com/2020—11/03/c_1126693293，2020年11月3日。

② 《Tik Tok取代谷歌成为2021年全球访问量之王！》，上观新闻网，https://export.shobserver.com/baijiahao/html/436345.html，2021年12月27日。

实效性，通过与对象国合作，借鉴对方的管理经验和经营策略，借助彼此的已有资源优势互补形成合力。本土化的跨国制作既有助于组建良性循环的采编、运营团队，维系国际传播可持续发展，又能增强内容贴近性与针对性，在西方主流国家产生实质性的影响。但在实际操作过程中要采用针对不同区域、不同国家、不同群体受众的精准传播方式，从一洲一策、一国一策，精准到一地一策、一群一策。近年来，我国媒体及国际传播机构采用"本地化制作加总部制作和提供"的模式，即在新拓展市场国家（地区）建立本土编辑部或制作中心负责制作与发行跨国媒体的地区版，而该地区所需要的有关跨国（跨地区）信息则由总部统一制作和提供，从而既满足了新拓展市场的信息和节目需求又降低了制作成本。

三是多元主体协同创新，有效确保系统效率的最大化。我国国际传播主体在顶层设计主导下，由政府、媒体机构转向多元主体协同聚合力量，从而加强灵活协调各机构的能动性和可操作性。就国际传播的媒介生产而言，这一举措减少了对同一国家（地区）、同类受众的重复传播，并通过大数据统计的受众画像，提高素材的共享率和使用率，从而提升跨国媒介产品的传播效率和传播价值。习近平总书记多次强调，"各级党委（党组）要把加强国际传播能力建设纳入党委（党组）意识形态工作责任制，加强组织领导，加大财政投入，帮助推动实际工作、解决具体困难。各级领导干部要主动做国际传播工作，主要负责同志既要亲自抓，也要亲自做"。同时要求，"各地区各部门要发挥各自特色和优势开展工作，展示丰富多彩、生动立体的中国形象"。[1]中国外文局当代中国与世界研究院作为国家智库，不断与全球化智库（CCG）、联合国教科文组织等中国国际智库和国际组织机构开展合作交流，在国家形象和舆情研究方面形成品牌，借助机制性论坛和会议影响他国受众，为国际战略决策提供支持。

---

[1] 习近平：《加强和改进国际传播工作　展示真实立体全面的中国》，人民网，https://baijiahao.baidu.com/s?id=1701405663376542126&wfr，2021年6月21日。

（三）话语体系系统创新

如前所述，中国在"世界百年未有之大变局"中处于至关重要的地位，直接或间接地影响着世界舆论格局的演变。面对以美国为首的西方国家对中国的种种指责与污蔑，中国国际传播话语体系的系统创新势在必行。

一方面，主动设置议程，掌握话语的主动权。党的十八大以来，我国国际传播机构与媒体一直致力于国际传播话语体系的建设，试图按照西方受众的接受习惯和叙事方式对外传播中国故事。然而"一千个读者就有一千个哈姆雷特"，善意的表述也会出现反面解读，一味地跟从西方舆论重复攻击与反攻击的话语无济于事。在纷繁复杂的国际舆论环境下，中国要想打破西方话语屏障，就应改变传统的对外传播观念，有针对性地进行话语创新，强化问题意识和传播效果意识，主动设置议程，逐步确立话语优势，建构国际公认的话语体系。

另一方面，善用海外社交媒体平台，增强话语的可信度和说服力。近年来，越来越多的具有国际影响力和话语权的意见领袖在Facebook、Instagram、Twitter、Snapchat等海外社交媒体平台上开设账号，用事实和数据分析来佐证澄清事实、驳斥谬误。中国外交部党委委员、部长助理、新闻司司长、发言人华春莹在中国共产党的二十大召开之际，连续在Twitter上发推文，引起世界网友的关注。[①]通过改变单一的对外话语模式，意见领袖运用叙事性、解释性、转化性话语讲好中国故事，有效地避免了国际传播话语的表面性和空泛化，增强话语的可信度和亲和力。

二、国际传播的复杂性——政治学、经济学、新闻传播学、语言学的交叉融合

国际传播研究缘起于公共外交与国际问题研究的探索，自然离不开哲学、

---

① 北京日报：《华春莹连发13张图片引世界网友关注，外交部回应》，上观新闻网，https://export.shobserver.com/baijiahao/html/536383.html，2022年10月8日。

历史学、政治学、社会学等学科的滋养，并积极寻求与经济学、新闻传播学等学科的交叉融合，同时也无形中推动着这些学科的纵深发展。因此，国际传播研究有着跨学科、交叉学科的基因，总能呈现纵横捭阖、睥睨天下的局面，其理论性纷繁复杂，其现实性耐人寻味，跨学科的视野、交叉学科的魅力在国际传播的复杂性中得到全面体现。在总结国际传播规律的过程中，研究者不仅要对面临的困难和挑战有充分和清醒的认识，还需要在国际政治与世界经济交织的表象背后寻找规律，结合新闻传播的客观规律特征，运用辩证统一的方法论与认识论，逐步揭示全媒体时代国际传播活动内在的稳定关系、演进趋势或基本规律。

（一）国际政治规律与国际传播

前人之事，后人之师。国际政治规律离不开国际关系的历史，我们不仅可以从战争暴发的诱因中总结规律，从国家结盟的模式中寻找规律，还可以从区域化成败的经验中拟合规律。国际传播规律的复杂性主要体现在复杂的结构、丰富的层次，特别是西方与东方国家在政治制度、意识形态、发展模式等方面的矛盾升级，例如中国特色社会主义同西方资本主义意识形态的矛盾；中国经济高速发展与其他国家产生利益摩擦的矛盾；国内问题国际化与国际问题中国化的矛盾导致大国博弈更加长期化和复杂化。[1]

首先，国家实力对国际关系格局演变有着重要影响。国际力量的消长变化实质上是国家实力在国际舞台上发生变化，即综合国力导致国际关系格局的演变。[2]修昔底德在其《伯罗奔尼撒战争史》中指出，使战争不可避免的真正原因是雅典势力的增长和因而引起的斯巴达的恐惧，即权力转移理论（power

---

[1] 王庚年：《国际舆论传播新格局研究》，北京：中国国际广播出版社，2013年，第65页。
[2] 卢静：《浅谈国际关系格局演变的规律》，《外交学院学报》1998年第1期，第95页。

transition theory）。①由这一理论推导出国际关系史中世界领导权变迁的规律。二战结束后，为了遏制"共产主义扩张"，赢得全球霸主地位，美国建立起一个遍及全球的政治、经济同盟体系。有着同样的种族优越感、价值体系和利益关联的美西方同盟国在面对同盟之外的战略"对手"时，自然而然地会选择站在盟主一边，尤其在态度、行为、舆论方面高度一致。然而，中国的高速发展给欧美政治秩序和经济发展带来了巨大冲击。美西方盟友运用所谓的"中国威胁论""中国崩溃论""中国不负责任论"等舆论手段遏制中国的发展。这正与霍布斯在《利维坦》中的言论不谋而合，"每当新兴大国崛起，老牌强权国家必定设法加以阻挠、遏制甚至不惜通过战争维护其统治定位"②。

其次，科技革命是国际政治风云变化的"先手棋"。每一次科技革命必将带动社会生产力的快速发展，引起国际格局中行为主体的地位和角色发生变化，从而持续不断地推动世界格局的演变。马克思把科学技术"看作是历史的有力杠杆和最高意义的革命力量"。③ 无论是18世纪至19世纪中后期的第一次科技革命，还是19世纪至20世纪50年代的第二次科技革命，都使劳动生产率空前提高，资本的国际扩张趋势加剧，国家综合国力增强。因此，世界各国都把发展科学技术作为增强综合国力和提高民族竞争力的重要战略决策。以原子能、电子计算机、空间技术和生物工程发明和应用为主要标志的第三次科技革命，涉及信息技术、新能源技术、新材料技术、生物技术和新媒体技术等诸多领域。④国际传播也随之进入全媒体时代，"5G+8K"技术、人工智能、算法

---

① 修昔底德：《伯罗奔尼撒战争史》，谢德风译，北京：商务印书馆，1985年，第18-19页。
② 霍布斯：《利维坦》，黎思复等译，北京：商务印书馆，2020年，第250页。
③ 《马克思恩格斯全集》第19卷，北京：人民出版社，1965年，第372页。
④ 人民教育出版社历史室：《世界近代现代史》，北京：人民教育出版社，2006年6月第2版，第109页。

推送和机器人编辑等技术的运用使得美英等新闻传播强国主导着国际传播体系构建和规则制定，在互联网域名分配以及议题设置方面拥有绝对的话语权。尽管联合国教科文组织致力于弥合"数字鸿沟"，但国际传播领域中的信息流向仍没有发生根本性的改变。美国等西方国家利用这一特殊优势，将自身信息连同价值理念辐射全球，形成了强大的舆论场，对世界各国媒体及受众的认知与态度产生持续而深刻的影响。

最后，战争是国际关系格局演变的助推器。国际政治的主题离不开战争与和平问题，战争"虽然不一定能够解决争端，但确实在相当大程度上决定了世界的结构"[1]。近代以来，国际关系格局的演变经历了4个阶段，即群雄争霸的威斯特伐利亚格局、欧洲百年"和平"的维也纳格局、力量失衡的凡尔赛-华盛顿格局和两极对峙的冷战格局。自1989年以来，东欧剧变，苏联解体，两极格局瓦解，世界朝多极化方向发展。基辛格从国际格局的演变过程中总结近代国际关系格局呈现出"平衡—不平衡—平衡"的规律，并据此首倡了"均势"理论，为美国设计的一套切实可行的外交政策，也有效地加快了中美关系和解的进程。[2]以中美关系为例，2022年年初暴发的俄乌危机使得原本就阴霾笼罩的中美关系雪上加霜。俄乌危机不仅扰乱了世界政治和经济秩序，甚至还增加了中美大国之间全面对抗的可能性。美方宣称俄罗斯对乌克兰进攻之前曾向中方提供了有关情报，认定中国在支持俄罗斯攻打乌克兰，并运用中俄经贸合作逆势而行的数据证明"中俄轴心论"的合理性。在此情况下，中美关系的互动模式也因俄乌危机发生了"范式转移"，使之进入战略博弈的"持久战"。由此可见，战争以剧烈、残暴的方式打破了国际关系中原有的"游戏规则"，并在其过程中孕育了新的国际关系格局。

---

[1] Michael Howard: The Courses of Wars, Cambridge University, 1983, London, p. 2.
[2] 亨利·基辛格：《大外交》，顾淑馨等译，海口：海南出版社，2020年，第6页。

（二）经济运行规律与国际传播

经济是国际传播过程中不可分离的重要组成部分，世界经济的起伏变动直接左右国际关系的格局和政治秩序的稳定。美国政治学家萨缪尔·亨廷顿（Samuel Huntington）曾指出，"经济力量实际上可能是最重要的权力源泉，经济力量在决定国家的国际地位方面起到重要的作用"。[①]以史为鉴，从1637年荷兰郁金香危机到1857年全球金融危机，从大萧条到全球第一次石油危机；从1997年亚洲金融危机到2007年次贷危机，无不影响到了国际政治的转向与国际传播的范式。

第一，世界经济周期性导致国际社会的结构性转变。经济周期是指全球范围内经济活动交替出现活跃、繁荣、衰退、低迷的波动过程，是世界经济运行中的一个重要现象。[②]世界经济的周期性是由多方面复杂因素决定的，与固定资产更新换代的周期、科技发明成果转化的周期、世界市场扩大收缩的周期等密切相关。关于世界经济周期的理论中，最有影响力的是俄国经济学家康德拉季耶夫在1925年提出来的长期波动，即长周期或长波。自18世纪后期的工业革命以来，世界经济已经历了5次长周期，每一个长周期都对应着一次科技革命和新兴产业发展，进而引发经济社会的结构性转变。在转变过程中，多种力量的综合作用下往往会诞生集产业优势、经济优势和金融优势于一身的新兴超级大国。根据上述理论推算，我们不难发现其规律性，世界经济正处于从第五个长周期向第六个长周期的转折点，而中国经济的"弯道超车"则体现出世界经济运行的一般规律，并将持续沿着稳定的动态平衡路线一路高涨。

第二，金融资本的国际流动和证券市场的起伏变化使世界经济与国际传播

---

① 金德熙：《日美基轴与经济外交》，北京：中国社会科学出版社，1998年，第30页。
② 李忠杰：《怎样认识和把握世界经济的运行规律》，《瞭望新闻周刊》2002年第28期，第16页。

的内在联系更加紧密。一方面,国际金融资本配置的最大化有利于扩大经济规模、科技创新、调整经济结构,继而提高国际传播效能。据联合国贸易和发展会议(UNCTAD)发布的《2022年世界投资报告》显示,2021年,全球跨国投资贸易总额达1.58万亿美元,较2020年大幅增长64%,发达国家吸引外资增长了200%,进一步加剧发达国家和发展中国家发展不平衡问题。[1] 发达国家通过经济来维护全球秩序的稳定,霸权国家随之形成。正如查尔斯·金德尔伯格(Charles Kindleberger)所说:"一个稳定的世界经济秩序需要一个稳定的提供者。"[2] 金德尔伯格的表述被学者归纳为"霸权稳定论",这是从经济学的历史中抽象出的规律。另一方面,证券市场的风云变化给世界经济带来空前的风险。毋庸讳言,每次世界金融危机的暴发都离不开股票与货币危机。无论是1992年的欧洲货币体系危机,还是1994—1995年的墨西哥比索危机、1997年的亚洲金融危机,都因股票交易市场而起。因此,证券市场的风云变化成为世界经济的"晴雨表",也直接左右了国际秩序和国际传播格局。

第三,不同利益主体的博弈关系直接影响世界经济的规则和秩序。经济的全球化发展,造成了不同利益主体你中有我、我中有你,相互渗透、相互干预的状态,为争取和维护自身利益最大化而博弈。要认识和掌握世界经济的运行规律就离不开对世界各国的博弈关系与态势的研究。俗话说:"大难之后,必有大变。"这既是世界历史演进的规律,也是经济运行的规律。自2020年以来,世界疫情引发的全球性经济大萧条,抑制了全球化进程,导致国际政治碎片化等一系列叠加式的危机和连锁反应,为大国博弈增添了新变量,正在深刻

---

[1] 《联合国贸发会议发布〈2022年世界投资报告〉》,国家发展改革委网,https://www.ndrc.gov.cn/fggz/fgzh/gjzzychyjdt/gjzzyc/202206/t20220629_1329380.html?code=&state=123,2022年6月29日。

[2] Charles Kindleberger, The World in Depression, 1929–1939, Berkeley: University of California Press,1973, p. 305.

地改变世界格局。一是新冠疫情暴露出欧盟治理能力赤字问题，民粹主义、民族主义升温，加剧了欧盟主要成员国的政治不稳定性。二是俄乌危机并未休止，美俄战略博弈进入新阶段。三是欧美国家视中国为"战略竞争对手"，并发起前所未有的舆论战。由此可见，不同利益主体的竞争战略规划的难度显著提升。有不少专家预测，如果全球经济长期陷于低迷状态，个别大国为了缓解国内危机，有可能对外采取军事行动，大国博弈将愈演愈烈，对各国战略规划提出了更高的要求。[①]世界经济也将向多极化趋势发展，中国、俄罗斯、印度等国家将在多极化格局中占有一席之地。

（三）新闻传播学、语言学与国际传播

国际传播与新闻传播学、语言学的渊源缘起于国际新闻的业务实践，早在1931年出版的关于国际传播的两本书《国际传播：美国的态度》（*International Communication the American Attitude*）和《国际传播：语言问题论文集》（*International Communication: A Symposium on the Language Problem*）中就提出了国际传播具有显著的政治性和实用性。国际传播的多学科性、交叉性恰恰是当代社会科学综合化和"新文科"建设的一般趋势，也为研究者从理论与实践、微观与宏观两个层面理解国际传播提供了有益的帮助。

从理论与实践层面来看，国际传播的理论框架离不开国际传播的本体论认识、国际传播史、国际传播体系的运行及控制、国际传播的实践与启示等方面，进而在众多的分支学科中有自己的立足之地。2020年，国际传播正式获批入选教育部最新版《普通高等学校本科专业目录》，成为一级学科"新闻传播学"的新增专业（专业代码：050309T）。作为新闻传播学的一个分支，国际传播本身就具备了新闻传播学的客观性、历史性、时效性等基本规律，研究的

[①] 《2020，大国博弈有何新动向？》，人民论坛网，https://baijiahao.baidu.com/s?id=1675232735433928382&wfr，2020年8月17日。

内容包括世界传播体系的框架及运行机制、媒介信息的分类及量化、舆情分析模式、媒介事件与报道技巧等方面。新闻传播内在规律围绕着传播者与受众的关系、与事实的关系、与媒介的关系展开，而新闻传播外在规律包括新闻传播与政治、经济、文化之间的关系[1]，是新闻传播主体通过传递新闻信息满足新闻接受主体新闻需求的内在关系与客观法则[2]。新时代的国际传播已经进入数字媒体和智能传播的新阶段，传播渠道、传播媒介、传播规模、传播内容和受众人群之间的关系也随之发生变化，例如国际传播渠道与方式日渐多元，工作人员可以通过数字传播技术进行国际资讯的采、写、编、评，也不再受到出版发行时间、播出时段控制等因素的制约。

从宏观与微观层面来看，相较于西方话语的强势输出，我国的国际传播话语体系建构与议题设置影响力还处于相对弱势的局面。2021年5月31日，习近平总书记在主持中共中央政治局第三十次集体学习时发表的重要讲话中强调，要全面提升国际传播效能，建设适应新时代国际传播需要的专门人才队伍。[3]不言而喻，外语是提高国际传播效能的必备能力之一。外语学科可以凭借自身的天然优势和专业特色，助力中国故事的全球化、区域化、分众化表达，为提升国际传播能力贡献力量。进而言之，全球学科发展的整体趋势呈现跨学科交叉研究和专题研究纵深发展并行不悖的新特征，外国语言文学一级学科已经从过去单一的由英语语言文学、法语语言文学等不同语种的划分，更新为系统的规范性分类，即外国语言研究、外国文学研究、翻译研究、国别与区域研究、比较文学与跨文化研究。这一分类打破了语言的界限，以研究内容为导向，聚焦外语的专业性特征，符合语言学发展的一般规律，即从历时到共时、从个别到

---

[1] 丁柏铨：《加强对新闻传播规律的研究》，《当代传播》2018年第5期，第1页。
[2] 童兵：《努力探索和坚守新闻传播规律》，《当代传播》2021年第4期，第1页。
[3] 《习近平在中共中央政治局第三十次集体学习时强调　加强和改进国际传播工作　展示真实立体全面的中国》，《人民日报》2021年6月2日，第1版。

一般、从规定到描写、从内部语言学到外部语言学的道路。语言是传播思想的主要载体，新时期的国际传播人才需兼具外语新闻采写编评与外语表达能力、公共外交与对外传播能力、国际公共关系管理能力等职业核心能力，进而满足国家战略需求和国际社会需求。

以上这些特征，决定了国际传播的复杂性，要求我们必须从公共外交、国际政治、新闻传播的实际出发，从纵向历史演变与现实的复杂关系出发，凝练国际传播规律。

三、国际传播的实践性——全媒体时代国际传播活动的实践与实效

国际传播是一个与实践、实效联系紧密的领域，只要有国际传播的实践活动生成，国际传播规律就会产生作用和影响。在指尖可以触摸世界的全媒体时代，媒体形态迅速更迭，各种思想文化与媒介技术相互激荡，新兴媒体与传统媒体的相互作用、相互融合，使得国际传播主体、收受客体、传播内容、传播规范以及传播渠道等都发生了历史性的变化，国际传播规律自然也会随着历史的发展而演变。由上述的新闻传播规律与国际关系发展趋势所决定，全媒体时代国际传播规律具有以下特征：

（一）多元生产：国际传播主体与客体边界消解

全媒体是以快速的采集技术与分析能力为基础，联合广播、电视、互联网媒体、人工智能等多方媒介技术平台进行深度融合，实现了"全程、全息、全员、全效"一体化、兼容并蓄的媒介传播形态和运营模式。[①]全媒体颠覆了传统媒体的传者与受者的严格区分，受传者不仅突破了时空的壁垒，还使"人人都有麦克风"成为了可能，国际传播主客体的边界逐渐消解。受众从被动的信息接收者转变为主动的信息收集者甚至是生产者，传播模式也由单向传播转变

---

① 张卓：《智能传播时代我国国际传播探究》，《传媒》2022年第3期，第59页。

为双向甚至多向传播。

在全媒体语境下,"草根"成功地完成了向"网红"的完美蜕变,一批拥有众多粉丝和巨大影响力的意见领袖开始崛起。[1]从美食到非物质文化遗产,从城市形象到国家形象,以李子柒、潘云峰、丁真为代表的"草根网红"将中华民族的传统特色文化及民间习俗通过社交媒体平台等进行数字化传播,得以被国外社交媒体用户看到并接纳,在这个过程中潜移默化地体现了中国文化软实力,成为"古老神秘的中国力量"。

(二)多样内容:国际传播内容"益趣性"增强

伴随互联网技术的普及和数字化媒体技术的广泛应用,国际传播内容呈现出多元化、语言风格益趣化、内容构造简明化的特征。长期以来,西方媒体在国际舆论传播中的议程设置主要围绕政治性话题展开,其目的是引导国际舆论格局的西化。传统媒体在进行国际传播时,国际传播的内容主要来源于官方新闻媒体对具有重大社会意义事件的播报,具有极强的政治性,其传播内容受到对象国政府的严格把关。然而,在全媒体的赋能下,新兴媒体的传播模式能够较容易地跨越信息"把关人"的边界,国际传播内容逐渐从"新殖民主义"向"全球议题"拓展。无论是从政治经济类新闻为主导到多元新闻内容并驾齐驱,还是从严肃刻板的内容模式到消闲生动的内容语态,都极大程度地呈现出全媒体国际传播内容的多样化和益趣化。

虽然信息通过多元渠道直达受众,在一定程度上满足了作为内容消费者的受众对情感的诉求和对互动的需求,潜移默化地消解了大众传媒的议程设置效果,但国际传播信息内容的多样化并不意味着信息主权的消失,政府依然是全球网络空间治理的主要"把关人"。此外,受众在享受多样内容所带来的娱乐

---

[1] 费雯俪:《从"网红"效应透视时尚传播的演进》,《新闻爱好者》2018年第3期,第76页。

"拟态环境"的同时，海量的信息也对受众提出了辨别信息真伪的能力要求。国际传播内容的碎片化和泛娱乐化导致各级媒体在进入"刀光剑影"的红海后产生竞争失序、媒体失范的现象。

（三）多方渠道：国际传播渠道凸显"社交性"

随着全球化发展和新媒介技术的更新迭代，国际传播的渠道发生了翻天覆地的改变。从以智能手机新闻客户端、微博、微信为代表的社交媒体，到H5、虚拟现实（VR）、人工智能（AI）等智能媒体技术在国际传播中的广泛应用，在极大程度上实现了国际传播在全媒体背景下对"社交性"的注重和人文主义的可持续性发展。根据《数字化2021：全球数字化报告》显示，截至2021年1月，全球互联网用户数达到46.6亿，在世界总人口中占比59.5%；社交媒体用户规模达到42.0亿，占世界总人口的53.6%。[①]万物皆媒、人机合一的全媒体时代，国际信息传播移动化、社交化、视频化日趋成熟，受限于空间阻隔的国际传播边界被彻底打破，由此也增进了传播者与受众之间的互动关系。

传统媒体因为扮演信息生产者的角色，与受众的互动有限。然而在全媒体时代，传播主体与受众之间的沟通方式不再局限于大众媒介，从新闻跟帖到短视频弹幕的实时互动，使得国际传播效果进一步被强化，受传者之间的互动关系进一步演化为"同频共振"关系。这种互动关系不仅给受众提供了解读和分享的空间，还避免了传播主体陷入孤芳自赏、自说自话的窘境，使其及时有效地对传播内容和传播方式进行改进与优化。例如，中国外文局融媒体中心在Facebook、Twitter等海外主流社交媒体平台上陆续开设了13个语种47个账号，英文评论品牌China Focus和短视频品牌China Matters的各类优质内容"借船出海"，把中国声音和中国故事源源不断地远播海外。

---

① Digital 2021: Global Overview Report, https://datareportal.com/reports/digital-2021-global-overview-report, 2021年8月1日。

（四）多种模式：媒介表达数字化、个性化、场景化、全时化

在万物互联、万物皆屏、万物皆媒的时代，媒介表达形式更新颖，频率更高，速度更快。视听产业的数字化克服了跨洋的物理空间障碍和时间限制，实现了信息的"零时间"数字化传播。媒介技术的发展潜移默化地改变了受众的娱乐与消费习惯，社交媒体、短视频、直播平台的兴起无疑为国际传播开辟了场景化的信息传播体验，使国际传播的媒介表达从单一扁平的文字信息呈现方式快速过渡到更加立体、生动、个性化、场景化、全时化的视听传播过程当中。尤其是虚拟/增强现实对传播内容的原生态、场景化展现，使受众仿佛身临其境，获得一种浸入式体验，在播报重大的国际新闻事件时，能给观众以强大的"五感"震撼力。

由于受众的思维方式、叙事方式、心理需求和媒介使用习惯各不相同，国际传播的制作风格和媒介表达在新的媒介环境变化中不断进行调整，以满足细分受众的审美需求。针对这种变化的出现，不同受众要具体分析，媒体平台只能通过个性化、体验化、娱乐化的表达加以有效应对，推出量身定制、适销对路的产品。只有实现精准化个性化传播，才能在全媒体时代把握主动权，获得话语权，确保国际传播领域形成真实、可信、透明的传播环境和传播秩序。

四、结语

世界潮流，浩浩荡荡，顺之者昌。中国正向世界大国迈进，唯有把握国际传播的规律，认识国际政治的关系，反思和总结国际传播实践的功过，才能不畏波诡云谲，做到顺势而为，在两个大局中把握正确航向。总而言之，国际传播的系统性是对其宏观结构的战略统筹；复杂性是在纷繁复杂的国际政治表象背后寻找国际传播与不同学科交叉融合的辩证关系和基本规律；实践性是对国际传播微观层面的具体操作。如果说系统性是国际传播的战略起点，那么复杂性就是国际传播的中心节点，实践性则是国际传播的策略目标。国际传播机

构及工作者首先要从宏观战略层面系统性地做好顶层设计与战略布局，分析总结国际传播活动中可能存在的共同规律与特殊规律，提高国际传播的传播力、影响力和转化率。随后在具体实践操作中利用新时代媒介环境特征、新媒介生态，秉承多维、立体、互动、非线性传播的理念，掌握国际舆论传播的话语权和主动权，提高自觉地驾驭传播规律的水平，在变化莫测的世界格局中趋利避害，经得住各种风浪的考验，拓展出更大的发展空间。

从北京冬奥会看中华民族共同体形象构建

中国西藏信息中心信息处副编审　夏　炎

《中国西藏》杂志编辑　袁星宇

内容摘要：作为新媒体时代的全球性媒介事件，2022年北京冬奥会在弘扬奥林匹克运动核心价值的同时，成为中华民族共同体形象构建的独特场域。中华民族共同体形象构建与中华民族共同体意识传播是一体两面，蕴含着对国家的认同，对中华文化的认同，对中华民族共有身份的认同。通过分析北京冬奥会呈现的民族元素、冰雪运动以及"冬奥精神"的涵育过程，可以发现中华民族在文化、经济等各层面越发紧密的命运共同体形象。与此同时，冬奥传播数字化转型重塑了中华民族认同维度，为中华民族共同体形象国际传播提供了历史契机。

关键词：冬奥会；媒介事件；中华民族共同体；形象传播

在体育深度媒介化的背景下，奥运会不仅承载着国际奥林匹克精神，同时成为展现承办国国家形象、民族文化和核心价值观的独特传播场域。北京冬奥会是百年奥运史上首届实现转播全面"上云"的奥运会，该数字化转型不仅为其带来迄今为止最高的冬奥收视率，也为中华各族儿女在全球范围内构建中华民族共同体形象提供了历史机遇。

一、奥运传播：中华民族共同体形象构建的独特场域

从2008年北京奥运会到2022年北京冬奥会，中国作为奥运承办国家，在践行奥运理念的同时，彰显中华民族精神文化内涵，通过56个民族代表参加冬奥会开幕式国旗传递仪式等民族团结意象的表达，借助数字化融合传播，展现了全国各族人民踔厉奋发、迈向中华民族伟大复兴的共同体形象。

（一）现代奥运传播演变历程

奥林匹克运动会发端于古希腊，法国人顾拜旦提出将奥运与文化相结合，让奥运会在不同国家和地区传播，使得现代奥林匹克运动会的圣火得以于1896年在雅典重新点燃。现代奥运传播大致经历了三个阶段。第一，早期的奥运传播首先在欧美文化圈中实现，影响范围较为狭窄，是"跨国性传播"；第二，1912年的斯德哥尔摩奥运会，因首次实现全世界五大洲均有运动员参加而具有深远的历史意义，标志着奥林匹克运动开始进入"跨文化传播"阶段；第三，第二次世界大战后，伴随着世界格局的深刻变化，奥林匹克运动最终实现世界所有国家参与的目标，步入"全球化传播"阶段。[1]较典型的如1996年亚特兰大奥运会，共197个国家和地区的运动员参赛，全世界大约30亿人次观众通过电视观看开幕式。奥运传播效应也一度成为大众传播研究的焦点。

奥运宗旨、精神、格言等构成的思想体系是奥运传播的核心价值，在全球化传播时代，主张"相互理解、友谊长久、团结一致和公平竞争"的现代奥运会传承了顾拜旦最开始对于奥林匹克运动的理念设计，具有反对任何歧视、种族主义、民族极端主义等违反奥运核心价值的传播属性。

（二）中华民族共同体的内涵

中华民族是在漫长的历史演进过程中，经过自在生长和文化自觉的复合

---

[1] 郝勤：《奥林匹克传播：历程、要素、特征——兼论奥林匹克传播对北京奥运会的启迪》，《体育科学》2007年第12期，第3-9页。

作用逐步形成的。①中国各族人民经过历史上不同时期的交往交流交融，逐步实现在空间、文化、经济、社会、心理等方面的全方位嵌入，缓慢形成"我中有你、你中有我、谁也离不开谁"的中华民族共同体。按照《中国大百科全书》的界定，"中华民族是中国各民族的总称。分布在中国大陆、香港、澳门和台湾省"。②而共同体是一个群体指向概念和集体身份称谓，本文从当代语境出发，倾向于认为中华民族共同体指的是，以历史上积淀而成的中华民族为基础而形成的"以共善生活为价值导向、具备共同复兴关怀的中国国民聚合实体"③。

2021年8月，习近平总书记在中央民族工作会议上指出，"必须构筑中华民族共有精神家园，使各民族人心归聚、精神相依，形成人心凝聚、团结奋进的强大精神纽带"。中华民族共同体意识是祖国统一的思想基础、民族团结的认同根本。2017年10月，党的十九大正式将"铸牢中华民族共同体意识"写入新修订的党章，从中华民族伟大复兴的战略高度明确了新时代党的民族工作的"新内涵和重大历史使命"，也为新媒体环境下借助媒介事件增强国家认同、铸牢中华民族共同体意识、构建中华民族共同体形象提供了根本遵循。

（三）奥运传播助力中华民族共同体形象构建

伴随互联网媒介技术的发展，现代奥运会日益成为民族文化对外传播的重要舞台，以奥运会为代表的国际体育活动承担着塑造国家形象、整合社会认知、实现情感共鸣、凝聚文化认同等"政治性传播功能"④。中华民族共同体

---

① 费孝通：《中华民族的多元一体格局》，《北京大学学报（哲学社会科学版）》1989年第4期，第3-21页。
② 中国大百科全书总编委会：《中国大百科全书》第29册，北京：中国大百科全书出版社，2009年，第300页。
③ 青觉、徐欣顺：《中华民族共同体意识：概念内涵、要素分析与实践逻辑》，《民族研究》2018年第6期，第1-14页、123页。
④ 张毓强、庞敏：《现代奥运会国际传播价值的再审视》，《武汉体育学院学报》2022年第1期，第13-19页。

形象，指的是"该共同体的内部成员或外部受众对中华民族共有身份的认知描述与意象形塑"[1]。作为全世界规模最大、知名度最高的体育赛事之一，历届奥运会传播都将举办城市及其所在国置于全球媒体关注的焦点。2008年北京奥运会曾借助"焦点效应"和全球注意力资源成功对外展示了中华民族文化，提升了国家形象和软实力[2]，对于推动我国各族人民增进对伟大祖国、中华民族和中华文化的认同发挥了积极作用。

正如传播学者丹尼尔·戴扬（Daniel Dayan）和伊莱休·卡茨（Elihu Katz）在《媒介事件》中提出的，体育是媒介事件，一种仪式性的政治，可以超越传统的政治地理和时空限制，表达对团结一致和民族融合的向往。[3] 作为大型媒介事件，奥运会的仪式传播成为增进国家认同的重要方式。具体到北京冬奥会，开幕式和闭幕式等奥运景观，在传播过程中运用了丰富的象征符号。"文化符号作为中华文化的传播载体，所展示的是各民族共享的符号"[4]，如56个民族代表参与开幕式国旗传递仪式这一象征性符号，不仅将"以和为贵""同心同德"的中华传统文化价值观寓于"互相理解""友谊团结""平等相待"的奥林匹克精神，同时从实践层面丰富了奥运仪式传播对本国文化和民族共同体意象的话语表达和内涵呈现，提升了共同体内部成员和外在他者对于中华民族这一称谓下"共有精神面貌的画面感知"，激活了对于"中华民族共同体"的想象。借助高科技和数字化手段，探索奥林匹克体育精神和中国传

---

[1] 徐欣顺：《中华民族共同体形象的百年回眸与思考》，《贵州民族研究》2022年第1期，第24-29页。

[2] 刘斌、李垚：《对北京奥运会民族文化传播提升国家文化软实力的评估》，《新闻界》2010年第5期，第25-26页。

[3] 丹尼尔·戴扬、伊莱休·卡茨：《媒介事件：历史的现场直播》，麻争旗译，北京：北京广播学院出版社，2000年，第15-20页。

[4] 马惠兰、王超辉：《中华文化符号在铸牢中华民族共同体意识中的作用和运用》，《学校党建与思想教育》2021年第13期，第46-48页。

统文化的融合表达和综合呈现，有助于国家认同建构和中华民族共同体意识铸牢，形成关于中华民族共同体形象的集体记忆。

二、北京冬奥会与中华民族共同体形象构建

全球化背景下，奥运会不仅是一项国际体育盛事，也成为不同国家和民族的文化传播载体，为民族共同体的形象构建提供了舞台和路径。北京冬奥传播作为一种"文化传播、媒介变迁和文明演进的共时性过程"[1]，对于建设我国各民族共有精神家园、以视觉形象增进民族认同、铸牢中华民族共同体意识有着积极而重要的影响。

（一）"冬奥民族风"构建中华民族文化共同体形象

作为人文奥运理念与中华民族优秀传统文化充分融合的一场仪式传播实践，北京冬奥传播场域内丰富多元的民族元素，特别是开、闭幕式呈现的与现代文化充分融合的"民族风"，丰富了中华民族作为一个文化共同体的当代形象。比如参加冬奥会的177名中国运动员中有少数民族运动员20人，来自藏族、维吾尔族、满族、回族、哈萨克族、哈尼族、京族、朝鲜族、布依族等9个少数民族[2]；开幕式国旗入场环节，100多名来自全国各行各业的优秀代表及56个民族代表传递五星红旗，以一种共享的仪式表达梦想和积极奋进的生活态度，体现了奥林匹克运动的"平等"和"互相尊重"理念；广西民歌《山歌好比春江水》、内蒙古民歌《站在草原望北京》、藏语歌曲《Fly》等伴随冬奥开幕式在鸟巢唱响，成为各民族在奥林匹克舞台上极富魅力和感染力的文化符号，传递了民族团结融合的意象，也让流行音乐、民族音乐中所蕴藏的中华民

---

[1] 冯霞、尹博：《北京奥运文化传播与中国国家形象塑造》，《北京社会科学》2007年第4期，第72—75页。
[2] 《述评：北京冬奥会的成功举办离不开各民族团结一心》，新华网，https://news.sina.com.cn/c/2022-03-07/doc-imcwiwss4544917.shtml，2022年3月7日。

族优秀传统文化与奥林匹克精神完美融合。

在多元文化共存的时代语境下，文化符号与中华民族共同体意识的构建有着极强的联系。培育中华民族共同体意识，核心是培育56个民族文化的现代化意识，一个具有全局性和根本性的现实问题是如何使各民族传统文化、中华传统文化与现代文化融合创造出一种"新文化"。[1]北京冬奥会为这种融合创新提供了具有历史意义的时机和平台。正如青海藏族说唱组合ANU的成员宫巴、巴雅受访时所说的："冬奥会给歌曲《Fly》加冕的同时，赋予了这首歌中华各民族团结奋进的新定义，也给创作带来新的生命和价值。"

各民族优秀传统文化都是中华文化的组成部分。冬奥会开闭幕式中"一朵雪花"的设计灵感来自"中国结"图案、"立春"等"二十四节气"的元素呈现，让世界更好地了解中国传统文化。在"24节气倒计时"中，共有9组镜头来自新疆。越是民族色彩强烈的文化元素，视觉效果往往越突出。民族共同体构建的本质是一种文化"寻根"，最能体现中华民族共同体形象的，莫过于中华民族共同的图腾——"龙"。[2]参赛运动员把金色的"中国龙"绣在比赛服上，成为展现对中华民族"同根同源的文化共同体"认同的又一例证。

（二）"冰雪运动"激活中华民族经济共同体形象

北京冬奥会的"冰雪之约"，并不限于体育本身，在展现中华民族优秀传统文化的同时，还连接起政治、经济、民生等多个领域。中国冰雪运动"应约而来"的快速发展，集聚了各族人民的支持，贯通了"中国道路"的现实和未来。3.46亿人次参与冰雪运动，居民参与率达24.56%，折射出冬奥对我国全民健身的带动作用。北京冬奥会在激活少数民族地区经济发展的同时，以冰雪运

---

[1] 沈桂萍：《培育中华民族共同体意识构建国家认同的文化纽带》，《西北民族大学学报（哲学社会科学版）》2015年第3期，第1-6页。
[2] 沈艾娥：《新媒体语境下中华民族共同体意识的传播策略》，《民族学刊》2021年第5期，第10-16页、107页。

动为纽带，加深了各民族间的情感，见证了民族团结与融洽。如西藏在全国体育援藏"苗圃计划"支持下，培养出多名冰雪项目后备人才。得益于得天独厚的自然条件，新疆、西藏等民族地区也积极推进打造集雪上运动、冰雪体验、特色产业于一体的冰雪产业链。如宁夏泾源县，在"带动三亿人参与冰雪运动"的号召下，新建冰雪运动基础设施，大力发展冰雪运动，同时带动周边乡村振兴和当地经济发展。

冬奥会激活了人们对于冰雪运动和冰雪旅游的热情，富于运动感和科技感的冬奥吉祥物"冰墩墩"在冬奥会期间风靡全球，其极具现象级的传播力，极大地展示了作为中国文化符号的"大熊猫"憨厚可爱的形象以及蕴藏于中华文化中追求和平、友好、团结的人文理念和体育精神，同时通过"市场化的创意传播"[①]，"冰墩墩"的艺术化形象设计及其IP衍生品和周边产品，迅速获得市场的极大认可。有数据显示，2022年2月1日至12日期间，天猫奥林匹克官方旗舰店累计访客近亿人，连续三日每日入店消费者呈百万级攀升。下单商品中，86%为冰墩墩相关产品。[②]冰墩墩的火爆是"冰雪热"的一个缩影，带动冰雪经济的同时，也给中国文旅IP产业化带来了更多想象空间。

中国旅游研究院发布的最新数据显示，到2025年，中国冰雪旅游人数将超过5亿人次，国内冰雪旅游收入将超1.1万亿元。[③]在全球公共健康危机、俄乌危机、美政府发布自拜登执政以来首个印太战略等背景下，中国以开放自信的姿态，借助冰雪运动，积极打造具有中国特色、中华元素的文化品牌，也让中华民族经济共同体意识在各族人民心中进一步铸牢。

---

① 胡钰、赵晋乙：《"冰墩墩"火爆流行现象对中华文化国际传播的启示》，《对外传播》2022年第3期，第22-25页。
② 《冰墩墩持续火爆 顶流IP产业化潜力巨大》，新华社客户端，https://baijiahao.baidu.com/s?id=1726148601803556936&wfr=spider&for=pc，2022年3月2日。
③ 《数据揭秘冰雪经济的想象力》，新华社新媒体，https://baijiahao.baidu.com/s?id=1725733020375460811&wfr=spider&for=pc，2022年2月25日。

(三)"冬奥精神"彰显中华民族命运共同体形象

铸牢中华民族共同体意识、构建中华民族共同体形象,核心是"认同"问题。从共同体内部成员视角看,它实质上包含了对国家的认同,对中华文化的认同,对中华民族共有身份的认同。北京冬奥作为媒介事件对于中华民族的认同构建是多层次的。以运动员或教练视角为例,可容括境内各民族运动员、港澳台运动员或教练、海外华人运动员三个层次:第一层次,境内各民族运动员参赛,为了祖国荣誉而奋斗,冬奥拼搏成为凝聚境内各族人民认同的共同信念,同时依托媒介技术创造了各民族可重温也可再生产的"集体记忆";第二层次,港台运动员和澳门教练结缘冬奥,既体现了冬奥以奥林匹克精神团结两岸同胞,也印证了差序格局中的民族认同,因为"共有的民族意识,是中华民族相互认同的血缘、地缘与精神基础";第三层次,具有"第三文化人"特征的运动员参赛并圆梦冬奥舞台,在振奋中华民族伟大团结精神的同时,意味着海外中华儿女"以中华民族共同体意识为基础",观照"中华民族与世界其他民族发展的人类命运共同体问题"。[①]从这个意义上看,冬奥会见证了中华民族乃至人类命运共同体的团结价值和认同构建,"全球华人是一家"的认同感得到彰显。

中华民族共同体形象构建是北京冬奥国际传播的重要内容,也是我国治国理政国际传播的重要组成部分,对当代中国有着重要的战略意义。在百年变局和世纪疫情交织、大国博弈日趋激烈的当下,中国"七年磨一剑",积极应对新冠疫情全球蔓延、世界政治格局在动荡中演进、经济逆全球化等诸多风险挑战,以自信开放的大国气度,使中华文明与奥运精神和合共生。回顾冬奥的筹备举办历程,中华民族坚韧不拔、追求卓越的奋斗品格与战胜自我、超越自我

[①] 王鉴:《中华民族共同体意识的内涵及其构建路径》,《中国民族教育》2018年第4期,第17-20页。

的奥林匹克精神深度契合，在为中华民族伟大复兴注入强大精神动力的同时，也为奥林匹克运动贡献了中国智慧、可资借鉴的中国方案等实践路径。在"一起向未来"理念指引下，冬奥申办、筹办、举办过程中所涵育的"胸怀大局、自信开放、迎难而上、追求卓越、共创未来"的北京冬奥精神[1]，融合传承了中华民族精神的核心内涵，也彰显了中华民族奋进新时代的命运共同体形象。

三、北京冬奥会涉民族议题的国际舆论引导

北京冬奥会在吸引全球舆论关注的同时，也引发民族议题相关国际舆情。奥运视域下的中华民族共同体形象构建面临着诸多挑战，表现为网络民族主义、民族分裂主义及其在数字传播和社交媒体时代呈现的复杂舆论生态。

（一）冬奥国际舆论引导是破除西方话语攻讦的契机

新冠疫情背景下，体育政治化加剧，北京冬奥会面临的国际舆论环境更趋复杂。一方面，新媒体和移动互联网的普及应用，改变了民族地区受众的信息选择和互动传播模式，对当地的媒介格局和舆论生态产生了重要影响；另一方面，以美国为首的西方反华势力利用疫情、人权以及涉疆、涉藏等民族议题干扰北京冬奥会筹办。早在中国申奥之初，境外敌对势力便打着"民族""宗教"的旗号，质疑我申奥资格，叫嚣"抵制"北京冬奥会，炮制疫情信息，开展舆论渗透，妄图破坏我多民族国家统一、社会发展稳定和民族团结的局面。冬奥会开幕前，一些国家出于对中国固有的意识形态偏见，有意扩大不同文明间的纷争和分歧，借民族和宗教话题对我国冬奥仪式进行攻击污蔑。如部分韩国媒体关注中国朝鲜族代表穿着民族服饰出席冬奥会开幕式，臆测中国借冬奥搞"文化掠夺"；美西方某些政客和媒体妄议维吾尔族运动员担任冬奥开幕式

---

[1] 郑文涛：《北京冬奥精神是中国精神的集中体现和生动诠释》，《光明日报》官方账号，https://baijiahao.baidu.com/s?id=1731373901055899574&wfr=spider&for=pc，2022年4月29日。

主火炬手等。我国政府和媒体把握冬奥契机展开国际舆论引导，通过冬奥开闭幕式等仪式传播，展现了让全世界为之动容的文化魅力和中国式浪漫；立足奥林匹克精神，以维护国家利益、改善国际舆论环境为舆论引导理念，在各民族团结支持下成功举办了一届"精彩、非凡、卓越"的冬奥会。这本身便是对西方攻击和指责的最好回应。

（二）重视运用社交媒体及时回应和反击负面舆情

面对涉北京冬奥的国际负面舆情，中国通过成功举办冬奥会破除西方国家的话语攻讦，推进中华民族共同体形象的构建，主要采取了以下三个做法。一是把握全球媒介事件国际舆论引导的规律。媒介环境巨变及新冠疫情防控常态化带来新闻发布方式的全面创新，"以中外社交媒体为主要媒介的信息发布制度逐渐确立"[1]。如外交部回应维吾尔族火炬手一事时明确表示，这体现中国是一个民族团结的大家庭。官方第一时间在社交媒体等多平台发声，为舆论定调，以正视听，同时引导舆论，有力回击了境外污蔑。二是针对突发事件做好舆论危机管理。"韩服事件"虽引发中韩网民纷争，从社交网络热议情况看，舆情管理和应对及时得当，民意相对客观理性，坚决捍卫我国传承传播朝鲜族等中华民族各民族传统文化的权利。相关舆情从侧面彰显了当前舆论环境下铸牢中华民族共同体意识的必要性和重大意义。三是媒体舆论引导手段的更新和创新。新时代背景下，媒体舆论引导主体正经历"从专业化到精英化，再到泛众化加智能化的转变"[2]。在冬奥筹备举办过程中，主流媒体以与时代更加接轨的形式，政府、社会组织、舆论领袖、公众等多元国际舆论引导主体，积极利用社交媒体、短视频平台等开展国际舆论引导活动，在回应和反击负面舆情

---

[1] 杜恒、张晓义：《北京冬奥会国际舆论引导与媒体应对策略》，《北京体育大学学报》2021年第1期，第52—61页。

[2] 喻国明：《技术革命主导下新闻学与传播学的学科重构与未来方向》，《新闻与写作》2020年第7期，第15—21页。

的同时，促进我国各族人民对中华民族的认同。

（三）冬奥传播数字化转型对中华民族认同维度的重塑

"中华民族认同的核心是中华文化认同。"随着北京冬奥国际传播的数字化转型，多元文化互动正在成为现实，后者更注重"对跨区域、跨体系、跨主体文化共生、文化互构和文化转型的识别"[①]。一方面，冬奥数字化传播强化了中华民族共有的历史记忆，有利于中华民族共有精神家园的建设以及中华民族共同体构建的纵深推进；另一方面，作为影响力不及夏季奥运会的冬奥会，2022北京冬奥会在全球新冠疫情危机依旧蔓延的时刻实现了"破圈传播"，不仅在全球社交平台上吸引了超30亿人次网民关注，还强力拉动了来自"传统冬奥收视盲区"的南方国家和地区民众的关注，为中华民族共同体意识国际传播提供了历史契机，为拓展并重塑中华民族的认同维度提供了可能。具有"第三文化人"特征的冬奥体育明星在各自领域展现全球合作和共享成果的同时，也建构了超越单一国族边界的跨文化主体想象。[②]只有铸牢中华民族共同体意识，全世界各族人民团结起来构建"人类命运共同体"，才能塑造更为坚实强大可续的人类文明。

四、结语

作为全球首个"双奥之城"，北京不仅秉持"绿色、共享、开放、廉洁"的办奥理念，实现了带动3亿人次参与冰雪运动的目标，为全球奥林匹克事业作出新的贡献；同时借助数字化融合传播塑造了多维、立体、全面的中国形象，向国际社会展现了中华风采、大国格局与民族自信，展现出全球合作的良

[①] 史安斌、盛阳：《从"跨"到"转"：北京冬奥会带来跨文化传播新模式》，《青年记者》2022年第6期，第4-5页。

[②] 史安斌：《北京冬奥会带来国际传播新突破》，环球网，https://baijiahao.baidu.com/s?id=1725311873708209205&wfr=spider&for=pc，2022年2月21日。

好精神状态。

在俄乌危机带来地缘局势重大变化的国际形势下，冬奥国际传播将官方叙事寓于体育和文化叙事之中，让包含中国智慧、中国价值的文化内容通过超越意识形态的奥林匹克精神传递给国际受众，以"冬奥精神"彰显中华民族精神内涵，提升新时代中国的吸引力。在全球性媒介事件所营造的独特场域，北京冬奥传播数字化转型为中华民族共同体形象构建提供了历史契机。中华民族共同体形象构建与中华民族共同体意识传播是一体两面，应成为当代我国治国理政国际传播的重要组成部分，受到持续关注和研究。

中国主旋律纪录片的国际传播创新

中央广播电视总台主任编辑、纪录片导演 孙蕾蕾

【摘要】 随着中国国家形象与主体性传播在全球化进程中的崛起,中国的国际传播逐渐从"对外宣传"转向"公共外交",纪录片逐渐成为中国文化软实力和国际传播能力建设的重要范畴,承担起国家形象建构与国际化传播的功能,作为中国故事国际传播创新范式的"第三方视角"弥合了东西方文化差异与全球性裂痕,推动了东西方共同体传播意识的建构,彰显出独特的语义价值和功能。以纪实影像领域丰富鲜活的实践为契机,借助"他者"主体的观察与讲述,中国当下的国际传播得以在传统叙事体系之外找到新的价值、经验和出发点,继而完成从"对外宣传"到"国际传播"的传播观念转换,以及从"本土中国"到"全球中国"的传播思想升维。

【关键词】 国际传播;对外传播;主旋律纪录片;国家形象;公共外交;"他者";"第三方视角"

由于受到新冠疫情全球性蔓延的影响,全球经济陷入严重衰退,加之新的科技革命可能会继续加剧全球南北方不平等和两极分化程度,以及新近暴发的俄乌危机,国际安全形势日趋紧张,各种不确定因素明显增多。百年变局与世纪疫情交织叠加,人类正面临着历史上罕见的多重危机。这不仅是民族、国家、国际权力结构、国际规则的"大变局",更是国家间"多边"关系发生结

构性改变的"大变局"。①目前，国际主导价值观依旧是由西方国家所制定，西方国家仍然占据着国际舆论的主导话语权和解释权。长久以来，美国一直对中国的人权、少数族裔权益、宗教等敏感议题横加干涉。近年来随着新冠疫情在全球范围的常态化，以美国为主导的西方钳制中国的意识形态霸权逻辑和冷战思维更是日益凸显。在"后疫情时代"复杂动荡的国际变局背景之下，中国所面临的国际舆论压力和挑战更加严峻，其复杂性和实践张力都是前所未有的。然而，随着崛起与复兴，中国已逐渐成为国际体系中的重要行为体（即"施动者"）。由中国提出的"一带一路"倡议和"人类命运共同体"理念被写入联合国文件，成为被国际社会接受的国际治理公共产品②，中国已经具备了提出具有"中国特色"的国际通行价值观的基础和实力。在这种背景下，中国应当发挥对国际舆论场域的主动作用和影响，积极建立国家主体话语权，推动国际社会共有观念的转型和人类命运共同体的建构。

随着信息技术、智能媒体、互联网和移动互联网的普及，数字媒介逐渐成为一种结构性的建构力量，在信息技术革命、媒介迭代带来的未来传播生态图景中，世界与中国、西方与东方之间的关系都发生了变化，中国的社会结构呈现出不断扩张和变化的多元景观生态。中国对外传播领域的技术与实践体系也在发生变革。基于跨文化连接的国际传播也变得更具流动性、交互性与生态性特征。人与技术、人与人、人与场景的连接都在寻找新的契机，在话语输出中产生新的意义与价值。如何找到新的话语方式，改进对外传播手段，成为提升国际传播能力和构建中国特色的国际传播话语体系的关键所在。

---

① 巴殿君、全金姬、单天雷：《建构主义视角下新型国际关系文化的构建》，《新视野》2020年第1期，第116-122页。
② 王义桅：《加强"一带一路"建设学术研究》，《南方日报》2019年4月15日，A13版。

一、坚持本土立场：构建中国特色的对外传播战略体系与话语体系

在过去的很长时间内，中国新闻传播学界在对内新闻宣传方面做了很多研究，但针对对外新闻宣传的研究则比较少。我国的对外传播工作存在着一些短板。

首先，在观念和实践层面都没有厘清"对外宣传"与"国际传播"的区别，简单地把"国际传播"与"对外宣传"画等号，并没有建立起成熟的与国际接轨的国际传播体系。比如片面强调意识形态的单向灌输，很多时候把国内宣传的思路和方法直接套在了对外宣传上，结果导致了传播内容、手段上单一枯燥，官方和宣教色彩较重。

其次，是与大国身份相匹配的中国主体性声音的缺位。很多时候，国内媒体的对外传播要么是西方媒体的"传声筒"，要么是国内宣传的"放大器"，唯独缺乏自己的声音，这与大国身份十分不匹配。造成这种现象的一个原因就是信息营销意识的错位，只有对外宣传的意识，没有国际传播的意识，而国际市场恰恰最需要的是后者。[①] 2021年5月31日，习近平总书记就加强和改进我国国际传播工作发表重要讲话，针对我国在国际传播领域主体性声音缺位的问题，习近平总书记指出，要"下大气力加强国际传播能力建设，形成同我国综合国力和国际地位相匹配的国际话语权"。这要求我们要在现有西方中心主义宰制下的国际传播舆论格局中突围，发出主体声音，掌握话语主动权，从而占领制高点，彻底扭转过去被动挨打的局面。

最后，中国的影像叙事体系中长期存在"他者"意识缺失的问题，偏重于国家、政党意志和意识形态的单向输出，而对跨文化语境下的西方受众的调查与研究明显重视不足，"他者"意识的匮乏，导致中国外宣主流媒体无法与西

---

① 陆地、高菲：《如何从对外宣传走向国际传播》，《杭州师范学院学报（社会科学版）》2005年第2期，第53-57页。

方世界真实而平等地对话,传播效果也不甚理想。而对外传播不同于对内宣传的一点就在于目标受众的不同。目标受众的不同就决定了传播机构必须采用不同的传播方式和更有针对性的传播策略。

随着中国深度介入国际政治格局,信息技术、人工智能等新技术革命正在催生新的对外传播秩序与格局。在复杂多变的国际舆论压力和新技术逻辑内生演进规律的双重张力下,中国迫切需要加强和改进国际传播能力建设,提升传播效能,其关键就在于构建具有鲜明中国特色的战略传播体系。[1] 加快构建具有鲜明中国特色的对外传播体系,是提升中国国际舆论引导力和对外传播影响力的动力之源。[2] 近年来随着中国的崛起,中国的新闻宣传也在经历着宣传思路的革新,逐渐从过去的"中国了解世界"转向"世界了解中国"。2021年5月31日,习近平总书记发表加强国际传播能力建设的重要讲话,提出要"讲好中国故事,传播好中国声音,展示真实、立体、全面的中国",为加强我国国际传播能力建设提供了发展目标和行动指南。习近平总书记重要讲话发表之后,国际传播上升到国家战略层面。怎样扭转过去国际舆论场"西强东弱"、中国被动挨打的局面,主动掌握国际话语权,转向"你说我听,我说你听"的平等对话模式,已经成为当下中国国际传播需要解决的一个现实问题。

中华文化传播事关中国国家形象的塑造和中华文化走出去战略的实现,也事关中国文化软实力的提升以及中华民族伟大复兴梦的实现。[3] 中华民族的复兴离不开文化的创造和创新,而中华文化的创造和创新则需要回归本土,从本

---

[1] 周亭、孙琳:《新理念、新思路、新实践:国际传播"学"与"术"的创新》,《对外传播》2021年第12期,第8—12页。
[2] 胡正荣、李涵舒:《图景·逻辑·路径:2021年的中国对外传播新变局》,《对外传播》2021年第12期,第4—7页。
[3] 李建军、刘会强、刘娟:《强势传播与柔性传播:对外传播的新向度》,《东北师大学报(哲学社会科学版)》2014年第3期,第190—195页。

土文化与传统文化中汲取养分。真正有生命力的文化思想体系需要回归本民族的文化认同，而非各种外在抽象要素和观念碎片的简单组合。中国文化叙事如果缺乏自我认同奠基的话，只能流于西方文明要素的零碎拼接，而不能建构真正具有内生生命力的文化思想体系。中国传统文化源远流长，有着厚重的历史根基与文化积淀，作为中国传统文化精华代表的儒家思想，从"文质"的内在连续性与整体性的意义上为中国文化叙事的外向延展提供了独特的东方智慧。中国的对外传播不能走简单西化的道路，而是要坚持"本土化"原则。在中华文化传播与民族文化认同的构建上，应摆脱西方中心主义的禁锢，坚定文化自觉与文化自信，坚持本土立场和对外传播的主体意识，在内容与特色上彰显中国气派与中国风格，继而创作出具有引领价值的影像内容生产与文化产品。

改革开放以来，中国在实践中确立了中国特色社会主义制度、理论体系，以及全球治理思路。中国改革开放40多年来所经历的社会转型对整个世界都具有至关重要的意义，中国模式的发展成就"拓展了发展中国家走向现代化的途径"[1]，为那些希望保持自身独立性的国家和民族提供了一种新的发展道路。目前，中国的复兴已经具备了提出具有中国特色国际通行价值观的实力。然而，与国家经济等硬实力突飞猛进形成反差的是，中国的软实力水平提升缓慢。[2]因此，要扭转、改善中国的国际形象，就要以"本土化"作为基础性着力点，建构中国特色对外传播战略体系与话语体系。一方面，中国的国际传播需要回归自身独特而丰富的革命经验和社会主义建设实践中，回到悠久厚重的中华传统文化中去汲取养分，立足自身主体性，重构基于本民族内生性的对外传播表达机制、修辞策略和话语体系，以此打破长期以来由西方人权话语所构建起来

---

[1] 习近平：《决胜全面建成小康社会　夺取新时代中国特色社会主义伟大胜利——在中国共产党第十九次全国代表大会上的报告》，北京：人民出版社，2017年，第10页。
[2] 巴殿君、全金姬、单天雷：《建构主义视角下新型国际关系文化的构建》，《新视野》2020年第1期，第116-122页。

的霸权话语体系和针对中国的疫情政治化、污名化舆论压力；另一方面，应摒弃冷战思维残余和狭隘民族主义的认知偏见，立足跨文化传播的高纬视域，建立中国与西方之间的对话与合作机制，从而实现从点到面、从平面向纵深的发展，建构起极具中国特色的、丰富立体、生动多元的对外传播生态格局。总而言之，在全球交往层面，以丰富的人文交流活动，在知识生产意义上"回到中国"，坚持"回到中国"的本土传播实践逻辑和"全球中国"的世界传播思路[1]，从而在动荡多变的国际局势中维护中国与世界各国关系的稳定与和谐。

当今的国际信息环境瞬息万变，中国传统主流媒体应当汲取西方新闻报道理念和宣传技巧之精华，顺应新的技术语境与分众传播趋势，提升主流媒体的国际传播力。首先，中国文化的分层传播、区域化表达应当成为中国对外传播的主流发展趋势和重要抓手。文化产品的跨文化传播要打造"共同体"理念，对不同国家的受众进行精细化的受众调查，不仅需考虑到诸如文化风俗、价值观、生活方式等跨文化背景的文化差异指标，还应考虑到受众群体的个体化差异指标，并据此施行分层传播、差异化传播策略。其次，还要针对国际传播领域移动化、社交化、可视化、社群化的传播趋势，积极运用新媒体技术打造个性化IP产品，不断拓宽传统大众媒介的边界，加快从"对外宣传"向"国际传播"转变的体制建设。此外，由于影像作品具有推动国际传播理念的转变、赋能国际传播的年轻态的功能，因此不仅要注重文字文本的作用，还要重视纪录片、短视频等视听媒介的作用，充分发挥移动互联网语境下视频、图像、图片、音频等视觉听觉表意符号的重要功能，积极构建新型沉浸式的对外传播体验。

---

[1] 胡正荣、李涵舒：《图景·逻辑·路径：2021年的中国对外传播新变局》，《对外传播》2021年第12期，第4—7页。

二、中国主旋律纪录片的国家形象建构与"公共外交"转向

改革开放以来,随着中国社会的转型,中国的传媒与外交领域都发生了显著变化,并呈现出一种变化趋势,那就是意识形态的灌输与宣教性逐渐淡化,国家与政党形象的塑造与传播逐渐增强,中国的国际传播也从简单的基于单向传播逻辑的"对外宣传"转向了基于"公共外交"的国家形象传播。1965年,美国学者埃德蒙·格利恩提出了"公共外交"的概念。公共外交研究的是公众态度对对外政策形成和执行的影响,"它包括超越传统外交的国际关系;政府在其他国家培植公众意见;国与国之间私人团体和利益团体之间的互动;报道对外事务及其对政策的影响;外交官和驻外记者等从事传播工作人员之间的沟通以及跨文化传播"。[1] 可见,公共外交强调的是政府与公众间的互动,其中,政府触及目标公众的媒介即为媒体。换言之,公共外交研究的是政府、公众、媒体三者之间的关系与互动。其中,信息和思想的跨国流动至关重要。在国际传播的视域下,公共外交涉及跨越国界的民族和国家之间的跨文化信息交流与传播。党的十八大以来,"讲述中国故事""传播中国声音"逐渐成为我国外交和对外传播工作的新常态。近年来,中国的国际传播越来越多地提倡"借船出海""元首外交",中国国家领导人在出访过程中,频频利用国外媒体向国际公众阐述中国政府的立场与主张。[2] 这种"借船出海"的传播策略就是一种典型的公共外交。

随着中国国家形象与主体性传播的崛起,纪录片已成为中国国际传播能力建设的重要范畴,以及国家文化软实力的媒介表征。纪录片具有双重的媒介功

---

[1] Public Diplomacy Alumni Association,[EB/OL].http://publicdiplomacy.org/pages/index.php?Page=about-public-diplomacy,Dec.28,2013.
[2] 陆佳怡:《媒体外交:理论与实践》,北京:中国传媒大学出版社,2016年,前言,第3页。

能，它不仅是一种大众叙事媒介，也是一种跨文化传播媒介。塞缪尔·亨廷顿（Samuel P. Huntington）在《文明的冲突》一文中曾经提出，随着"冷战"的结束，超级大国之间意识形态的对立已经弱化，民族国家之间的关系联盟不再由意识形态主导，而转向围绕文化和文明这一新的核心进行新的连接与建构。全球政治冲突的核心已经转向文明之间的冲突，人们也将以文化来重新界定自己的认同。① 作为一种柔性传播，纪录片对于中国文化、中国价值观的形塑，以及中国国家形象的国际传播都具有至关重要的作用。2000年后，央视推出了《再说长江》《大国崛起》《圆明园》《新丝绸之路》《复兴之路》等一批反映中国崛起与民族复兴的大型纪录片，这一系列宏大主题叙事的主旋律纪录片也初步构建起中国国家形象传播的基本叙事框架。②

党的十八大以来，围绕着坚持和发展什么样的中国特色社会主义，以及怎样坚持和发展中国特色社会主义这一新时代课题，中国共产党完成了理论创新，形成了习近平新时代中国特色社会主义思想。党的十八大以后，大型主旋律纪录片的创作更加活跃，作品数量明显增长，较党的十八大之前的纪录片创作，在题材、内容和摄制形式上也更加丰富多样。由中央电视台出品，于2017年9月19日播出的六集电视纪录片《辉煌中国》，以"内容众筹"的创作方式，面向全国公众征集了65个典型的成就故事，通过对108位人物的采访和生动鲜活的生产一线、百姓生活现场的真实记录，展现了在以习近平同志为核心的党中央领导下中国人民砥砺奋斗的光辉历程，梳理了党的十八大以来中国经济建设的辉煌成就；由中央广播电视总台出品的大型电视纪录片《我们一起走过——致敬改革开放40周年》，聚焦改革开放40年来中国的社会变迁和百姓生

---

① 阮建平：《民族复兴 和平发展 和谐世界：中国特色社会主义外交》，武汉：武汉大学出版社，2015年，第119页。
② 沈悦、尹如歌：《中国纪录片的国家形象建构与跨文化传播——"一带一路"视阈下的再思考》，《云南民族大学学报（哲学社会科学版）》2018年第2期，第31-38页。

活的巨大变化，通过挖掘珍贵的历史素材，采访183位改革的亲历者和107个典型的改革故事，对中国改革开放40年来所取得的伟大成就和新时代风貌进行了全景式的影像呈现。如果说《辉煌中国》是典型宏大叙事范式代表之作的话，那么10集纪录片《我们这五年》则是另一种以平民视角、百姓故事为主导的个体叙事范式。《我们这五年》聚焦于普通中国人为实现中国梦而奋斗的逐梦历程，通过讲述各行各业劳动者的奋斗故事，展现了普通中国人的家国情怀和坚忍精神。

党的十八大以来，随着中国国家实力和国际影响力的提升，国外媒体也越来越重视对中国故事、中国题材的报道，中国纪录片的国际化合作程度也在不断加深，中外合拍的纪录片佳作连连，其中一部代表作就是由中国五洲传播中心与BBC合作拍摄的纪录片《中国春节》。该片从历史文化的角度切入，以5位英国主持人的视角讲述了中国各地丰富多彩的新年庆典文化风俗，记录了不同地域中国家庭团圆的故事，获得了较好的国际传播效果。[1] 综上所述，党的十八大以后，中国的主旋律纪录片越来越多地聚焦于大国崛起、中国复兴等宏大主题，逐渐形成了中国国家形象建构与国际化传播的叙事框架。

新冠疫情暴发以后，"抗疫"逐渐成为外宣纪录片的一个创作热点，一批由中国主流媒体制作出品的"抗疫"纪录片及时推出，向全球公众客观真实地报道了中国政府和医疗机构积极抗疫的真实情况，有力回击了西方对中国疫情政治化和污名化的舆论挑战。中国国际电视台（CGTN）推出了英文新闻纪录片《武汉战疫纪》，这也是疫情之后首部展现武汉抗疫历程的英文纪录片。该片以感人至深的人物故事和海外受众较易接受的视听语言，记录了武汉"封城"一个多月来真实的经历。《武汉战疫纪》推出后便获得了热烈的社会反响

---

[1] 倪祥保：《十八大以来纪录片发展概览》，中国社会科学网，http://www.greatchinese.com.cn/news/pinglun/20180502/28739.html，2018年5月2日。

与海外受众反馈，截至2020年3月9日，其视频观看量已经突破2000万，其中，海外观看量高达500万，成为各国民众了解中国抗疫真相的一扇窗口；由新华社音视频部出品的抗疫全景纪录片《英雄之城》，由新华社60多位记者勇赴抗疫一线拍摄而成，记录下了武汉战"疫"2个月的真实情况；继《武汉战疫纪》后，CGTN再次推出一部90分钟的英文抗疫纪录片《中国战疫纪》，全景式地回顾了武汉全城齐心抗疫的整个历程，向世界真实地讲述了一线医护人员和普通市民众志成城、英勇战"疫"的故事，该片同时在CGTN网站、客户端及海外合作账号推送，收到了热烈反响。大量海外受众认为，该片传递了"生命至上""举国同心""尊重科学"的中国抗疫精神。2020年7月，一部由广西广播电视台、柬埔寨国家电视台、泰国国家电视台、老挝国家电视台联合制作的抗疫纪录片《一个医院的战疫》，在东南亚数个国家热播。该片以36名医护人员亲历50天的真实经历为基础，以口述的方式展现了中国一家普通公立三甲医院桂林南溪山医院抗疫的故事，为东盟国家抗击疫情提供了宝贵的经验与借鉴。2020年，中央广播电视总台出品的其他比较有影响力的抗疫外宣纪录片还有《同心战"疫"》，融媒体系列短视频《武汉：我的战"疫"日记》、《武汉24小时》（葡萄牙语版）等，其中许多素材都是首次披露，真实展现了武汉人民抗击疫情和日常生活的点点滴滴，以震撼人心的真实性和感人至深的情感、细节让海外民众认识并了解到了中国政府为遏制疫情所作出的努力，在国外电视媒体和客户端及流媒体平台播出后好评如潮，获得了良好的国际传播效果。

除了"抗疫"这一热点之外，近年来还涌现出一批反映新时代中国特色社会主义伟大实践和经济社会发展热点的国家形象外宣纪录片。这些作品聚焦的大多是备受国际关注的中国现实社会问题与热点，比如"一带一路""脱贫攻坚""建党百年"等，这些热点逐渐成为这两年外宣纪录片所关注的热门议题。其中比较典型的作品有中英合作的反映中国脱贫攻坚工程的《行进中的中国》，由中央广播电视总台和意大利合作的"一带一路"题材的百集微纪录片《从长安到罗马》，以讲述东北抗联抗击日本侵略军故事为主题的外宣纪录片《勇敢者的征程》，等等。这些作品已成为当前主旋律纪录片的重要组成部分，进一步拓展、丰富了中国外宣纪录片国家形象的国际传播实践。

改革开放以来中国主旋律纪录片国家形象的叙事构建经历了多重转向，这既包括在传播观念上从意识形态输出到用画面讲故事的转变，也包括在功能上从宣教工具到跨文化交流的转变，以及在美学层面从20世纪80年代强调文化地理的民族主义范式逐渐转变成凸显公共外交、全球文化认同和人类命运共同体的国际主义范式。[1]

三、主旋律纪录片的国际传播范式创新

当下，全球媒体正在经历一场前所未有的数字传播技术转型与视听革命[2]，"视觉性"已成为当代社会文化构建的关键特征。全新的视听语言、语法与修辞，正在重构传播研究与实践的视觉向度。纪录片是包括电视新闻节目在内的诸多影像体裁中最具世界语言优势的一种，也是对外电视新闻宣传中影响力最大、效果最好的一种节目传播形态。由于纪录片兼具真实性与艺术性，因此较容易被不同意识形态和文化背景下的受众接受。根据以往的经验，中国在国际传播对外宣传方面获得成功的主要有两种范式。一种是中国自创纪录片经购买方按照其自身创作规律和接受规范进行的二次创作，另一种则是中国与其他国家合作拍摄的纪录片。

中国最早的纪录片是由一些外国人来华拍摄的，比如荷兰人尤里斯·伊

---

[1] 孙蕾蕾：《改革开放40年中国纪录片的转型》，《中国广播电视学刊》2018年第12期，第83-85页。
[2] 史安斌、盛阳：《从"跨"到"转"：北京冬奥会带来跨文化传播新模式》，《青年记者》2022年第6期，第4-5页。

文思在20世纪30年代拍摄的《四万万人民》中就有一段关于中国的记录，后来他又拍摄了《愚公移山》等反映中国社会的纪录片。而抗日战争以后的《中国人民的胜利》《解放了的中国》等纪录影片则是由苏联摄制人员完成的。一方面，由于战争年代政治军事宣传的特殊需要，再加上受苏联纪录片思潮的影响，中国早期的纪录片以"形象化政论"为创作理念，以新闻纪录电影为主要形态，体现出鲜明的意识形态属性和政治宣教性。另一方面，由于受到中国传统的"文以载道"文学观念的影响，长久以来中国的纪录片具有一种浓厚的教化传统，总是想要教育引导受众，起到精神领袖的作用。① 因此，在很长一段历史时期内，纪录电影政治化几乎成为中国纪录片的一种文化标识。而西方资本主义国家的纪录片影像传统则主张影像本体论，强调图像必须真实，画面必须酷似。西方受众大多对纪录片的政治说教不感冒，而是喜欢对事实本质的呈现与探究。正是东西方这种影像观念的差异造成了过去我国的外宣纪录片难以被西方受众接受的状况。

随着改革开放以来中国社会的巨变，中国的国际传播生态也发生了变化，越来越多的"中国故事"涌现出来，"中国复兴"成为21世纪关于中国最伟大且最具持续性的主题。党的十八大以后，随着"借船出海""元首外交"的兴起，中国主旋律纪录片也越来越多地聚焦大国崛起、中国复兴的国家叙事。一批由主流媒体出品的塑造国家形象的外宣纪录片在题材上紧贴时代脉搏，在形式上敢于创新，成为西方社会观察中国的一扇窗口。近年来，中国外宣纪录片在创作实践中不断创新，涌现出一些新的叙事方法，其中一种就是"第三方视角"。这种叙事范式以西方人作为叙事的主角，其优势在于可以规避国际传播

---

① 任金州、王田、唐齐昉、张文静：《电视对外传播策略与案例分析》，北京：中国广播电视出版社，2003年，第207-208页。

的对象对传播者具有的"宣传"色彩而产生的前置性反感。①

"第三方视角"在纪录片创作实践中的运用可阐释为"外国人讲述中国故事",这是中国文化传播"他者"叙事的一种具体化形式,也是一个关于如何实现中国故事他者表述的学术命题。②借助中国故事的"他者"主体,"第三方视角"突破了"我者"的经验局限,为中国故事的国际传播提供了一种更为真实、客观、全面的新视角。比如2021年2月,上海广播电视台纪录片中心与英国雄狮电视制作公司联合摄制推出的系列纪录片《行进中的中国》,以国际视角聚焦中国的脱贫攻坚工程,展现了中国正在经历的人类历史上规模空前的脱贫攻坚战。由于受到全球疫情的影响,这部纪录片首次采用了"云合作"的国际合拍模式,策划、沟通、配音等制作环节都是通过越洋视频方式完成。该片的一大创作特色在于设计了外籍主持人的叙事视角,由两位外籍主持人珍妮和安龙带领观众深入现场,进行采访。该片还根据西方受众的兴趣,在中国农民工、女性、网红、弱势群体中选择了每集的主人公,以个体故事展现了"脱贫攻坚"这一宏大叙事主题。③通过"第三方视角"的成功运用,《行进中的中国》真实客观地展示了中国政府在脱贫攻坚领域所取得的伟大成就,向西方社会展示了中国共产党的卓越领导力和中国社会主义制度的政治优越性。

2021年的另一部"第三方视角"经典之作是英国著名导演柯文思执导的百集融媒体产品《百年大党——老外讲故事》。其中的六集上海解放特辑(Witness a New Dawn)特意设计为由一位已在上海生活了几十年的美国教授

---

① 赵月枝:《讲好乡村中国的故事》,《国际传播》2016年第2期,第21-23页。
② 王庆福、张红玲:《纪录片国际传播中"他者叙事"的跨学科思考》,《现代传播》2019年第9期,第125-129页。
③ 黄小河:《〈行进中的中国〉今晚开播:国际视野下的中国脱贫工程》,澎湃新闻网,https://www.thepaper.cn/newsDetail_forward_11455784,2021年2月25日。

费嘉炯担任主持。该片充分考虑到中西方文化差异，选取了易为海外受众接受的内容与形式，以在沪西方人的视角，讲述了中国共产党接管上海、管理上海的故事，以及上海在解放后尤其是党的十八大以来所取得的发展成就。上海解放特辑的创作特色在于借助主持人、受访者以及丰富的英文史料构建出了两个"第三方视角"，第一个"第三方视角"是采用了外籍专家型主持人，深入到一个个上海的地标建筑，在那里讲述曾经发生过的历史故事；第二个"第三方视角"是在第一个"第三方视角"之下建构的，就是以现在的外国人看历史上外国人曾记述过的史料。为此，创作团队采用了《纽约时报》、《每日镜报》、美联社、路透社的全英文史料，还首度集中使用了当时在沪发行的英文报刊《字林西报》《密勒氏评论报》的新闻报道，以及当时驻上海外交官及亲历者的口述、日记、回忆录等形式。[①] 2021年，还有一部外宣纪录片同样以"第三方视角"的创新模式获得了热烈的海外反响，那就是由中国教育电视台联合多家社会机构制作的长纪录片《重返红旗渠》。"红旗渠"在中国的政治文化语境下有特殊的符号意义，因其所蕴含的复杂的中国革命逻辑和历史背景，较难被西方受众理解。如何将作为政治符号的"红旗渠"转译为国际受众容易接受的生动形象的中国故事，如何对老故事进行国际化的翻新与表达，是这一经典题材的创作难点。为突破这些难点，《重返红旗渠》采用了"第三方视角"和"电影叙事纪实拍摄"的表现手法，选取了一名法国学者克莱蒙，与中国主人公（密歇根大学在读博士王宸）一起重访了红旗渠实地，生动还原了20世纪60年代林县人民修建红旗渠的感人故事。中国人民在修建红旗渠过程中所体现出的坚忍品格，以及"道法自然"的哲学内涵和生态文明思想，对当下

[①] 《〈百年大党——老外讲故事〉"上海解放特辑"》，澎湃新闻·澎湃号·湃客，https://www.thepaper.cn/newsDetail_forward_13149767，2021年6月16日。

处于百年变局之中的人类社会都具有深刻的现实意义。①

作为中国故事国际传播的范式创新，"第三方视角"让外国人成为中国故事的观察者和讲述者，帮助中国在国际社会找到东西方之间的共同价值与共情的部分，从而使中国的主旋律纪录片更容易被西方观众所接受。在此意义上，"第三方视角"弥合了东西方文化差异的认知偏见与全球性裂痕，推动了东西方文明的交流互鉴与共同体传播意识的建构，彰显出独特的语义价值和功能。

四、结语

当下世界正处于全球价值体系的转型期，处在百年变局与世纪疫情交织下的中国，也在经历着传统价值体系的现代转型。② 在全球化进程中，随着中国国家形象与主体性传播的崛起，中国的国际传播在功能层面逐渐从"对外宣传"转向"公共外交"。身处元宇宙技术浪潮与中国特色对外传播新格局建构之下的中国纪录片，正肩负起国家形象国际化传播的新使命。以纪录片、微电影、短视频为代表的视听媒介正在以更加开放、多元的生态面貌参与着中国故事的国际传播和叙事想象。"第三方视角"的创新实践为中国故事的国际传播开辟了崭新的视角和路径，"他者"的"在场"与"参与"，提升了中国故事的叙事维度，成为传统中国文化叙事的有益补充，从而使"中国故事"得以在影像层面建构起同世界各国合一的"身份认同"与"文化认同"，这对减少中国与西方国家之间的意识形态冲突和文化偏见，促进东西方文明对话与合作，

---

① 崔忠芳：《〈重返红旗渠〉：一场跨越时空的对话》，《中国广播影视》2021年第7期，第46-49页。
② 李鸣：《论世界历史语境下中国传统价值体系的现代转型》，《创新》2009年第6期，第13-16页。

以及推进国际政治经济新秩序都十分有益。[①] 借助"他者"主体的叙事创新，以纪实影像领域丰富鲜活的实践为契机，中国纪录片的国际化传播也得以在传统叙事体系之外找到新的价值、经验和出发点，继而完成从"对外宣传"到"国际传播"的传播观念转换，以及从"本土中国"到"全球中国"的传播思想跃迁。

[①] Iver Neumann and Ole Wæver, *The Future of International Relations:Masters in the Making?*, London:Routledge, 1997, p.112.

党的十九大以来俄共《真理报》中国共产党形象建构研究

四川外国语大学博士研究生　于　芮

【内容摘要】在国际传播研究中，除了聚焦于中国国家形象建构研究外，作为百年大党的中国共产党形象建构近年来也引起了广泛关注，主要涉及中国共产党形象的自我建构、他者建构，以及国际传播理念与路径选择三个方面。本文选取与中国共产党有深刻历史渊源和现实关系的俄罗斯共产党，以其机关报《真理报》有关中国共产党的报道为对象，利用框架理论、内容分析与话语研究等方法，分析《真理报》自党的十九大以来对中国共产党的形象建构，总结建构话语实践规律和相关影响因素，旨在从他者建构的角度，思考中国共产党形象国际传播的有效路径。

【关键词】《真理报》；中国共产党；形象建构

当今世界正经历百年未有之大变局，国际舆论形势复杂。对中国共产党形象的正确解读是让世界真正走近中国、读懂中国的关键，在国际传播过程中展示真实、立体、全面的中国共产党形象十分迫切。2021年5月31日，习近平总书记在中共中央政治局第三十次集体学习时指出，"要加强对中国共产党的宣传阐释，帮助国外民众认识到中国共产党真正为中国人民谋幸福而奋斗，了解中国共产党为什么能、马克思主义为什么行、中国特色社会主义为什么好"①，从国家战略层面强调了中国共产党形象国际传播的重要性，为中国共产党形象国际传播指明了方向。

俄罗斯联邦共产党是当代俄罗斯第二大政治力量。《真理报》（«Правда»）作为俄共的机关报，是俄罗斯最具影响力的报纸之一。本文基于党的十九大以来中国共产党带领中国人民取得辉煌成就，以及新中国成立70周年和建党100周年重大历史事件的世界影响，以党的十九大为关键时间节点，以《真理报》有关中国共产党的报道为对象，利用框架理论、内容分析与话语研究等方法，分析党的十九大以来该报对中国共产党的形象建构，总结建构话语实践规律和相关影响因素，旨在从他者建构的角度，思考中国共产党自我形象建构与国际传播的有效路径。

一、理论依据与研究设计

框架（Framing）通常被界定为影响个体判断和阐释社会经验的一种相对稳定的认知结构。②甘姆森把社会学建构主义理论③运用到媒体研究。吉特林提出媒体框架是隐含于新闻文本中的"认知和解释模式"，是一种包含着"选择、强调和排除"的稳定不变规则。④恩特曼认为，"框架构建的过程涉及选择和强调，其目的包括定义或界定问题、提供因果性阐释、评估问题性质和提供解

---

① 习近平：《加强和改进国际传播工作　展示真实立体全面的中国》，《人民日报》2021年6月2日，第1版。

② Goffman, E, *Frame analysis: An essay on the organization of experience*. New York: Northeastern, 1986, p. 21.

③ [美]彼得·L. 伯格、托马斯·卢克曼：《现实的社会建构：知识社会学论纲》，吴肃然译，北京：北京大学出版社，2019年，第3页。

④ Gitlin, T, *The whole world is watching: Mass media in the making and unmaking of the new left*, Berkeley: University of California Press, 1980, pp. 6–7.

决方案等"。①新闻报道作为一种建构性的社会话语实践，由一些基本的意义框架所限定，媒体通过不同框架来塑造公众对现实的集体理解，在一定程度上体现特定社会背景下的社会观念和权力结构。

如果说框架理论关注新闻生产的宏观层面，相对而言话语分析则更关注新闻生产的微观层面。"这种研究取向重在文本框架，分析文本中的语法、措辞以及隐含其中的意识形态、权力因素"。②费尔克拉夫从文本、话语实践和社会实践三个向度分析话语，即在话语变化与社会、文化的变化关系之中进行研究。③梵·迪克认为对新闻文本进行话语分析有两个主要视角："文本视角是对各个层次上的话语结构进行描述，语境视角则是把对这些结构的描述与语境的各种特征如认知过程、再现、社会文化因素等联系起来加以考察。"④

本文综合利用框架理论，在内容统计的基础上结合话语分析，对党的十九大以来俄共《真理报》中国共产党形象建构进行研究。数据收集来自《真理报》官网（https://gazeta-pravda.ru/），以"КПК"（俄文"中国共产党"缩写）为关键词进行检索，选取《真理报》2017年10月18日至2021年12月31日间关于中国共产党的全部报道，经人工剔除重复、无效条目后，获得有效报道115篇。

笔者通过对每篇报道详细的内容分析，并结合Python编写的词频分析结果（见表4-1），对报道的主题、评价、叙事、情感等进行归类，将115篇报道从

---

① Entman, R. M., *Framing: Toward clarification of a fractured paradigm*, Journal of Communication, vol. 43, no. 4, 1993, pp. 51-58.
② 杜涛：《框中世界——媒介框架理论的起源、争议与发展》，北京：知识产权出版社，2014年，第47页、51页。
③ [英]诺曼·费尔克拉夫：《话语与社会变迁》，殷晓蓉译，北京：华夏出版社，2003年，第58页、72页。
④ [荷]托伊恩·A.梵·迪克：《作为话语的新闻》，曾庆香译，北京：华夏出版社，2003年，第26页。

"历史、品格、能力、理论、成就"五个角度，依据编码分析互斥性和穷尽性等原则，归纳出《真理报》七种中国共产党形象建构框架。

表4-1 党的十九大以来《真理报》中国共产党形象建构框架

形象框架	编码规则	报道频数/占比
光荣历史的政党形象	体现百年大党的光荣历史	64/56%
英明领导者的政党形象	体现党及几代领袖的英明领导	85/74%
高超执政力的政党形象	体现党高超的执政力	83/72%
服务民族与人民的政党形象	体现党为民族与人民服务	62/54%
负责任的国际政党形象	体现党在外交及国际事务上的担当	65/57%
坚持理论创新的政党形象	体现党对马克思主义中国化的创新发展	55/48%
坚持不懈奋斗的政党形象	体现党各个发展时期敢于斗争与不懈奋斗	56/49%

二、《真理报》建构中国共产党具体形象分析

（一）光荣历史的政党形象

在新中国成立70周年和建党100周年的关键历史节点，《真理报》针对中国共产党攻坚克难的百年征程和党的十九大以来取得的重大成就，塑造了一个从过去走向未来、在苦难中铸就辉煌、有着光明前景并不断发展变化的中国共产党形象。

"中国共产党100年历史走过了奋斗和胜利的光辉道路。中国共产党成立100周年充满了巨大的历史意义，是中国人民和全人类的财产。"[1] "中国是一个动态发展的国家，在历史可预见的时期，它从一个受外国殖民者压迫的穷

---

[1] 根纳季·久加诺夫：《战斗和胜利的光荣道路》，《真理报》，2021年7月2—5日，第1版。

国变成了世界经济增长的领头羊。"① "中华人民共和国的成立开启了中国几千年历史的新篇章,是该国自信的开始,实现了向全球经济和精神领袖、世界超级大国的转变。"② "40年前宣布的改革开放政策,使中国在社会主义建设道路上取得了长足的进步。"③ "中国在社会主义建设中迈出了根本的一步。中共十九大决定了未来几十年的国际发展目标。这一事件具有全球意义,因为中国正站直腰板,成为一个基于正义和平等的新世界秩序的中心。"④报道中大量相关表述,是《真理报》对中国共产党百年之路和中国最根本变化的真实评判。在这一形象框架下,《真理报》描绘了中国共产党带领中国人民走向伟大复兴的光辉历程,介绍了中国取得的重大成就,尤其强调建党100周年、新中国成立70周年、改革开放40周年、党的十九大召开等时间节点的重大历史意义,肯定了中国共产党领导下中国的发展,并对其未来充满了期待。

(二)英明领导者的政党形象

针对中国社会主义革命、建设、改革各阶段取得的成就,《真理报》始终强调中国共产党的卓越领导是根本保障,塑造了一个有远见卓识,具有非凡领导力、凝聚力、执行力的英明政党形象。

"中国取得的成就与坚持社会主义发展道路和发挥共产党的领导作用密不可分。"⑤ "邓小平及时看到了苏联重建和东欧破坏性'改革'的危险。以

---

① 根纳季·久加诺夫:《"在中国,普通人的需求是第一位"》,《真理报》2020年7月17—20日,第1版。
② 根纳季·久加诺夫:《"兄弟中国一定能克服一切困难"》,《真理报》2019年9月24—25日,第1版。
③ 维克托·特鲁什科夫:《关于社会主义道路的对话》,《真理报》2018年11月29日,第2版。
④ 谢尔盖·科热米亚金:《"伟大的文艺复兴"被赋予了绿灯》,《真理报》2017年10月27—30日,第5版。
⑤ 俄共官网(Kprf.ru):《谁在乎中国经验》,《真理报》2019年7月4日,第2版。

习近平为核心的中国共产党人今天做出任何决定，都要首先认真分析和深入研究可能的后果。"① "20世纪70年代末，邓小平开创了中国特色社会主义建设道路，促进国家经济和福利增长、科技进步。"② "中国安全地避免了导致苏联解体的错误。中国在克服贫困、控制冠状病毒感染、科技进步方面取得的成功具有全球意义。"③ "中国领导层的优势在于没有放弃计划制度。而且，这种规划是多层次的，包括长期、中期、年度等。规划可以让你尽可能高效地配置经济资源，根据国家和社会的利益确定首要任务。"④ "保持党员队伍的纯洁性和对腐败、领导干部脱离群众、享乐主义和盲目的西方崇拜等现象无情追责具有重要意义。"⑤《真理报》通过大量报道，高度赞扬中国共产党在中华民族伟大复兴过程中的英明领导，肯定党的几代领导人对中国发展根本道路和基本方向的正确把握；《真理报》肯定中国共产党的执政力，详细介绍中国共产党的执政经验和成就，赞扬其在经济、科技、公共卫生、国际事务等领域取得的成功；肯定中国共产党对中国发展的长期有效战略规划，既发挥了计划经济的优势又符合中国国情和利益；肯定党内综合治理和从严治党、自我管理和作风建设以及党内从普通党员到最高领导人的严于律己，塑造了英明领导者的中共形象。

（三）高超执政力的政党形象

针对中国经济社会发展取得的巨大成就，《真理报》塑造了一个把握正确

---

① 根纳季·久加诺夫：《中国共产党成功的关键是能够向历史和人民学习》，《真理报》2021年3月4日，第1版。
② 安德烈·杜尔采夫：《中共法国的发源地》，《真理报》2021年8月6-9日，第5版。
③ 根纳季·久加诺夫：《中国为全人类提供胜利的秘诀》，《真理报》2021年7月1日，第2版。
④ 根纳季·久加诺夫：《"中国为世界提供公正的生活秩序"》，《真理报》2018年12月18-19日，第1版。
⑤ 同上。

方向，带领中国在政治、经济、文化、科技、公共卫生、国际外交等领域全面发展的高超执政力的政党形象。

"新时代中国特色社会主义成为新体制的典范。中国树立了一个公平政府的榜样。"[1]"中国共产党成功地实现了中国社会的发展目标，在国际舞台上提出了更高的目标。"[2]"中国在大多数经济、技术和科学领域处于世界领先地位。中国理所当然地在世界舞台上享有当之无愧的权威，在解决紧迫的国际和地区问题方面发挥着重要作用。"[3]"中国文化吸引了各大洲数以百万计的人，因为它是一种赋予生命的文化，是消费主义、暴力和道德堕落等西方文化的替代品。"[4]"中国是第一个受新冠病毒打击的国家，它科学地处理了这场灾难，为整个地球树立了榜样。"[5]"中国'一带一路'倡议的实施，不仅有利于亚洲国家经济的发展，也将增加它们对多边合作的兴趣，成为和平睦邻友好的保证。"[6]诸多报道集中在执政的中国共产党取得的各方面成就上，政治方面着力描绘中国特色社会主义体制的优越性；经济方面，着力介绍中国GDP的大幅增长和全面消除贫困，重视科技创新，疫情背景下"一带一路"项目使数十个国家克服经济危机的影响；在国际事务方面，中国正成为基于正义和平等的新世界秩序的中心等，百年大党的辉煌成就成为中国共产党高超执政能力的最好证明。

---

[1] 安德烈·杜尔采夫：《中共法国的发源地》，《真理报》2021年8月6-9日，第5版。
[2] 马拉特·穆扎耶夫、德米特里·戈尔布诺夫：《对塑造新世界的需求日益增加》，《真理报》2021年7月9-12日，第1版。
[3] 根纳季·久加诺夫：《致中国共产党第十九次代表大会代表，致中共中央总书记习近平同志》，《真理报》2017年10月20-23日，第1版。
[4] 同上。
[5] 德米特里·诺维科夫：《"中国共产党改变了中国"》，《真理报》2021年3月19-22日，第3版。
[6] 彼得·茨维托夫：《基于对话和伙伴关系》，《真理报》2018年1月12-15日，第5版。

（四）服务民族与人民的政党形象

《真理报》报道的中国共产党，是一个始终为人民谋幸福、为民族谋复兴、坚守初心使命的政党，塑造了中国共产党坚持全心全意为人民服务的根本宗旨，践行以人民为中心发展思想的政党形象。

"中国梦的核心是造福人民。中国梦的目的是给人民带来幸福。中国共产党现在把注意力集中在人民问题上，让每个人都能感受到每一个变化。这就是中国成功的秘诀——整个国家都在为普通人的利益而努力，每个人都为整个社会而努力。"① "中国共产党不像西方许多政治力量那样，以谎言和暴力的方式领导国家，她领导了中国，因为她能够理解人民内心深处的愿望，保护他们的利益，并最终在祖国历史上最困难的时期拯救自己的祖国。"② "中国共产党促进个人全面发展，实现人民发展依靠人民。同时，中国彻底消除极端贫困，人民及其需要被置于中心。"③ 在《真理报》的报道中，中国共产党与西方政党的根本差异，在于坚守初心使命，服务民族复兴，理解人民内心深处的愿望，保护人民的利益，把实现人民美好生活的梦想作为奋斗目标，依靠人民，共创伟大事业。《真理报》认为，中国共产党重视扶贫工作、共同富裕，也是新时代中华民族伟大复兴征程中将人民及其需要置于中心地位的体现，这些中国经验不仅适用于中国，也适用于俄罗斯和全世界。

（五）负责任的国际政党形象

在外交和国际事务方面，《真理报》报道中的中国共产党是一个奉行多边主义、努力构建世界新秩序、友好负责任的崛起大国的执政党，是俄罗斯和俄共忠实可靠的朋友。

---

① 彼得·茨维托夫：《基于对话和伙伴关系》，《真理报》2018年1月12-15日，第5版。
② 根纳季·久加诺夫：《中国共产党为未来开辟道路》，《真理报》2021年6月21日，第2版。
③ 同上。

"北京提出的人类命运共同体理念已成为资本主义全球化的替代方案,中国提出的方案核心不是对国家和人民的帝国主义剥削,而是倡导平等和互利合作的价值观。冠状病毒大流行背景下,'一带一路'项目使数十个国家能够克服经济危机的影响。"[1] "随着俄罗斯与中国、其他金砖国家和上海合作组织国家合作的深化,欧亚一体化加强,取得了不可思议的成就。"[2] "北京对国际社会的影响力不断增强,就连美国也不得不考虑'中国因素'。"[3]《真理报》塑造了一个以基于共同利益,遵循平等、对话与合作的国际原则,反对西方资本主义剥削、竞争和不平等国际秩序的负责任大国政党形象,这一理念集中体现在"人类命运共同体"和"一带一路"倡议中。俄共高度重视与中国合作的重要性,认为中国经验、中国社会主义制度是俄共和俄罗斯的重要参考。在中美关系立场上,《真理报》认为美国帝国主义"陷入了困境",美国对中国崛起产生了恐惧,意图孤立、压制中国,这更加彰显了中国共产党负责任国际政党形象。

(六)坚持理论创新的政党形象

在对社会主义道路和马克思主义理论的选择和发展上,《真理报》塑造了一个坚定走中国特色社会主义道路,不断坚持理论创新和实践创新相统一的政党形象。

"中国共产党忠于马克思主义,创造性地发展马克思主义,使中国成为全人类的标杆。中国共产党领导人非常清楚理论的教条化及僵化可能带来的弊

---

[1] 根纳季·久加诺夫:《"中国证明了为全人类的利益而奋斗的责任和愿望"》,《真理报》2021年11月12—15日,第1版。
[2] 根纳季·久加诺夫:《俄罗斯和中国的未来在于友谊和全面合作!》,《真理报》2020年7月28—29日,第1版。
[3] 谢尔盖·科热米亚金:《走出自由僵局的社会主义出路》,《真理报》2017年11月24—27日,第5版。

病。习近平指出有必要在时代变迁和实践变化基础上,不断深化认识,总结经验,在理论创新与实践创新的统一下和互动过程中发展21世纪中国马克思主义。"① "中国共产党和中国政府正在做大量的理论工作。中国的科研机构已经成了真正的'智库'。我们呼吁中国同志,把他们的理论发展成我们全人类的财产。"②《真理报》在诸多报道中指出,十月革命一声炮响为中国送来了马克思列宁主义,中国走上社会主义道路。鉴于苏联和苏联共产党的历史教训,中国共产党人高度重视理论建设,建立了许多马克思主义研究和教学机构,这有助于理论与实践创造性结合。中共百年的奋斗道路经历了很多困难,也有不少教训,但她总能及时认识和纠正错误,这与始终坚持中国特色社会主义理论创新紧密相关。

(七)坚持不懈奋斗的政党形象

基于中国共产党百年奋斗的艰苦历程和光荣成就,《真理报》塑造了一个坚持革命与自我改造、坚持开拓创新、始终走在时代前列不懈奋斗的政党形象。

"快速回顾中国在20世纪所走的道路,20世纪初是一个苦难和屈辱的时期。1921年成立的中国共产党高举社会主义和民族复兴的旗帜,在她的领导下,国家统一了,外敌内敌都被打败了。"③ "中华人民共和国的成立是一个巨大的飞跃。但前面还有很多困难,必须拆除数百年历史的废墟——文盲、技术落后和封建及资本主义时代的残余。改革开放政策为中国开放发展注入了新的动力。到建党100年,中国已经实现了全面消除极端贫困。"④ "在中国,反腐倡廉建设取得重大成就。党员行为规范得到严格执行。打击官僚主义、形

---

① 谢尔盖·科热米亚金:《走出自由僵局的社会主义出路》,《真理报》2017年11月24-27日,第5版。
② 铁木尔·皮皮亚:《党最重要的工作》,《真理报》2017年12月14日,第4版。
③ 同上。
④ 同上。

式主义、享乐主义和奢靡之风。"[1]在中国革命、建设、改革、复兴的各个阶段，中国共产党高举社会主义和民族复兴的旗帜，不屈不挠，坚持斗争与革命，勇往直前，依靠党的坚强领导，协调统一社会各方力量，有效解决新的问题，领导中国人民创造奇迹，向世界强国转变。《真理报》高度肯定中国共产党始终坚持不懈斗争和自我革命的精神，对中国的发展成就持积极乐观态度，认为其发展符合世界利益，中国正在成为新世界秩序的中心。

三、《真理报》建构中国共产党形象的话语分析

根据费尔克拉夫的话语理论，《真理报》建构党的十九大以来中国共产党形象，可以从微观、中观、宏观三个层次进行分析。微观层次"在以媒介文本为主要研究对象时，话语分析从文本到社会脉络的发展之间，必须有一个中介因素，即媒体和记者的文本生产因素，包括记者、评论员的写作、编辑的排版组稿等"。[2]对文本形式的分析主要从报道版面、报道规模、报道体裁、新闻来源展开，而文本分析主要体现为内容主题以及倾向性分析。

《真理报》常用整版和专题报道的形式报道中国共产党与中国发展。久加诺夫等俄共领导人有关中国内容的演讲、采访等通常在头版或二版发布。同时，《真理报》每月还出版专栏"人民中国：成就、任务、目标"，以图文并茂的方式进行报道。《真理报》对中国共产党的报道数量每年比较接近，其中2017年18篇，2018年26篇，2019年18篇，2020年20篇，2021年最多，达到33篇。报道呈现话题性和事件性特点，主要围绕中国发生的重大事件展开阶段性系列报道。例如，2018年围绕中国脱贫和反腐败的相关报道有8篇，俄共记者团参加第五届"一带一路"媒体合作论坛到访海南，发布系列报道7篇，报道

---

[1] 铁木尔·皮皮亚：《党最重要的工作》，《真理报》2017年12月14日，第4版。
[2] 同上。

马克思诞辰4篇，2021年90%以上的报道都围绕中国共产党百年诞辰展开。

从报道体裁来看，可以分为三大类，消息35篇、评论14篇、其他66篇（包括信件3篇、领导人讲话7篇、访谈8篇、转载48篇）。从新闻来源上看，转载的报道全部来自中国，且主要来自主流权威媒体，分别转载人民网和新华网33篇和9篇，转载中共中央外联部等部门报道6篇。消息和评论共49篇，主要由《真理报》记者和评论员采写。信件、讲话、访谈主要来自俄共书记久加诺夫和副书记诺维科夫。

关于报道内容和主题，115篇报道通过Python进行词频分析，排名前十的词语为"中国、发展、世界、经济、俄罗斯、中国共产党、社会、苏联、领导人、工作"，表明《真理报》聚焦全球背景下中国共产党百年历程与中国政治、经济建设和社会发展，高度赞扬习近平总书记党中央核心的领导，强调中国作为践行社会主义制度的引领者所取得的伟大成就以及在世界上的影响力。

从报道倾向性来看，赞扬、肯定、积极介绍中共与中国成就、经验、创新的报道有100篇，客观描述事实的报道有15篇，没有负面报道，表明《真理报》对中国共产党形象建构持正面立场和友好态度。即便是在后全球化和中美经贸摩擦背景下，相关报道"中国为全人类提供胜利的秘诀""中国为世界提供公正的生活秩序"，以及评论中用"第二次冷战"来形容美国对中国贸易制裁，认为美国领导人试图以攻击中国来转移人们对其国内日益加深的危机的注意力，都表明了俄共和《真理报》对中国的肯定与支持立场。

"中观的话语实践涉及文本的生产、分配和消费过程。"[①]《真理报》建构中国共产党形象的报道大量转载于中国主流媒体，同时组织骨干力量针对重大事件进行报道和评论，大量报道俄共主要领导人信件、讲话、访谈，高度重

---

① 根纳季·久加诺夫：《腐败是对社会的威胁以及克服它的措施》，《真理报》2018年1月30-31日，第2版。

视话语生产的权威性和准确性。相关报道始终关注中国的社会语境，以中共的重大变革、重大成就、重要事件为对象，选择关键时间节点展开报道，既从历时的角度客观展现百年大党建设和成就，也从共时的角度，把中国放在全球语境中，放在与世界大国进行比较的视域中，进行全方位的报道。在具体话语修辞策略方面，除全文转载的报道外，直接引用习近平总书记讲话，引用新时代中国特色社会主义思想相关表述，包括具体的典故、隐喻等，成为《真理报》相关报道的鲜明特色。俄共总书记久加诺夫的很多讲话报道，以及他回答中国问题时，就经常直接引用习近平总书记的讲话："人类命运共同体"、"一带一路"倡议、"中国梦"，包括称早期中国共产党是"小小红船"等，均体现了俄共和《真理报》对中国共产党的深刻了解、充分肯定和高度信任。

社会实践是批评话语分析的核心内容，要求"从宏观层面全方位地解释社会结构、社会文化对话语实践的建构和影响，最终目标是解释话语'为何产生'"①。《真理报》对中国共产党报道的话语实践特点，是多种因素影响下的结果。中国共产党百年来带领中国人民，无论是在党的自身建设，还是在国家发展、民族复兴方面取得的伟大成就与国际中心地位的确立是主因。"俄罗斯联邦共产党与中国共产党有着悠久的历史渊源和现实联系，苏联解体的教训以及新时期俄罗斯经济社会发展的实际，中俄战略协作伙伴关系的确立与发展"等中俄关系因素有重要影响。后全球化时代来临与世界地缘政治格局变化，百年未有之大变局背景下全球面临的复杂形势和诸多问题，中俄美大国关系的认识等，都影响着俄共与《真理报》对中国共产党的看法和评价。高度关注中国发展，对中国共产党带领全党和全国人民实现民族复兴和伟大中国梦进行全面报道，建构多元客观的中国共产党形象，成为新时期《真理报》报道的

---

① 严玲，等：《国际新闻报道之批评话语分析》，北京：中国传媒大学出版社，2020年，第12页。

自然选择。

四、结语

党的十九大以来俄共《真理报》对中国共产党的形象建构，是中国共产党国际形象的重要展示，整体上体现出自我形象与他者形象一致的特点。面临百年未有之大变局，我们要充分认识中国共产党国际形象建构与传播的多元性与复杂性。作为百年大党，中国共产党无论是带领中国人民取得伟大成就，积累丰富的历史经验，形成伟大的建党精神，创建马克思主义中国化的科学理论体系方面，还是党的自身宗旨、性质、方针、政策方面，党的建设和执政实践，要从政党形象的角度进行国际传播，其本身便是一个复杂的系统工程。同时，中国共产党长期执政，是世界上最大的马克思主义政党，这些特点使得党的国际形象建构与国家的国际形象建构成为一体，并主要体现为执政形象。这和西方轮流执政、选举政党的形象内涵理解及其国际形象的建构实践有较大差异，也使得不同国家、不同政党对中国共产党的国际形象认知会受不同因素的影响而结果不同，包括全球化发展、地缘政治格局与国际关系变化、意识形态冲突、不同的施政理念与实践影响等。为此，通过国际传播建构良好的中国共产党形象，在打铁还需自身硬、必须建构良好的自我形象基础上，与国家形象的国际传播一样，需要构建科学的战略体系才能完成。这就需要我们既要进行中国共产党形象国际传播指导思想、方针政策、组织架构、力量部署等战略规划设计，也要进行主体组合、平台聚合、调查研究、话语选择、精准施策等战术安排。包括本文在内的主要国家重要政党中国共产党形象建构的相关研究，就是要在国别传播、政党传播等精准传播策略的指导下，做到知己知彼，提供中国共产党国际形象的客观认知，分析影响因素并借此反思有效的国际传播路径。我们应当高度重视世界主要政党对中国共产党形象建构研究，包括执政党、在野党，不同派别的政党，特别是各国共产党对中国共产党的形象认知与建构，这不仅有利于中国共产党自我形象的建构，还能通过广泛的政党对话合作，有的放矢地寻求共识，克服认识误区和偏见，向他们讲清楚中国共产党的形象故事，也能实现国际传播的"借船出海"，通过他们对中国共产党治国理政的广泛传播，展示真实、立体、全面的中国共产党国际形象。

上海城市形象力传播效果与路径研究

上海外国语大学教授、博士生导师　于朝晖
上海外国语大学助理研究员　纪　翔
上海外国语大学硕士　张孟佳

内容提要：城市形象力是城市品牌价值和城市形象影响力的总称，是城市综合竞争力的集中体现，也是城市国际传播能力的重要载体。本文借鉴城市形象力评价体系，采用问卷调查、文本分析和比较研究相结合的方法，从社会发展、公众认知和媒介传播效果三个维度对上海城市形象力现状及实践路径进行深入分析，进而提出对于城市形象力的传播，关键是要增强战略传播效度，即聚焦国内外目标群体，提升传播的战略策划性；在传播方式上力求多层次多元化，在传播过程中保持动态平衡性，将双向对称交流、信息的选择和释放与关系管理有机结合；注重传播的长期性、个性化、小视角，努力实现国际传播效果的整合效应。

关键词：城市形象力；公众认知；战略传播

一、引言

城市形象是一座城市内在历史底蕴和外在品位特征的综合表现，是城市综合竞争力的集中体现，也是城市国际传播能力的重要载体。城市形象是指内外群体对一个城市形态所产生的一种认知、印象或联想的集合。它不仅指向一个城市在媒介中呈现的拟态形象，还包括城市社会文化、经济状况、环境生态、城市比较优势与战略规划等现实内容。①良好的形象可以帮助城市获取战略资源，是通向国际社会的通行证。城市形象是国家形象的重要组成部分，着力提升城市形象力，也是在全球叙事中讲好"中国故事"的实践路径。

本文定义的城市形象力，是城市品牌价值和城市形象影响力的总称。城市形象力是消费者对城市品牌的一种情感倾向，即城市品牌和城市形象对大众或消费者的影响力和吸引力。公众对城市品牌的认同与否决定着城市品牌的成败，得不到公众认可的城市品牌就会失去其存在的价值，也就失去了其作为战略资产的价值。评估城市品牌资产要从主、客观两方面着手。从主观方面来看，应从城市品牌的受众角度去评估，即城市品牌在公众心目中的地位或公众对城市品牌所形成的感知；从客观方面来看，应从城市自身的价值去评估，即城市所本有的自然、经济、社会和文化等环境。②

基于上述背景，本文聚焦上海城市形象力展开了研究，通过调研走访、文本分析和比较研究，重点围绕上海城市形象的传播现状，进而分析传播效果的优势和劣势，着力探究更适合上海城市形象力传播的实践路径。

二、城市形象力评价体系

根据现有研究，中外学者曾就城市品牌价值和城市形象影响力展开了研究。

（一）城市品牌价值评价体系

城市品牌价值评价体系，可以用来评价城市的整体实力和城市品牌价值。城市价值体系由三个子系统构成，即城市生活质量系统、城市品牌价值系统和城市综合竞争力系统。三个子系统之间是相互包含、相互作用的关系。而

---

① 段鹏：《媒介化社会中城市品牌形象的感知与管理——基于群体感知与城市管理二维视角》，《现代传播》2021年第2期，第17—23页。
② 李雪敏：《城市品牌资产评估体系构建研究》，《财经理论研究》2015年第2期，第103—112页。

Lucarelli（2012）的城市品牌形象影响力评价维度则更加细分，提出了城市品牌形象影响力的四维度框架，将城市品牌形象影响力衡量指标划分为身份形象维度、社会政治维度、经济维度和地方治理维度。[①]

除了系统性研究，学者Parkerson和Saunders曾根据城市品牌价值的评价指标进行分类，将城市品牌形象影响力的评价指标简单划分为有形指标和无形指标两类。其中，有形指标包括文化、艺术、历史、夜生活、购物、旅馆、机场、火车站、安全、清洁、交通、教育、健康、住房、工作、商业、基础设施，无形指标包括形象、意识、感知和情感联系。[②]

（二）城市形象影响力评价体系

城市形象影响力是关于城市各要素在大众心中的印象和评价，是综合提炼概括城市历史文化、风土人情、自然环境、产业发展等因素后凝练而成的城市形象发展的特定符号，与城市品牌资产相互作用，并推动着城市品牌资产的发展。城市形象影响力的评价体系主要用于综合评价城市形象。

从上层建筑角度，城市形象评价系统将城市形象的基本构成概括为四个因素：一是由自然因素和人文因素构成的城市环境形象；二是靠规划布局、建筑设计、园林绿化和环境整治等手段塑造的城市建设形象；三是有赖于政治、经济、文化、法制共同塑造的城市组织形象；四是体现城市道德风尚的市民形象。[③]

从个体感受角度，城市形象影响力的感知可以将个体分为城市常住居民和

[①] Lucarelli, A. (2012). Unraveling the complexity of "city brand equity": A three‐dimensional framework. Journal of Place Management and Development, 5(3), 231-252. Parkerson, B., & Saunders, J. (2005). City branding: Can goods and services branding models be used to brand cities. Place Branding, 1(3), 242-264.

[②] Parkerson, B., & Saunders, J. (2005). City branding: Can goods and services branding models be used to brand cities. Place Branding, 1(3), 242-264.

[③] 杨莹：《基于层次分析法的城市形象评价研究》，《西安工业大学学报》2006年第4期，第368-371页。

游客两类。[①][②]而不同类型的个体对城市形象力的内容认知也存在着差异，如居民更关注城市的环境、服务和基础设施等；而游客则更加关注城市的安全、关怀和娱乐氛围等。

（三）城市形象力评价体系

本研究定义的城市形象力，是城市品牌价值和城市形象影响力的总称。本研究借鉴城市品牌价值和城市形象影响力两个概念的评价方式，将城市形象力研究划分为三个维度：社会发展维度、媒介影响力维度和公众认知维度。其中社会发展维度包括文化环境、生活环境和营商环境三个二级指标；媒介影响力维度包含传播内容、传播方式和传播效果三个二级指标；公众认知维度包括功能性形象力认知、情感性形象力认知和形象力名片认知三个二级指标（表4-2）。

表4-2 城市形象力评价体系

一级指标	二级指标	三级指标
社会发展维度	文化环境	文化来源
		文化产业
	生活环境	安全系数
		就业环境
		宜居环境
	营商环境	经济体量
		营商政策
		营商吸引力

---

① Cassia, F., Vigolo, V., Ugolini, M. M., & Baratta, R. (2018). Exploring city image: Residents' versus tourists' perceptions. The TQM Journal, 30(5), 476-489.

② Gilboa, S., Jaffe, E. D., Vianelli, D., Pastore, A., & Herstein, R. (2015). A summated rating scale for measuring city image. Cities, 44, 50-59.

续表

一级指标	二级指标	三级指标
媒介影响力维度	传播内容	经济传播
		文化传播
	传播方式	叙事方式
	传播效果	传播效果
公众认知维度	功能性形象力认知	生活、社会、基础设施等
	情感性形象力认知	魅力、认同、依赖等
	形象力名片认知	文旅活动、赛事、资源等

三、上海城市形象力社会发展的国际比较

"上海是一个极具魅力的城市",是绝大多数受众的共识。根据调研结果,95%的国内受访者和76%的国外受访者都认同这一观点。从横向来看,国内外对上海城市的认可度还存在着一定的差异,上海对国内民众的吸引力要远超国外民众;从纵向来看,从上海城市本身来说确实对受众具有极强的吸引力。本研究将城市形象力分为了三个维度——文化产业、生活环境和营商环境,对比美国纽约和韩国首尔,在此基础上简要分析社会发展过程中上海城市形象力现状。

(一)文化产业

文化是一个城市的底蕴和根基。文化对于一个民族来说是精神之根,对于一个城市来说则是活力和灵魂。打造先进的城市文化品牌,对于提高城市知名度、增强城市核心竞争力、促进经济发展将起到积极的促进作用。在城市的发展建设中,城市文化沉淀成了一种精神,彰显着一个城市的魅力。上海作为一个有历史文化积淀的城市,有着海派文化的独有特点,独特的海派文化是上海

文化的一张名片。①此外，上海作为一个有深厚历史文化底蕴的国际大都市，国际化、历史感和开放性是整个城市文化的外延。上海的城市文化底色对于提升城市竞争力，促进城市经济发展具有重要作用，同时也是提升城市的整体文化底蕴和艺术品位的核心要素。

文化产业是一座城市文化生命力和软实力的重要支撑，缺乏核心文化产业，将会导致对城市核心文化识别的支撑分散、薄弱，城市文化特色难以充分彰显，不利于城市文化的品牌打造与国际传播。核心文化产业是一种独特的城市文化标识，是卓越的全球城市影响力的重要组成部分，还可以有效完成经济效益的转化。纵观顶级国际文化大都市，它们都有自己独特的优势文化产业，如东京的动漫产业、纽约的版权产业、伦敦的创意产业等，这些产业特色鲜明，并与城市的标志性文化符号相互呼应，同时深度介入全球产业链，在国际文化贸易中创造巨大价值，从而全面提升城市文化传播的能级。

与纽约和首尔相比，上海在文化旅游方面特色还不够鲜明，缺乏"上海标签"。此外，上海的文化产业有着巨大的潜力和张力亟待挖掘和提升，打造核心文化产业必将极大提升上海在城市文化的品牌与国际传播中的核心优势。

（二）生活环境

生活环境的衡量指标主要分为三个层面：安全系数、就业环境、宜居环境（表4-3）。

---

① 费雯俪、童兵：《"海派时尚文化"的媒介镜像：上海城市形象对外传播的优化策略》，《现代传播》2021年第9期，第28—33页。

表 4-3　生活环境对比

一级指标	二级指标	上海	纽约	首尔
安全系数	评分	67.9	77.8	73.8
安全系数	世界排名	30	11	25
就业环境	就业人数	1376	1200	450
就业环境	失业率	3.90%	4.60%	2.60%
宜居环境	居住指数	305	308.6	300.5
宜居环境	居住指数排名	37	33	39
宜居环境	交通指数	223.8	223.8	181.9
宜居环境	交通排名	3	3	12
宜居环境	文化交流指数	130.3	253	158.8
宜居环境	文化交流排名	19	2	11

资料来源：根据相关资料整理

第一，"安全系数"是受访者选取生活城市的首要指标。上海的安全系数在国内城市排名第一。但从国际比较来看，上海与其他城市还存在着一定的差距，以纽约和首尔为例，纽约的安全系数评分达到77.8，在全球城市中排名第11位，而首尔也以73.8的评分位列第25位。[1]

第二，就业环境是城市引才引资的强大动力。上海、纽约和首尔分别作为各自国家经济发展水平最高的城市，对人才的需求缺口巨大。其人才政策也成为各自城市就业环境的直观指标。上海的人才引进政策源于改革开放之后，上海率先提出建设社会主义人才市场的改革方向，加快实施从世界各地引进高端人才。纽约作为世界著名的商业和金融中心，人才引进更多的是依托其大体量

---

[1] 数据来源于《经济学人》（EIU）2021年发布的"2021年全球城市安全指数"。

的商业环境和老牌金融中心的行业吸引力。而韩国则是凭借先入优势。韩国的引才政策开始较早，为强化国家核心竞争力，韩国政府自20世纪70年代开始就制定了多项旨在引进优秀海外人才的政策。

第三，宜居环境是城市吸引力的主要支撑。上海的独特之处在于精细化的城市规划能力，让整座城市向均衡化发展。上海还创造性地提出打造"十五分钟生活圈"战略规划，这大大提升了上海生活的便利性。

总的来说，从生活环境来看，上海虽然在交通、生活便利程度等方面开始向国际大都市看齐，但从综合指数来看，上海整体生活环境的国际认可度还有很大的提升空间。

（三）营商环境

从营商环境来看，韩国是亚洲四个发达国家之一，很多大的企业都集中在首尔，其企业集中程度也要远高于纽约和上海。美国第一大城市纽约，其经济总量接近上海和首尔的总和，在商业和金融方面，发挥着巨大的全球影响力，尤其是纽约的金融业。作为世界第一大金融中心，可以说纽约在全球的金融市场举足轻重。相比之下，上海的经济体量并不突出，但上海无论是区位优势还是发展潜力方面，都具有巨大的未来商业发展空间。上海的GDP一直居于中国内地城市榜首，其背靠全国经济最发达的经济区长江三角洲，拥有世界集装箱吞吐量第一的上海港，是内陆工业、金融和经济中心，也是对外贸易主要中心之一，发展潜力巨大。

政策支持方面，韩国政府对企业的政策支持主要体现在积极鼓励利用外资方面，纽约则通过提供租金补贴或税收优惠等政策降低企业运营成本。上海的营商政策对比上述两个城市来说更加具有"人情味"，无论是政策的全面性程度还是行政服务效率都显著优于纽约和首尔。上海坚持将市场评价作为第一评价，以企业感受作为第一感受，持续不断地努力收到了成效。上海在开办企业、获得电力与施工许可、跨境贸易、登记财产等以地方事权为主的评价指标中，办事环节平均压缩了30.5%，办事时间平均压缩了52.8%。

最后，对于企业来说，选择落地地点则与当地的政策支撑和行政效率息息相关。从营商吸引力结果来看，上海对企业吸引力远远超过纽约和首尔，尽管企业规模和影响力确不如其他两个城市。总的来说，上海对小微企业吸引力较大，但目前缺少更多大企业的支撑，在高水平招商引资层面还需要加大力度。

四、上海城市形象力媒介传播效果研究

（一）研究方法与数据来源

本研究所采用的所有媒介报道的文本内容均来自于"Factiva"数据库，利用Factiva数据库，以"shanghai & city"作为关键词进行检索。检索时间区间为2018年5月1日至2021年7月1日，目标期刊为《纽约时报》（*The New York Times*）、《华尔街日报》（*The Wall Street Journal*）、《泰晤士报》（*The Times*）和《海峡时报》（*The Straits Times*）四种英文报刊，报刊所在地包括英国、美国和新加坡，地域上涵盖了欧洲、美洲和东南亚最具代表性的国家。此外，上述三个国家均是以英文作为母语，便于统一归纳整理。其他方面，包括报道的作者、涉及的行业公司和地区，我们在研究中并未做严格限制。

根据上述条件，共检索出220篇报道，去除重复性报道（包括数据重复和相同期刊内的重复报道），共得到有效数据211条。其中包括《海峡时报》45篇，《泰晤士报》51篇，《华尔街日报》60篇，《纽约时报》55篇。

媒介分析的主要目的是通过扫描国外媒体对上海城市形象报道的基本态势，进一步检验上海城市形象对外传播的侧重点和优劣势。本研究Python的主题词聚类和情感分析功能，将媒体报道的主题聚类结构、编码结果和情感分析结果所呈现的结果和问题进行整合，图4-1展示了国外媒体报道中出现的高频词汇，单词频次通过大小和笔画粗细显示。词云结果显示，上海城市形象与国家形象以及其他城市形象关系密切。

图4-1　国外媒体中上海城市形象报道词云

从媒介报道内容来看，内容差异会导致媒介报道内容分类方式的差异。为厘清涉及上海的媒介报道的内容差异，本研究利用NVivo工具将文本中的主题作为节点进行编码，然后将编码结果人工聚类，在现有的分类基础上将报道归纳为政治、经济、文化、社会四大类。

表 4-4　媒介报道内容类别

类别	具体内容				
经济	发展模式/规划/政策	经济贸易关系/地位	产品质量	企业/品牌	商业环境/市场秩序
政治	人权	法律	政治制度	政府/国家	领导人 民族
文化	宗教	文学/艺术	媒体	教育/体育	旅游 科技
社会	环境/能源/生态	社会公平/风气/和谐	生活方式/水平/社会福利	就业	地区/城市 开放程度

（二）上海城市形象力媒介影响效果分析

在NVivo中选择"分析—自动编码"，以主题词为节点进行编码，共识别出311个节点，分布在56个主题目录下。表4-3展示了部分主题编码结果，表格中"类别"一栏为人工进行分类的结果。

根据编码结果，配合2018—2021年国外媒体报道的内容来看，我们发现国外媒体的报道内容，尤其是欧美媒体的报道内容有很强的同质性。从结果来看，国外媒体关于上海的报道，社会、政治内容偏多，其次为经济内容，最后是文化内容。本研究对所得结果进行分类，主要分为三类，即重大事件、经济发展、社会文化。此外，本研究还对中外媒介报道中的叙事方式差异进行比较分析，结果如表4-5所示。

表4-5 国外媒体报道主题编码结果（示例）

（单位：个）

编码主题（1）	节点数量	类别	编码主题（2）	节点数量	类别
A: air	4	社会	N: companies	9	经济
B: apartment	4	社会	O: coronavirus	7	社会
C: area	4	社会	P: deal	4	社会
D: art	4	文化	Q: development	5	社会
E: attractions	4	政治	R: doctor	5	社会
F: bank	9	经济	S: efforts	4	社会
G: building	9	社会	T: egg	6	社会
H: business	6	经济	U: employees	4	经济
I: change	7	社会	V: food	4	社会
J: Chinese city	4	社会	W: giant	5	社会
K: citizen	4	政治	X: global	7	政治
L: city	16	社会	Y: government	9	政治
M: climate change	5	社会	Z: health	5	社会

针对重大事件报道。在所有的报道文本中，涉及了两个关键时间节点2019和2021年。第一，为提升开放程度，上海在2018—2019年两年中接连举办了中国国际进口博览会，作为世界范围内的重大事件，上海在国际媒体报道中被提及的频次有所增加，一定程度上传播了上海城市形象。再加上2019年年底，武

汉暴发首轮新冠疫情，同为中国城市的上海同样承受了更多国外媒体的关注。第二，2019年是中华人民共和国成立70周年，2021年是中国共产党建党100周年，上海作为中共一大召开地和红色基因发源地之一，受到了国内国外的广泛关注。第三，新冠疫情暴发后，上海政府的应急反应速度有目共睹，使得上海城市治理能力的对外传播内容增加。

经济方面。上海作为中国最重要的经济中心，企业的发展同样是国外媒体重点关注的对象，企业是上海城市形象的最主要的载体之一。面对近年来世界范围内的经济动荡与竞争，外国媒体对中国本土企业发展以及产业间转移和竞争给予更多的关注。作为世界第二大经济体，中国经济的张力和巨大发展潜力使得国外媒体对中国经济和地域内的产业发展的关注度增加。其中又主要包括了两方面内容：一方面是在报道各国本土企业发展的过程中涉及上海城市形象的报道；另一方面是在涉及中国本土企业的报道过程中涉及对上海企业的报道。但是所有报道中专门对上海本地企业的报道并不多。

此外，相比于欧美报道，新加坡报道中涉及上海城市形象的报道更多同经济合作、产业发展和企业竞争等有关，按照其主题分类应该属于经济类。而欧美报道的内容方面同质性较高，但美国报道数量和报道内容的多样性程度要高于英国，而且在内容表述方面，美国报道的独立意识和敌对意识的倾向都更明显一些。

社会文化方面。文化维度，"new（s）"和"art（s）"是各国媒体报道中重点关注的内容。这主要说明两个问题，一是在国外媒体的报道中，新闻信息包括可以形成新闻热点的话题是他们在关于上海城市形象的报道中重点关注的；二是艺术作为城市文化传播最常见的载体，在城市形象的展示方面有着举足轻重的地位。社会维度，城市和地区是国外媒体重点关注的对象。在国内城市中，上海、北京、香港三大城市是国外媒体最为关注的城市。

叙事方式差异。从报道对象来看，关于上海城市的重大事件和重点企业关键性举措的报道居多，因而国外媒体在了解上海城市形象时多是以重要时间节点和重大事件为基础的。在国外受众眼中，上海城市形象同中国国家形象和国内所有其他城市形象息息相关，可以说，上海城市形象是中国国家形象的典型分支。有研究结果表明，以2013年为节点，上海城市形象发生了一个关键的转折。[1]在2013年前后，国外媒体对上海的定位逐渐出现趋势性转变。2013年以前，国外媒体把上海视为中国的重要城市，定位为"中国上海"。2013年以后，国外媒体越来越倾向于将上海视为一个国际化大都市展开报道，视其为一颗冉冉升起的"世界明星"。在城市发展建设和国际传播事业的共同作用下，上海的国际声誉渐为彰显。[2]此外，各国媒体在涉及上海城市形象时往往喜欢与自身相联系，报道倾向于以人为载体的与个体相关的信息。随着媒体数字化、社会化程度的提升，民众间沟通交流急剧增加，使得国外受众对中国民众的关注度有所提升。在报道内容方面，国外媒体的报道倾向于从"小"视角入手，如在介绍企业发展历史的过程中，带入关于上海城市形象的描写。这一点也同国内的媒体形成了鲜明的对比。以上海城市宣传片为例，在讲述上海故事的过程中，多数宣传片都希望可以涵盖政治、经济、文化、社会的方方面面，这一点在报道大事件的方式上也有所显现。西方媒体更喜欢以小见大，而国内媒体报道则更倾向于从事件背景及影响等宏观的层面入手。[3]

此外，媒介报道的情感分析表明，国外媒体针对上海城市形象的报道中负向报道要远多于正向报道。利用NVivo，以句子为节点进行编码，识别报道中

---

[1] 侯可欣、刘莹：《浅析英文报道中的上海城市形象》，《新西部（理论版）》2017年第1期，第98-99页、118页。

[2] 沈斌、王荣：《从理解城市到传播品牌——海外媒体转引〈中国日报〉涉沪报道的量化文本分析》，《新闻战线》2020年第5期，第86-88页。

[3] 杨淑婷：《城市形象国际传播中典型元素的选取——以上海城市形象宣传片为例》，《新媒体研究》2019年第5期，第111-112页。

的情感。结果显示，NVivo识别了共计2428个节点，其中偏正向的节点920个，偏负向的节点1508个，结果如表4-6所示。

表 4-6 媒介报道情感倾向

（单位：个）

情感类型	A：非常负向	B：较为负向	C：较为正向	D：非常正向
节点数量	596	912	718	202

从结果可以看出，国外涉及上海城市形象的报道中，偏负向的报道比正向报道要多些。上海乃至中国都处在一个西方社会偏见的维度之上。就编码节点来看，完全正向的节点只有完全负向节点的1/3。这说明在外国媒体眼中，对上海城市形象甚至中国的整体风貌的既有认知已经形成了一种"刻板印象"[①]，这种"刻板印象"从过去到现在一直存在，而且短时间内难以消失。

五、上海城市形象力公众认知研究

（一）研究方法与数据来源

为了研究民众对上海城市形象的国际传播能力的认知程度，本研究利用问卷调查的方法收集了部分民众意见。此次调查问卷的内容包括被调查者的基本信息、对上海市城市情感形象的认知、对上海市城市功能性形象的认知、对上海市城市品牌的认知四个部分，共计18个问题。此次调查问卷采取问卷星网上发放的形式，问卷分为中、英、韩文三版，问卷调查于2021年11月1日开始，至2021年11月30日结束。截至2021年11月30日，共收回有效问卷中文450份，英文200份，韩文200份。

对被调查者基本信息的统计结果显示，参与问卷调查的被调查者中，女

---

① 王宇澄、薛可、何佳：《政务微博议程设置对受众城市形象认知影响的研究——以微博"上海发布"为例》，《电子政务》2018年第6期，第55–62页。

性群体和20~30岁的青年人员占比较高。统计结果显示，被调查者大部分是国内其他省市居民和在上海生活过的外籍居民。由于问卷发放群体限制，因为读书而在上海生活的被调查者占比最高，达到55.95%；其次是工作原因，占比24.23%。从被调查者在上海的居住年限看，居住不到5年的人占比最高，为55.91%；其次是居住20年以上的人群，占比达到25%，结果如图4-2所示。

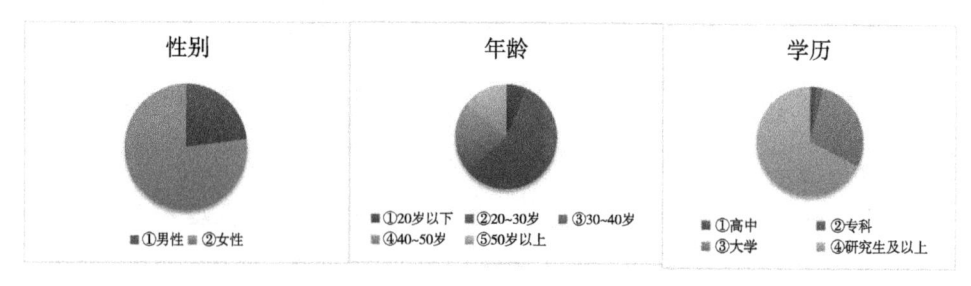

图4-2 调研对象基础信息

（二）上海城市形象力公众认知分析

问卷结果显示，在上海城市情感形象的认知层面，主要调查方向分为9类：上海是"可信赖的""外向的""时尚的""安全的""国际化的""有魅力的""独特的""有活力的""现代化的"。根据被调查者对每一种形象的不同态度分为"非常赞同""基本赞同""一般""基本不赞同"和"非常不赞成"五个维度。统计结果显示，被调查者对上海的9种不同的形容，绝大部分持赞成态度（即"非常赞同"和"基本赞同"），赞成态度占比均超过85%，其中赞同比例最高的3个形容分别是"国际化的""时尚的"以及"现代化的"，占比分别为96.47%、96.04%和96.03%；其中不赞同（即"基本不赞同"和"非常不赞成"）比例最高的2个形容词分别是"外向的"和"独特的"，占比分别为3.52%和3.08%。从比例上看，绝大多数（超过85%）的被调查者认为这9个正面的形容词符合上海的城市形象，对上海持正面评价，结果如表4-7所示。

表4-7 上海城市情感性形象力认知（示例）

（单位：%）

题目/选项	非常赞同	基本赞同	一般	基本不赞同	非常不赞成
上海是可信赖的	54.63	33.92	8.81	0.88	1.76
上海是外向的	65.64	27.75	3.08	0.88	2.64
上海是时尚的	73.57	22.47	1.32	0.88	1.76
上海是安全的	58.59	35.24	3.96	0.44	1.76
上海是国际化的	77.97	18.5	0.88	0.44	2.2
上海是有魅力的	69.6	25.99	1.76	0.88	1.76
上海是独特的	64.32	26.87	5.73	1.32	1.76
上海是有活力的	68.28	24.67	4.41	0.88	1.76
上海是现代化的	76.21	19.82	1.32	0.44	2.2

对上海城市功能性形象认知的调查中，统计结果显示，被调查者对上海城市功能性形象的10种不同形容中，持赞成态度（即"非常赞同"和"基本赞同"）比例最高的3个形容分别是"上海是一个适合举办各种国际活动的城市""上海有很多优秀人才"和"上海是一个值得投资并开展商务活动的城市"，占比分别为96.48%、96.47%和95.16%；不赞同（即"基本不赞同"和"非常不赞成"）比例排前两名的有3个形容，不赞同人数最多的是"上海是一个容易找到工作的城市"，持不赞同态度的比例为8.81%；"上海是一个安全宜居的城市"和"上海是一个交通便利的城市"不赞同人数并列第二，持不赞同态度的比例为4.84%。总体来看，被调查者对上海城市功能性形象整体持正面评价，结果如表4-8所示。

表4-8 上海城市功能性形象力认知（示例）

（单位：%）

题目/选项	非常赞同	基本赞同	一般	基本不赞同	非常不赞成
上海是一个安全宜居的城市。	47.58	34.36	13.22	2.64	2.2

续表

题目/选项	非常赞同	基本赞同	一般	基本不赞同	非常不赞成
上海是一个可以享受各种文化生活的城市。	64.76	29.96	2.2	0.88	2.2
上海是一个交通便利的城市。	55.51	34.36	5.29	2.2	2.64
上海拥有良好的生活基础设施，如福利和医疗。	57.71	34.36	5.29	0.44	2.2
上海是一个友好开放的城市。	61.23	27.31	8.37	1.32	1.76
上海拥有丰富的旅游资源及旅游基础设施。	52.86	34.8	9.25	1.76	1.32
上海有很多优秀人才。	78.41	18.06	0.88	0	2.64
上海是一个容易找到工作的城市。	38.33	30.4	22.47	6.17	2.64
上海是一个适合举办各种国际活动的城市。	74.45	22.03	0.88	0	2.64
上海是一个值得投资并开展商务活动的城市。	72.25	22.91	2.2	0	2.64

最后针对上海城市形象力名片的了解程度的调查发现，提起上海，被调查者想到最为突出的代表形象是"外滩"，如东方明珠，占比达95.15%；"金融中心""迪士尼"和"进博会"三个形象分别占据第二、第三、第四名，比例均在60%左右，具体为68.28%，63.44%，58.59%。被调查者近两年来上海的主要目的大多数是"教育""事业"，占比分别为74.01%和55.51%。关于上海"世界会客厅"的认知，统计结果显示，被调查者主要通过新闻媒体和社交网站获取相关信息，占比分别为84.58%和67.4%；当被问到认为哪项活动最能代表上海作为"世界会客厅"的形象，87.22%的被调查者选择了"进博会"这一选项，占比最高；74.89%和55.95%的被调查者选择了"国际论坛"和"上海国际电影节"，位列第二、第三，结果如表4-9所示。

表 4-9 上海城市形象力名片

(单位：%)

上海城市形象代表	认可程度
进博会	87.22
国际论坛	74.89
上海国际电影节	55.95
体育赛事	29.52
其他（请填写）	5.29

六、上海城市形象力提升路径探索

（一）以北外滩开发为契机，城市传播具象化

2020年3月，上海市提出北外滩开发的建议，2020年4月11日北外滩开发建设办公室正式成立。北外滩开发之初，关键问题在于寻找"灵魂"。以北外滩开发为契机，可以帮助上海城市形象力传播得更加具象化。北外滩开发所能体现的城市精神正是上海的城市形象力的内涵——不是单纯地传播某个建筑，而是如何提升城市的识别度。

作为上海"黄金三角"之一的外滩，在世界上已经有了一定的知名度，从国际传播体量和影响力方面来说，外滩知名度非常高。为了区别于外滩，在宣传方面，北外滩立足吸引年轻群体共同建设和开发北外滩。北外滩认为城市的未来定位是建成世界的标杆，而这需要越来越多的年轻人的参与，充分挖掘年轻人想象的空间，将建设活力城市和活力北外滩作为城市的发展理念。此外，北外滩在上海打造十五分钟生活圈的基础上，创新性提出"四层城市"的建筑理念，在有限的空间中，将空间资源最有效利用的同时，也帮助上海传递出打造"高效""宜居"的城市形象力的信号。

（二）以进博会为载体，城市传播常态化

中国国际进口博览会（China International Import Expo，CIIE）由商务部和上海市共同主办，进口博览局和国家会展中心共同承办。进博会是国家层面的以进口为主题的展会，肩负着主场外交、宣扬国家形象、发出中国声音（虹桥论坛）的重任，是对外开放政策的一种宣誓，对于进一步宣扬国家的多边主义立场意义重大。

中国国际进口博览会分为几大部分，一是企业商业展，完全就是企业层面的内容；二是国家综合形象展，就是全方位地展示国家的综合形象，这个形象包括经济、社会、人文等等；三是虹桥论坛，中国主导，发出中国声音。

对于上海而言，举办进博会是上海面向世界的重要窗口，每年的进博会都是上海城市推介的契机，帮助上海展示"海纳百川"的品牌形象。[1]从某种意义上来讲，推进城市形象的国际传播能力，是上海进博会最大的溢出效应。国家领导人及各国元首到访上海其实是展示了主场外交，极大提升了上海的国际影响力。

此外，进博会这个平台还肩负着链接国外的企业和业界与政府之间对话的重任，一方面将政府的政策更好地解释给企业，另一方面企业的呼声让政府听到。上海利用进博会平台搭建"6+365"（搭建"6天+365天"一站式交易）服务平台，进一步延长了进博会的溢出效应。不仅如此，国际合作的平台以及人文交流等方面均有不同的溢出效应。

（三）通过"建筑可阅读"，城市传播数字化

2017年5月，上海市第十一次代表大会上明确提出，上海要打造卓越的全

---

[1] 刘菁、谭善琦、贾卉：《基于语料库的中外"进博会"报道中的上海形象研究》，《外语教育与翻译发展创新研究》（第八卷），成都：四川师范大学电子出版社，2010年，第385-390页。

球城市，建设令人向往的创新之城、人文之城、生态之城。其中在建设人文之城中首次提出了"建筑是可以阅读的，街区是适合漫步的，城市是有温度的"。[1]上海的优秀建筑是文化地标，更是上海市民的生活空间，是奋斗的成果，更是上海持续发展的资源。根据上海文旅局的研究报告显示，"建筑可阅读"工作自2017年启动以来，实现了从"扫码阅读"的1.0版、"建筑开放"的2.0版，进入到全新的"数字转型"的3.0版。[2]2021年以来，重点实施了"建筑可阅读"十大行动，取得了良好成效。特别是上海旅游节期间，策划推出的特别节目"建筑可阅读"十二时辰全媒体大直播，通过全城接力、全民参与、全媒互动的方式，有力推动了"建筑可阅读"IP快速转化、快速破圈。

从目前"建筑可阅读"工作开展情况来看，"建筑可阅读"在上海全市范围内已形成一定的品牌效应，在全国范围内的知名度、影响力也在逐步增强，但国际影响力还有待提升。从建筑这一与上海市民生活最息息相关的话题入手，通过这种软植入，改变由于文化差异而造成的国外受众对中国生活方式的刻板印象，向国外受众展示上海生活方式新风貌。

总的来说，"建筑可阅读"，不仅仅是阅读一栋栋建筑，更是通过建筑感受一座城市发展、进步、创新的精气神，并利用数字化手段将建筑打造为上海城市精神和城市品格最重要的载体，也是提升上海城市形象软实力的有效途径。

七、结语

本研究从上海城市形象力传播效果和实践路径入手，围绕社会发展、媒介影响力和公众认知三个维度展开量化和比较分析。特别是中外新闻报道中的

---

[1] 《用科技传播城市文化，让建筑可见、可听、可读》，新华网，http://www.xinhuanet.com/info/2021-02/19/c_139751897.htm，2021年2月19日。

[2] 《聚焦数字化转型 上海"建筑可阅读"3.0时代开启》，人民网，https://whlyj.sh.gov.cn/wlyw/20210204/48bdaa2a453946d59381c140c7ff8963.html，2021年2月4日。

"上海形象"，聚焦上海城市形象力的国际传播现状，发现了四个关键的问题。第一，叙事方式的差异导致海内外受众理解上存在差距。第二，西方媒体集团的信息垄断，导致从国外媒体到受众，对上海城市形象甚至中国的整体风貌的既有认知已经形成了一种"刻板印象"。第三，传播载体的吸引力问题，文化差异导致国外媒体更关注个体。而我们在城市形象传播过程中则更加关注城市整体，这些传播内容的差异导致城市形象力的传播效果的削弱；第四，从受众角度上，中外民众对上海城市形象力的认知有局限性，这种局限性多是基于受众信息获得的差异。

因而，从实践路径上，本研究认为，对于城市形象力的传播关键是要增强战略传播效度。[1]聚焦国内外目标群体，提升传播的战略策划性；在传播方式上力求多层次多元化，在传播过程中保持动态平衡性，将双向对称交流、信息的选择和释放与关系管理有机结合，注重传播的长期性、个性化、小视角，努力实现国际传播效果的整合效应。

---

[1] 于朝晖：《战略传播管理——冷战后美国国际形象构建研究》，北京：时事出版社，2008年，第65页。

澳门城市国际传播能力建设
——以澳门"美食之都"形象为例

澳门城市大学副校长 叶桂平

中国地质大学（武汉）马克思主义学院博士后 申丽霞

摘要： "创意城市美食之都"作为澳门重要的城市名片之一，在塑造澳门城市形象上发挥积极作用，成为澳门城市国际传播能力建设的推动力。习近平总书记多次强调提高国际传播能力的重要性，我国应着力提高国际传播影响力、中华文化感召力、中国形象亲和力、中国话语说服力、国际舆论引导力。本文从澳门"美食之都"城市形象出发，通过积极举办美食品尝和交流活动、联合粤港澳大湾区兄弟城市共同弘扬中华文化，充分发挥"一中心、一平台、一基地"作用参与"一带一路"建设，推进中葡文化交流的同时大力传播中国文化，塑造真实、清晰的中国形象，助力我国战略传播体系建设。

关键词： 国际传播；城市形象；澳门

一、引言

国际传播能力是一个国家文化软实力的重要构成，是通过多种媒介向其他国家展示本国的文化和价值观，获得国际认可形成影响力的一种能力。习近平总书记在党的二十大报告中指出，"坚守中华文化立场，提炼展示中华文明的精神标识和文化精髓，加快构建中国话语和中国叙事体系，讲好中国故事、传播好中国声音，展现可信、可爱、可敬的中国形象"。①同时强调，"加强国际传播能力建设，全面提升国际传播效能，形成同我国综合国力和国际地位相匹配的国际话语权"。②我国高度重视国际传播能力建设，习近平总书记多次强调其重要性和必要性，提出相关行动方针着力推进国际传播能力建设。近些年，我国国际实力和竞争力不断提升，但中国故事和形象并未清晰可见，需要花大力气加快中国国际传播能力建设，提升中国话语权和国际影响力，让全世界都能听到并听清中国声音。

城市形象是国家形象的重要组成，良好的城市形象可以提升国家形象，增强国家影响力，提高国家软实力。传播力决定影响力，话语权决定主动权。澳门这座世界"美食之都"，作为中国对外文化交流的重要窗口，始终与国家战略传播体系保持高度一致，长期致力于中西文化传播交流工作，每年举办"澳门美食节"活动，与内地多城市合办"美食周"活动，举办"创意城市美食之都"饮食文化交流活动，拍摄《澳门之味》大型美食纪录片等，将中国美食与文化讲给世界听，同时通过澳门让中国了解世界文化，积极推动国际传播能力建设，不断提高国家影响力和话语权。

二、国际传播能力建设的内涵

（一）国际传播能力的概念与要素

国际传播能力是一个国家利用多种媒体形式向世界传播信息、表达本国观点，通过国际舆论获得公众认可，引领国际舆论方向，获得更多国际话语权的一种能力。国际传播能力的构成要素包括适当的传播技巧、与他国公众沟通

---

① 习近平：《高举中国特色社会主义伟大旗帜　为全面建设社会主义现代化国家而团结奋斗——在中国共产党第二十次全国代表大会上的报告》，中国政府网，https://www.gov.cn，2023年4月1日。

② 同上。

的策略、国际舆论环境的形塑，在进行国际传播能力研究时需要考虑技巧策略、与他国公众互动关系和国际情景等因素。[1]因此，国际传播能力建设是塑造国家形象、提高文化软实力、提升国际话语权的一种重要方式。深刻认识中国共产党，塑造真实、立体、全面的中国形象，加快提升我国国际传播能力是当前最紧迫的任务。城市作为塑造国家形象的重要窗口，在推动我国国际传播能力建设方面发挥着重要的作用，尤其是具有较高国际认知度的城市和"一带一路"沿线节点城市，应率先发力，加快城市国际化发展，将中国声音传向世界，积极塑造和传播良好国家形象，提高国家话语权。

（二）我国国际传播能力的建设与发展

2008—2012年是我国国际传播能力建设的探索期。2008年北京奥运会的成功举办和中国应对国际金融危机的能力引起世界关注，中国在更大范围和领域提升了国际声望和地位，也是从这一年起中国拉开了国际传播能力建设的序幕。2008年12月，党中央从构建现代传播体系高度提出，要积极提升国内外传播能力。2009年，《2009—2020年我国重点媒体国际传播能力建设总体规划》和《关于〈2009—2020年我国重点媒体国际传播能力建设总体规划〉实施方案》两个重要文件的印发，明确了十年内我国在国际传播能力建设方面的目标和路径。通过近几年努力，我国在国际传播能力建设的硬件方面取得了一定成绩。

2013年至今，我国国际传播能力建设进入快速发展期。2013年，"讲好中国故事，传播好中国声音"成为这一时期国际传播能力建设的重要抓手。2014年，政府工作报告指出，加强我国国际传播能力建设。2015年，政府工作报告提出"拓展中外人文交流，加强国际传播能力建设"[2]，表明国家对文化事业

---

[1] 高金萍：《国际传播能力建设与党的形象塑造》，《前线》2022年第3期，第25-28页。
[2] 高洁、杨金志、仇逸、杨玉华、李放：《中国网事：盘点政府工作报告中的六大文化关键词》，新华网，http://www.xinhuanet.com//politics/2015-03/05/c_1114537063.htm，2023年3月25日。

和国际传播能力的高度重视。2016年2月19日，"加快提升中国话语的国际影响力，让全世界都能听到并听清中国声音"①是习近平总书记在党的新闻舆论工作座谈会上的重要讲话。2017年，习近平总书记在党的十九大报告中指出，"推进国际传播能力建设，讲好中国故事，展示真实、立体、全面的中国，提高国家文化软实力"。②2021年，习近平总书记指出，"有效开展国际舆论引导和舆论斗争……着力提高国际传播影响力、中华文化感召力、中国形象亲和力、中国话语说服力、国际舆论引导力"。③2022年，习近平总书记在党的二十大报告中指出，"坚守中华文化立场，提炼展示中华文明的精神标识和文化精髓，加快构建中国话语和中国叙事体系，讲好中国故事、传播好中国声音，展现可信、可爱、可敬的中国形象"。④在党的领导下和习近平总书记的统一规划下，我国国际传播能力建设正在按部就班地开展，塑造良好的国际形象、提升国际传播能力建设、增强国际话语权是我国未来重点工作之一。

（三）城市形象在国际传播能力建设中的重要性

城市是国家的重要组成部分，城市形象是树立良好国家形象的重要"窗口"，这种"窗口"既可以帮助中国人看世界、了解世界，也可以让世界了解中国、认识最真实的中国，因此，城市作为国家传播能力建设的重要载体，在

---

① 习近平：《决胜全面建成小康社会　夺取新时代中国特色社会主义伟大胜利——在中国共产党第十九次全国代表大会上的报告》，中国政府网，https://www.gov.cn，2023年4月1日。

② 唐佳：《提升国际话语权　中国需要这样做》，人民网，http://www.people.com.cn/n1/2021/0607/c437595-32124020.html，2023年3月16日。

③ 《习近平在中共中央政治局第三十次集体学习时强调　加强和改进国际传播工作　展示真实立体全面的中国》，新华网，http://www.xinhuanet.com/politics/leaders/2021-06/01/c_1127517461.htm，2023年4月1日。

④ 习近平：《高举中国特色社会主义伟大旗帜　为全面建设社会主义现代化国家而团结奋斗——在中国共产党第二十次全国代表大会上的报告》，中国政府网，https://www.gov.cn，2023年4月1日。

塑造可信、可爱、可敬的中国形象方面大有可为，也任重道远。澳门作为中西文化交流的前沿阵地，是"西学东渐""中学西传"的重要平台，是中国与西方国家深入沟通与交流的重要媒介。在历史进程中，澳门形成了中西文化多元且融合的独特形象，也积攒了与西方文化融合发展的丰富经验，同时澳门也是"一国两制"实践的成功典范，未来澳门需要挖掘更多历史文化价值、更好发挥"一中心、一平台、一基地"定位功能、充分利用与葡语国家关系和西方国家联系网络，从国家战略传播高度出发，搭建高效传播平台，通过澳门向世界讲好中国故事，提高国家文化传播力，提升国际话语权。

三、澳门特区"创意城市美食之都"国际传播的意义与作用

（一）树立澳门"美食之都"城市形象，传播中国传统饮食文化

2017年10月31日，澳门被联合国教科文组织创意城市网络（UCCN）赋予"创意城市美食之都"称号，为澳门多元经济发展提供重要方向，也是澳门"世界旅游休闲中心"建设的助推力量。根据联合国教科文组织官网消息显示，全球已有8座城市被联合国教科文组织授予"美食之都"称号，其中一半城市位于中国。澳门作为中国四大"美食之都"城市之一，无论是美食文化还是地理位置都有着独特之处。在地理位置上，澳门处于中国沿海，是中国建设"一带一路"中的海上丝绸之路的节点城市；在文化上，400多年的葡萄牙占领历史让澳门有着不同的历史经历，正是它的特殊性得以让中西文化融合，成为中西文化汇聚点，既保存着中华文化的深厚传统，又与外来文化交融，因此，也奠定了澳门饮食文化多元的基础。通过五年努力，澳门"美食之都"建设获得越来越多国际认可和影响力，并根据国家给予澳门"世界旅游休闲中心"的定位，抓住"一带一路"发展机遇，借助澳门"美食之都"建设，推动澳门可持续发展。

"美食之都"已然成为澳门的国际名片，中西融合的美食文化更体现出

澳门国际化的旅游和独特魅力。第一,"美食节"活动与多赛事及活动先后登场,为澳门旅游业增添活力。自2003年起,澳门美食节便与澳门格兰披治大赛车同步开幕,让来澳的游客欣赏大赛车之际也可以尝到世界各地的美食。截至2021年澳门已成功举办21届美食节活动,2021年受疫情影响,外地商户无法前往澳门参加美食节活动,澳门主办方积极与本地商户沟通协商,最终以欧陆美食街、中式酒楼街、亚洲美食街、风味美食街、甜品街等多个区域,约120个摊位向人们展示澳门饮食文化的多元化,也向人们诠释了澳门多元文化和谐融合的历史。2021年的美食节活动与第68届澳门格兰披治大赛车、2021澳门光影节及无人机表演等活动先后登场,不仅为澳门旅游业增添活力,同时也让人们在旅游观赏之余可以品尝到澳门的特色美食,深刻感受澳门"旅游+美食"的魅力。第二,澳门米其林餐厅云集,大大提升澳门美食的品质,满足追求高品质美食游客的味蕾。在新冠疫情肆虐、餐旅业艰难发展的情况下,澳门仍然有新获得星级肯定的餐厅,这也反映出澳门对餐饮品质的把控、从业人员的卓越厨艺以及餐饮从业人员的不懈努力。根据《香港澳门米其林指南2021》报告显示,澳门共有3家三星餐馆、6家二星餐馆和9家一星餐馆,在9家一星餐馆中有1家是新晋升餐馆;除此之外,1家餐馆获颁米其林绿星,7家餐馆获得必比登推介,25家餐馆获米其林餐盘推荐,9家餐馆获米其林餐盘街头小吃称号。这些登上名单的餐馆是将广东菜、澳门菜、葡国菜与多元文化相融合,荣获米其林星级评级,不仅是对澳门餐饮界创意和热情的肯定,也是澳门中西文化与美食完美结合的体现。此外,澳门也有猪扒包、蛋挞、水蟹粥、牛杂、泰式美食、粤菜、葡国菜等众多地道小食。

澳门文化特色是在澳门四百多年来东西文化碰撞、交汇之中逐渐形成的,具有中葡两种文化和东西多元文化共通融合的特点,既有极具近代史意义的岭南文化,又有保持完整的中国传统文化;既有16世纪来自葡萄牙等拉丁国家的传统文化,又吸收了近代史上兴起的欧美文化,其主流仍是中国文化。[①]澳门作为世界八大美食之都之一,美食形象已经成为这座城市的一张亮丽名片,世界也将通过澳门美食更深刻地了解中国饮食文化。

(二)携手大湾区弘扬岭南文化,助力国家战略传播体系建设

2019年2月18日,中共中央、国务院印发《粤港澳大湾区发展规划纲要》,纲要明确指出,"粤港澳大湾区在国家发展大局中具有重要战略意义。建设粤港澳大湾区,既是新时代推动形成全面开放新格局的新尝试,也是推动'一国两制'事业发展的新实践"。[②]粤港澳大湾区拥有得天独厚的地理位置,大湾区地处中国大陆与南海交会处,历史悠久、人文荟萃,是中国历史发源地之一,饮食文化源远流长,加之香港、澳门的历史背景使粤港澳大湾区成为中国文化走向世界的重要传播途径。

澳门拥有四百多年中西文化交流的历史,澳门历史城区保留了较完整的西式建筑,并与中式建筑交相辉映形成澳门独有的建筑风格,成为西方文化在中国和远东地区传播的历史见证者,向世界彰显出澳门中西文化交融、多元共存的城市特色,也推动了澳门国际传播能力的建设。四百多年来,澳门32平方公里的土地上有来自葡萄牙、西班牙、荷兰、英国、法国、意大利、美国、日本、瑞典、印度、马来西亚、菲律宾、朝鲜甚至非洲地区等不同地方的人,他们将不同的生活习惯和饮食文化带到这片土地,也让澳门成为中国接触西方文化的"桥头堡"。尤其是葡式菜肴经过澳门人的改良,将葡萄牙、印度、马来西亚及中国粤菜的烹饪技巧兼容并蓄、取长补短融合在一起,创造出独一无二的"土生葡菜",深受国内外人们的喜爱。具有深厚饮食文化底蕴的粤港澳大

---

① 魏美昌:《充分利用和发挥澳门的文化特色》,《澳门日报》1996年7月21日,第26版。
② 《中共中央国务院印发〈粤港澳大湾区发展规划纲要〉》,中国政府网,https://www.gov.cn,2023年3月20日。

湾区拥有澳门和顺德两个"世界美食之都",大湾区更是中国八大菜系之一粤菜的发源地,这里的粤菜又被细分为广州菜(又称广府菜)、潮州菜(又称潮汕菜)和东江菜(又称客家菜),各具特色。大湾区内的城市自古以来与海外城市联系较多,因此汇集了众多世界美食;广东拥有60%的海外华侨,超过半数的华侨在海外从事餐饮及相关产业,因此广东粤菜闻名世界。中国内地的人们也通过粤港澳大湾区品尝到各国地道美食,越来越多的外国人通过澳门美食了解中国文化、爱上中国文化。此外,粤港澳大湾区城市之间有着同根同源的岭南文化,澳门携手大湾区其他城市共建湾区"世界美食之都",弘扬岭南文化,助力我国战略传播体系建设,提升国际认知度和影响力。

(三)积极参与"一带一路"建设,加强中葡文化往来

自2013年"一带一路"倡议提出以来,澳门发挥中西文化交融和"一国两制"优势,积极融入"一带一路"建设,发挥精准联络人角色,推动国家与"一带一路"沿线国家经济贸易和文化交流的深入发展。

美食文化成为"一带一路"建设的软实力。丝绸之路不仅是一条贸易之路,也是一条美食之路。中国古代饮食文化早已通过"海上丝绸之路"以宗教方式传播到了海外,明朝时期的郑和七下西洋,将闽南美食引入沿线地区和国家,现如今我们品尝到的日本"隐元豆"(豆角)、"隐元莲"(莲子)、菲律宾"春卷"、新加坡"炸肉丸"、马来西亚"肉骨茶"都有中国美食的"影子"。饮食文化是一个国家软实力的重要体现,在国际交流中有着重要的影响力。

澳门找准定位,秉承"共商、共享、共建"原则,大力宣传共同合作、互利共赢、开放包容与互学互鉴四大理念,积极助力"一带一路"建设。澳门作为中西文化融合发展的典范区,正积极融入"一带一路"建设中,将国家赋予澳门"一中心、一平台、一基地"(即"世界旅游休闲中心""中国与葡语国家商贸合作服务平台"和"打造以中华文化为主流、多元文化共存的交流合

作基地")的定位与"一带一路"紧密结合,以其独特的优势,发挥精准联系人角色作用,积极推动葡语国家参与"一带一路"建设,同时不断拓展城市影响力,推动国际传播能力建设。第一,澳门拥有60多个国家的归侨、侨眷,他们带来不同美食的同时也将这些国家的语言、文化一并引入澳门,推动了澳门与国际社会的联系,加强了澳门与东南亚沿线国家的人文交流,确立了澳门在"一带一路"建设中"民心相通"的独特优势。同样,这些国家通过澳门对"一带一路"倡议中"和平""多元""共建""共享""共赢"等理念的全面阐述与传播,真正了解"一带一路"的愿景与目标。第二,自2003年中葡论坛成立以来,中国和葡语国家的贸易额迅速发展。2003年,双边贸易额仅有110多亿美元;2018年,双边贸易额已达1473.54亿美元;2020年中国与葡语国家进出口商品总值达1451.85亿美元,其中中国自葡语国家进口总值达1019.49亿美元,同比下降3.43%;对葡语国家出口总值达432.36亿美元,同比下降1.88%。[①]受新冠疫情影响,中国与葡语国家贸易额略有下降,同时中国同巴西、佛得角、几内亚比绍以及圣多美和普林西比等国家贸易额呈强劲增长态势,中葡贸易正在健康、有序发展并且能够应对全球性的挑战、推动中国与葡语国家命运共同体建设。第三,澳门作为中葡传播"窗口",积极搭建内地与葡语国家联系平台,通过"三个中心"建设,展示葡语国家产品,为中葡中小企业提供信息、咨询和配套服务,组织专题展览协助内地、葡语国家互办展销活动、互相拓展市场。

四、结论

经济全球化让世界联系不断加深,国际传播能力在社会发展、国际竞争中

[①] 张荣、鲁扬:《疫情之下,中国与葡语国家经贸合作逆势发展》,人民网,http://world.people.com.cn/n1/2021/0303/c1002-32041532.html,2023年4月3日。

的作用越来越突出。随着中国实力增强，越来越多国家把目光聚焦于中国，讲好中国故事，传播好中国声音，有意识地提高国家话语权、增强国际影响力，向世界展示真实、立体、全面的中国成为我国国际传播能力建设的重要任务。澳门作为"一国两制"成功典范，充分发挥国际联络人作用，以己所长，尽己所能，从澳门"美食之都"城市名片入手，携手粤港澳大湾区其他兄弟城市，共同弘扬岭南文化，积极参与"一带一路"建设，挖掘更多中葡平台潜力，从国家传播战略高度出发，搭建高效传播平台。

中国特色战略传播体系建设中对台传播的实践与探索
——以北京市台办官方新媒体"京彩台湾"为例

北京市人民政府台湾事务办公室融媒体中心主任、经济师 郭建华

【摘要】 中国特色战略传播体系建设中,对台传播是不可或缺的重要组成部分。尤其是在实现中华民族伟大复兴及第二个百年奋斗目标的进程中,其战略地位及重要程度更加凸显。本文从习近平总书记关于战略传播的重要论述切入,回顾了党和国家的国际传播发展历程,着重阐述了对台战略传播的重要性;随后结合"京彩台湾"近五年来对台传播的实践与探索,从坚守意识形态阵地的角度和举旗定向、氛围营造、舆论斗争三个方面,列举了"京彩台湾"的一些做法和成效;最后从对台传播的受众群体、实施主体、内容生产、资源配置、人际传播等五方面,提出了更好构建对台话语叙事与舆论引导的建议。

【关键词】 战略传播;对台传播;京彩台湾;意识形态;舆论斗争

一、战略传播与对台传播

(一)习近平总书记关于战略传播的重要论述

2021年5月31日,习近平总书记在主持第十九届中共中央政治局第三十次集体学习时指出:"讲好中国故事,传播好中国声音,展示真实、立体、全面

的中国，是加强我国国际传播能力建设的重要任务。""必须加强顶层设计和研究布局，构建具有鲜明中国特色的战略传播体系，着力提高国际传播影响力、中华文化感召力、中国形象亲和力、中国话语说服力、国际舆论引导力。"

习近平总书记的重要讲话高屋建瓴、思想深邃、内涵丰富，把加强我国国际传播能力建设上升到了构建中国特色战略传播体系的高度，为做好新时代国际传播工作指明了前进方向，提供了根本遵循。

（二）党和国家的国际传播发展历程

我们党历来高度重视对外传播工作。尽管中国的国际传播体系建设相对较晚，但中国共产党自成立时就开始了国际传播的实践。以《新青年》为主要阵地的报刊媒介对共产主义思想的传播，为中国共产党的成立打下了重要基础，还通过"新青年社"等机构对《新青年》进行海外发行。

延安时期，"红色中国"突破封锁走向世界，成为中国共产党国际传播能力建设的经典一幕。1939年中央书记处会议上，毛泽东明确提出"要指示各地方党组织首先建立对外宣传机关"，并根据当时情况强调"这甚至比建立党部还重要"。1936年6月至10月，美国记者埃德加·斯诺作为第一个来到红色革命根据地采访的西方记者完成陕北之行后写成《红星照耀中国》（又译《西行漫记》）。1937年10月该书在英国首版，在西方世界引起轰动。同年，美国女记者艾格尼丝·史沫特莱赴延安采访，长期在战斗中实地观察后写成的《伟大的道路：朱德的生平和时代》在全球有八个语种译本，与《西行漫记》并列被称为描述红军和抗战中国的经典著作。1946年，美国女记者安娜·路易斯·斯特朗第五次来华时访问了延安，毛泽东在同她的谈话中提出"一切反动派都是纸老虎"的著名论断，并经由她迅速向世界传播了这一名言。以斯诺、史沫特莱、斯特朗三位"中国人民的老朋友"为代表的一批西方记者的接踵而至与采访报道，上演了延安时期"红色中国"国际传播的好戏连台。中国共产党从高层领导人开始，在高度重视中主动作为，善于斗争，从国际传播层面打破敌人封锁、树立良好形象，以确凿事实和先进思想赢得了民心和舆论支持。

新中国成立后，新华社很快在世界各地建立分社。1955年10月，在中共中央政治局会议上，毛泽东主席提出新华社应该大发展，尽快做到在世界各地都能派有自己的记者，发出自己的消息。把地球管起来，让全世界都能听到我们的声音。中国外文出版发行事业局（中国外文局）等单位也开始积极组织中国经典文献的翻译和对外出版发行。随着中国在世界上的影响力不断扩大，中国在国际舞台上也有了更多自己的声音。

伴随着改革开放的重大决策，1980年4月，中共中央成立对外宣传小组，负责组织领导和管理协调整个国际传播工作。1991年6月，国务院新闻办公室成立，负责组织协调政府部门的国际传播。随后从中央到地方多个部门都相继成立了新闻办公室，负责国际传播。由此，中国的国际传播工作进入了蓬勃发展的新时期，承担了"让世界了解中国，让中国走向世界"的历史重任。

党的十八大以来，习近平总书记高度重视我国国际传播能力建设，作出了一系列重要论述和重要部署。2013年11月12日，中国共产党第十八届中央委员会第三次全体会议通过的《中共中央关于全面深化改革若干重大问题的决定》中，明确要求"加强国际传播能力和对外话语体系建设，推动中华文化走向世界"。2016年2月19日，在党的新闻舆论工作座谈会上，习近平总书记强调"要下大气力加强国际传播能力建设，加快提升中国话语的国际影响力，让全世界都能听到并听清中国声音"。2018年8月21日至22日，习近平总书记在全国宣传思想工作会议上的讲话中指出要完善国际传播工作格局，创新宣传理念，创新运行机制，汇聚更多资源力量。

（三）对台战略传播的重要性

对台工作牵动党和国家事业全局，事关中华民族伟大复兴。对台传播在我国当代新闻史上有着极其特殊的地位，对两岸和平统一有着重大的现实意义。

在构建中国特色战略传播体系过程中,对台战略传播的重要性主要体现在三个方面。

一是彰显大国形象、塑造统一大势。台湾问题的产生和演变同近代以来中华民族命运休戚相关。1949年以来,对台传播在宣传党的对台大政方针政策、凸显海峡两岸血缘亲情、展现国家社会发展巨大成就等方面,发挥了重要作用。在我们如期全面建成小康社会、实现第一个百年奋斗目标,开启全面建设社会主义现代化国家、向第二个百年奋斗目标进军的新征程上,对台战略传播还要在着力塑造"文明大国形象""东方大国形象""负责任大国形象"和"社会主义大国形象"[①]方面;在引导台湾民众对大陆的态度与行为、增强其对祖国大陆的认同感和对国家民族的归属感方面,发挥更加重要的作用。

二是深化民心相通、促进融合发展。在党的领导下,对台传播在团结台湾同胞,推动台海形势从紧张对峙走向缓和改善,进而走上和平发展道路,促使两岸关系不断取得突破性进展的过程中;在两岸打破隔绝状态、实现全面直接双向"三通"、开启两岸同胞大交流大交往大合作局面的过程中;在两岸交流合作日益广泛,相互往来日益密切,彼此心灵日益契合的过程中;在秉持"两岸一家亲"理念,完善同台企台胞分享发展机遇和落实同等待遇的政策,为台湾基层民众、青年群体参与两岸交流合作提供更多便利条件的过程中,已经发挥并且还要继续发挥更加重要的作用。

三是坚定反"独"促统、坚持舆论斗争。在当前世界百年变局和世纪疫情交织叠加、台海方向不确定不稳定性因素增多、台海形势严峻复杂且风险挑战突出的情况下,对台战略传播对于粉碎"台独"分裂图谋、坚决遏制"台独"挑衅和外部势力干涉、筑牢反"独"促统强大阵线、创造于两岸和平统一

[①] 崔明伍:《构建战略传播体系,有效传播中国声音》,光明网,https://m.gmw.cn/baijia/2021-06/11/34916422.html,2021年6月11日。

有利的舆论环境，有着极其重大的现实意义。特别是在俄乌危机暴发以来，舆论战已经成为全球关注的焦点，有针对性地开展涉台舆论斗争，统筹做好正面叙事、批驳澄清、舆论反制等工作，向台湾同胞讲透我对台大政方针的核心意涵，引导广大台湾同胞坚守民族大义、辨别是非真伪，争取并转化更多台湾同胞坚定站在历史正确一边，其重要性更为凸显。

二、"京彩台湾"对台传播的实践与探索

"京彩台湾"是北京市台办官方新媒体平台，2017年8月上线以来，在境内外开设资讯类、社交类、音视频类平台号17个，通过"一次采集、多种生成、多元传播、多端分发"的方式积极生产及传播原创内容，传递中央声音，展示首都成就，宣传京台交流，解读惠台政策，讲述台胞故事，提供涉台服务。截至2022年1月，"京彩台湾"全网粉丝量突破400万，全网阅读量累计超20亿。

"京彩台湾"创号以来，始终坚持以习近平新时代中国特色社会主义思想为指导，认真学习习近平总书记关于对台工作和意识形态工作的重要论述，坚决贯彻执行党中央对台工作大政方针和决策部署，切实增强对台宣传、涉台教育、服务台胞等工作的政治自觉、思想自觉和行动自觉，服从服务对台工作大局，弘扬主旋律，传播正能量。

做好举旗定向，首先要紧跟党的理论创新。2021年11月11日，中国共产党第十九届中央委员会第六次全体会议通过的《中共中央关于党的百年奋斗重大成就和历史经验的决议》中，首次提出"习近平同志就对台工作提出一系列重要理念、重大政策主张，形成新时代党解决台湾问题的总体方略"。2022年对台工作会议强调"要以习近平新时代中国特色社会主义思想为指导，深入贯彻落实新时代党解决台湾问题的总体方略和党中央对台工作决策部署"。2022年政府工作报告再次重申"我们要坚持对台工作大政方针，贯彻新时代党解决台湾问题的总体方略"。"京彩台湾"全网连续发布与"新时代党解决台湾问题

的总体方略"有关的新闻、解读、评论、采访等形式多样的图文音视频内容，第一时间向海内外网友传递积极信号。

推动党的创新理论入脑入心，从抓好权威资讯发布入手。围绕习近平总书记对台重要论述、国台办新闻发布会等时政要闻，及时发声抢占舆论先机。2020年1月6日，"京彩台湾"微信公众号发布纪念习近平总书记"1·2"重要讲话[①]文章《两岸注定走向统一，"五大主张"指明方向》，阅读量10万+；2018年2月28日，国台办新闻发布会披露《关于促进两岸经济文化交流合作的若干措施》半小时后，"京彩台湾"微信公众号发布推文《重磅！国台办发布31条惠台措施》，率先把政策全文简称为"31条惠台措施"，阅读量超8万；在喜马拉雅上线全国首个涉台教育音频专辑《涉台百科》，为民众普及诸如"'九二共识'的要义是什么"等基础知识。类似内容对宣传中央对台大政方针起到了积极作用。

围绕党和国家大事要闻及重要节点，超前开展选题策划。"京彩台湾"在新中国成立70周年、全面建成小康社会等重大节点提前策划制作、打磨精品，逐步形成品牌效应。特别是在建党百年之际，认真贯彻落实习近平总书记提出的"发挥互联网在党史宣传中的重要作用"[②]，精心制作推出10集涉台党史专题片《反"独"促统、民族复兴——百年大党的历史担当》和专访台胞纪录片《光荣与梦想》，"京彩台湾"微信公众号首发后，同步上线北京日报客户端和CCTV中文脸书，专题片后上线学习强国主平台。

---

① 在2019年1月2日纪念全国人大常委会《告台湾同胞书》发表40周年大会上，习近平总书记发表题为《为实现民族伟大复兴推进祖国和平统一而共同奋斗》的重要讲话，简称"1·2"重要讲话。
② 摘自2021年2月20日习近平总书记在党史学习教育动员大会上的讲话。

三、更好构建对台话语叙事与舆论引导的建议

(一) 对台传播的受众群体要多面向

近年来，对台传播领域多措并举开展针对岛内民众的入岛宣传，使很多台湾民众接触、了解到了真实的大陆，认识到了民进党当局的种种倒行逆施无益于台湾发展和自身成长，一定程度上对冲了民进党当局"去中国化"教育的负面影响，取得了积极成效。但自从2016年台湾地区政党轮替以来，民进党当局大开历史倒车，拒不承认"九二共识"，进一步破坏两岸关系和平发展成果，极力煽动台湾民众"仇中""恨中"情绪，再加上疫情原因，两岸交流直降，开展入岛宣传的难度越来越大。

站在构建中国特色战略传播体系的高度来看，对台战略传播兼具宣传和教育职能，人际传播与大众传播同样重要，特别是在已有入岛宣传经验的基础上，可以加大针对在陆民众和海外群体开展工作的力度，充分发挥出大陆群众、在陆台胞、岛内台胞、海外华人华侨、海外友华人士等不同群体之间的交互积极性，他们既是对台传播的受众，也可以随时转化为人际传播的主体，去影响更多的人。

对于在陆民众来说：一方面要针对大陆群众，做好中央对台大政方针政策的宣传解读，减少杂音、统一思想。另一方面要针对在陆台胞，既要做好各项惠台政策的宣传使其知晓；还要挖掘政策落实过程中涌现出的典型案例重点报道，让在陆台胞有参与感、获得感、融入感；更要通过展现祖国大陆的发展机遇和广阔前景，吸引鼓励更多台湾青年来大陆参访、学习、工作乃至成家立业等，积极融入中华民族伟大复兴进程。

对于海外群体来说：一方面"要广交朋友、团结和争取大多数，不断扩大知华友华的国际舆论朋友圈"[1]，坚决抨击西方涉台荒谬言论，揭露西方在对待台湾问题上的"双标"，让世界普遍认识到台湾是中国一部分的历史和法理

---

[1] 摘自2021年5月31日习近平总书记在第十九届中共中央政治局第三十次集体学习时的讲话。

事实任何人任何势力都无法改变，争取海外舆论更多支持。另一方面要聚焦海外华人华侨，持续开展海外反"独"促统宣传。据统计，海外华侨华人总数有6000多万，分布在近200个国家和地区，仅改革开放以来从中国大陆走出去的新移民就接近1000万人。[1]在目前西方社交媒体占据优势甚至是统治地位的情况下，将这一独特资源充分运用到对台战略传播工作中来，对增强我话语权和舆论空间具有重要的现实意义。

（二）对台传播的实施主体要齐参与

因为台湾问题的重要性，所以对台传播也有其显著的特殊性。尽管两岸同胞同根同源、同文同种，传播上不存在跨语种翻译的壁垒，但台湾地区根本社会制度与意识形态上还是认同西方的模式，所以又需要认真研究"我们想要表达的"他们是否听得懂、"他们想要知道的"我们如何去提供，其难度某种意义上可能还超过简单的外语翻译，对从业人员的能力素质提出了更高要求。

在向第二个百年奋斗目标进军的新征程中，对台工作牵动党和国家事业全局，事关中华民族伟大复兴。全国各条战线、各行各业、各级各类新闻媒体和广大人民群众，都可在以下三方面有所作为：一是营造身边的良好舆论氛围，宣传好中央对台大政方针政策，抵消"武统"或"民粹"声浪；二是在国际上坚持多语种、多平台输出义正词严的信息，既让国际人士正确认识台湾问题，又要揭露美国等西方政治势力在相关问题上的"双标"嘴脸，同时积极联系国际友我媒体，在对台传播上形成呼应；三是在与台胞接触的过程中，不管是党员干部还是普通群众，不论是公务活动还是私人社交，人人都是宣传员，都可以通过言谈举止为"四个自信"代言，让"最美的风景是人"这样的描述，从发源于台湾过渡到适用于大陆。

---

[1] 数据来源为《借助华侨华人讲好中国故事》（《对外传播》2020年5月，作者张焕萍）。

(三)对台传播的内容生产要更丰富

当前,民进党当局在操纵台湾民意方面已经无所不用其极,通过营造"芒果干"[①]"抗中保台""仇中""恨中"等舆论氛围,来煽动两岸对抗、制造两岸敌意,再加上岛内长期"去中国化"教育的影响,对台传播的内容生产也需要对症下药、与时俱进、开拓创新。习近平总书记指出,"我们的同志一定要增强阵地意识。宣传思想阵地,我们不去占领,人家就会去占领"。[②]具体到对台传播来说,习近平总书记的观点给了我们一个很好的思考角度。

一方面,要继续大力宣传中央对台大政方针政策这些内容,即使政策类的内容变化不大,也要周而复始去宣传。我们定期开展国家安全教育日、网络安全宣传周、普法宣传月等活动,也是同样的道理。对台传播涉及中央对台大政方针政策的内容,不仅要保证一定曝光量和发声频率,还要在此基础上形成声势。日日做功、久久为功,就会出现于我有利的舆论翻转。

另一方面,要在传播内容的供给侧发力,将台商台企参与国家发展战略的新实践和台湾青年在祖国大陆追梦筑梦圆梦的新故事,以台胞"现身说法"等多种方式呈现。通过"一鱼多吃"等技术手段和"多平台差异化投放"等传播策略,努力做到"破壁"传播,触及更多圈层和群体。通过主动设置议题来征集原创内容,增加更多媒体融合的创意产品,特别要"讲好中国特色社会主义的故事,讲好中国梦的故事,讲好中国人的故事,讲好中华优秀文化的故事,讲好中国和平发展的故事"[③],将对台传播内容的蛋糕做大、总量增加,为实现祖国完全统一提供良好舆论环境。

---

① 谐音"亡国感"。
② 摘自2013年8月19日习近平总书记在全国宣传思想工作会议上的讲话。
③ 摘自2016年2月19日习近平总书记在党的新闻舆论工作座谈会上的讲话。

（四）对台传播的资源配置要更优先

习近平总书记指出，各级党委（党组）要把加强国际传播能力建设纳入党委（党组）意识形态工作责任制，加强组织领导，加大财政投入，帮助推动实际工作、解决具体困难。[①]

各级党委政府特别是宣传系统，要充分认识到对台传播在中国特色战略传播体系建设中的独特地位、重要程度和显著特点，胸怀"国之大者"，组织开展覆盖面广泛的涉台理论和形势政策宣讲活动，全面提升党员干部涉台素养。应大幅提升对台传播在外宣工作中的资源配置权重。在涉及外宣的会议论坛、项目安排、资金分配等方面，要显著增加对台传播系统的参与份额和分配比例，原来没有的要给予一席之地，原来有的要加强工作指导、优化资源配置，已经做出一定成绩的要倾斜投入、重点支持。

做好对台传播工作，关键在人。一流的事业需要一流的人才，一流的人才成就一流的事业。要按照新时代党的建设和组织路线要求，既要着力打造一支政治过硬、能力过硬、纪律过硬的高素质对台传播领域干部队伍，又要加大针对台办系统干部的培训、交流和调配，只有多岗位历练、视野开阔、思路超前的干部，才能更好结合对台工作本身，切实提升对台传播效能。

（五）人际传播的口碑效应要更强化

传播说到底是做"人"的工作，是人与人的对话和交流。要充分认识到影响对台传播效果的最终因素并非传播，而是传播所基于的现实，并努力通过改进现实来提升传播效果。

习近平总书记指出，要突出以通促融、以惠促融、以情促融，勇于探索海峡两岸融合发展新路。[②] 做好新时代对台传播工作，关键要在如何体现"两岸

---

① 摘自2021年5月31日习近平总书记在第十九届中共中央政治局第三十次集体学习时的讲话。
② 摘自2021年3月22日至25日习近平总书记在福建考察时的讲话。

一家亲"上动脑筋，在如何多措并举促融合上下功夫。各级政府要下大力气推进惠台政策落地，打通政策落地"最后一公里"。各级台办要持续开展"我为台胞办实事"，通过解决台胞实际问题来解决其思想问题，只有解决台胞思想问题才有可能使其现身说法传播正面资讯，进而成为对台传播大军的一员。

例如北京冬奥会期间，台湾青年志愿者发挥自身优势，在语言服务、场馆服务、城市服务等方面积极作为，引发岛内同学羡慕他们"在大陆的多彩生活"；北京市台办组织在京台青录制《一起向未来》MV，指导台青志愿者自拍祝福冬奥及向亲朋好友拜年的短视频，组织在京台胞观看冬奥赛事，他们纷纷通过各种渠道分享喜悦、表达激动心情。两岸各界台胞以不同方式参与冬奥，共襄盛举，共享荣光，"两岸一家亲"的真实写照通过人际传播取得了良好效果。